浅野一郎 編

現代の議会政

信山社

徳山大学研究叢書第二〇号

はしがき

徳山大学の共同研究として「議会政の研究」を採り上げることにしたのは、以下のように考えたからである。ブライスが「近代民主政治」でいっているように「立法府の衰退」という現象が現代民主制の諸国において見られ、「立法府の衰退」という現象は、法律的に巨大な立法権が与えられているにもかかわらず、実際には執行権が強大化するに伴って、立法府がその権力を低下させている現象であり、もっと簡単な言葉でいうと立法府が立法の主体でなくなっており、国民の議会に対する評価と関心が低落していることであり、また、わが国の国会が衰退しているというのは、わが国の国会が国民の期待するとおりに動いていないために、国民の国会に対する信頼が失われているということにある。そして、わが国の国会が国民の信頼を回復するためにはどうあるべきかを考えるために現代における議会の役割をしっかりとらえて、その役割を果させるためには、どうしたらよいのかを考えるべきであろう、というのである。

共同研究をその方向でまとめようと努めたのであるが、担当者の研究課題が分かれていたために、とりあえず、中間報告的なものとして、「現代の議会政」という形で報告させていただくことにした。

議会の機能、二院制、立法、予算、選挙のそれぞれの分野の諸問題を考えていただく手がかりとなれば幸である。そして、現代の議会の機能を考えていただく参考としていただきたい。

なお、本書の出版にあたっては、信山社の村岡侖衛氏のご協力によるところが大きい。心から感謝を表する。

平成十二年二月一〇日

編　者　浅野一郎

目　次

目　次

第一章

議会の機能

1　議会の機能

中村昭雄

一　はじめに

「国会は平成九年に五〇年を迎えたが、代表民主制の議会として、主権者たる国民の多元的意思を反映する場として、どのような活動をして来たのであろうか。こう問い直してみると、まだ改革されなければならない多くの問題をかかえて今日に至っているといわなければならない。国民の期待する活動がなされないために、いまや、国民の国会に対する信頼は、ほとんど失われているといってよい。『立法府の衰退』とか、『議会主義の凋落』とかいわれて久しいが、未だに復権の途を見出していない(1)」。これは、国会を取り上げたある叢書の刊行の辞の一部であるが、「議会離れ」・「国会不信」という国会の現状をよく表現している言葉である。

しかし、この「立法府の衰退」という現象は、何も今に始まったわけでもなく、またわが国の国会だけに特有のものでもない。古くは二〇世紀初頭にイギリスの政治学者J・ブライスがその著『近代民主政治』（一九二一年）で立法府の衰退を指摘しているように、世界的に「議会衰退論」が指摘されている。このことは、議会の衰退が現代民主制の国に共通してみられることを物言っているのである。

「現代国家は、かつての消極国家から積極国家に変わって、行政府が非常に強くなった、その結果、十九世紀に花開いた議会が衰退してしまった、というのです。日本の学者だけでなく、欧米の学者も、現代ではもはや立法は立法府の仕事でなく、行政府の仕事である」という指摘は、そのようなことを的確に言い表している。[2] しかしわれわれは、西欧の議会と日本の国会が置かれている状況を同一視してはならない。それは成田憲彦が、「それにもかかわらず西欧では議会はまだ十分に機能し、多様な機能を果たしていますし、更に一層有効に機能を果たそうと努めていることを見過ごしてはなりません。特に、七〇年代の欧米先進国で特徴的なのは、議会の復権ということでした」と指摘するように、われわれは西欧における議会の復権の努力も見落とすべきではないのである。[3] 本稿では、こういった現代の議会が置かれている立場を踏まえ、「議会の機能」とは何なのか、といった問題について、わが国の国会を中心に考察する。まず、議会の機能について今一度その概念や今までの研究を整理し、次に国会論について述べ、最後にわが国の国会も含め、新しい議会像について触れてみる。

二　議会の機能

ここでは議会の機能について、いくつかの考えを整理してみる。

第一は、ウォルター・バジョットの見解である。バジョットは有名な『イギリス憲政論』（一八六七年）で、衆議院の機能として六つの機能をあげている。[4] 第一の機能は、選出機能である。つまり、行政部の長官を選出する機能であり、その中でも首相の選出が最も重要な機能である。バジョットはアメリカの大統領制と比べて、衆議院は選出したいと思う者を選出し、罷免したいと思う者を罷免できるとして衆議院を真の選出団体だとした。[5] 第二の機能は、国民の考えを表明する機能である。第三の機能は、教育的機能である。バジョットは、議会は国民の知らないことを、国民に教えなければならない、としている。第四の機能は、報道機能である。衆議院は人々の困苦や不満を、主権者である国民に報告するのが任務だとし、この機能を重要度の点で第二番目の地位に置くべきだと、バジョットは考えていた。第五の機能は、立法機能である。そして第六の機能として、財政機能をあげている。(6) ただ、バジョットはこの立法機能を重要だとしながらも、ほかの機能に比べて同じ程度に重要であるとはいえないとしている。イギリスの議会史では、初期議会の主な役割が立法機能にあったわけではないことは、しばしば指摘されることである。(7)

この点に関連して、近代民主主義は議会の立法機能を主要な機能とした。わが国でも例外ではなく、わが国の現行憲法は、「国会は、国権の最高機関であって、国の唯一の立法機関である」（第四一条）と規定し、立法機能を重要な機能としている。ただし、この立法機能が、憲法の規定するように機能しているかどうかは、別の問題である。実態は、国会に提出された法律案をみると、提出件数では約七〇％が内閣提出であり、成立件数では約八五％が内閣提出である。提出件数も成立件数も圧倒的に政府立法が多く、政府の優位は明らかである。行政府の力が強くなり、立法機能は立法府の占有ではなく、行政府の機能といった実態を示している。(8) このことを考えると、バジョットの指摘はそのままわが国の国会に当てはめることはできないが、わが国の実態を見るならば、示唆に富む指摘であると言わざるをえない。

同じくイギリスの政治学者であるハロルド・ラスキは、『イギリスの議会政治』（一九三八年）で衆議院の機能・役割について以下のように五つあげている。第一は、法案提出権を持つ政府を作ることが衆議院の第一の機能である。衆議院の生命は、信頼すべき強力な過半数に支持された政府をつくることであり、それでこそ政府は、世論の動きを国政に反映させることができるのである。第二は苦情の処理機能で、政府は不満の原因を取り除くよう最善を尽くし、政府に確実に責任を取らせるのである。第三は情報収集機能で、あらゆる情報をどの程度議会が引き出して国民の前に明らかにできるか、ということである。この質問応答から行政の実態が国民の目の前に公開され、国民は絶えず行政を監視することができ、結果として官僚制の悪弊が生じる可能性を減少させることができるとしている。第四は討論の機能で、衆議院は討論機関である。討論を通じて国民大衆に関心を持たせ、国民の意思形成に大きな影響を及ぼすのである。今日の用語では、政治的社会化機能ということができる。第五は選択機能で、ある議員が政府の役職、例えば大臣になれるかどうかをテストする方法である。衆議院は議員の人物評を通じて資質ある者を大臣にするのである。(9)

『イギリスの議会政治』は第二次世界大戦前に書かれたものであるが、いずれも今日読んでも極めて有益な示唆を与えてくれるものである。特に、第三の情報収集機能と第四の討論の機能は、そのまま現在の国会を考えるときに参考になるものである。この場合の情報収集とは政治行政情報の公開をも含むもので、わが国ではようやく情報公開法が成立し、また、国会における政策評価といった問題や政策決定システムの改革なども着手されはじめたのである。また、国会が討論の場であるということはまさに至言であり、国会復権のためにも極めて重要な機能である。

三　現代の議会機能論

ここでは、現代の議会機能論について整理してみる。まず、議会の機能を最初に類型化したネルソン・ポルスビーは、議会の分類を試みた。彼は議会を分類するために、二つの視点から分類した。第一の視点は政府の活動（立法活動）が専門化・特定化されているかという視点で、第二の視点は人々が例えば特定の政策に影響を与えるというように、どの程度政治過程に影響を与えたり、アクセスできるかという視点である。言い換えれば政治システム

表1　議会形態類型

	政治体系が 閉じられている(closed)とき	政治体系が 開かれている(open)とき
政府活動が 専門化されていないとき(Unspecialized)	1. 議会は存在しない：ジャンタ(junta)またはクリーク(clique)が法を作成する	3. 専門化された議会はない：町民大会(town meeting)や民会(folkmoot)が法を作成する
専門化されているとき(Specialized)	2. 指導者達の集団会議：十分な審議を経ないで賛成をする(rubber-stamp)議会	4. 政争の場としての議会：(Parliamentary arena) 変換力のある議会(transformative legislature)

出典：N.W.Polsby, "Legislatures" in F.I.Greenstein,N.W.Polsby eds.*governmental institutions and processes* Handbook of Political Science Volume 5.(Addison-Wesley Publishing Company 1975)p263.
石田光義「政治機構」飯坂良明他『モダン・ポリティクス』学陽書房、1978年、146頁を参考にし、一部表現を改めた。

が閉鎖的か、開放的かということである。この二つの軸の組み合わせで、議会を四つに分類する。政治システムが閉鎖的で、政府の活動が専門化されていない場合は、議会は存在しないで、評議会とか小集団（派閥）が法律を作成する。専門化されている場合は、指導者たちの集団会議が存在し、十分な検討をしない議会が存在する。政治システムが開放的で、専門化されていない場合は、専門化された議会は存在しないで、町民会や民会で法律を作る。専門化されている場合は、政争の場としての議会と変換型議会が存在する[10]。ここに、現代民主主義国家の議会が当てはまるのである（表1）。

さらに、ポルスビーは、議会の機能を議会が外部の影響力からどれだけ独立しているかという違いに着目する。議会はさまざまな要求を法律に変換していく独立した能力を持っている。そしてこの変換という行為が重要な機能となる。その結果、ポルスビーは変換能力が高度に発達した、いわゆる議会の独立性が高い議会を変換型議会と呼んでいる。一方、変換能力が発達していない、いわゆる議会の独立性が低い議会をアリーナ型議会と呼んでいる[11]。

変換型議会とは、議会が実務的に法案の作成や修正を行なうもので、主体は個々の議員である。最も典型的なのはアメリカ議会

表２　議会の変換能力の決定要因

議会の独立	例	議会内多数派	議会政党の運営	継続的な政策に対する多数派
高度に変換能力をもつ	合　衆　国	高度に連合的	極めて非集権化されている	極めて柔軟
緩和された変換能力	オ ラ ン ダ	連合的	非集権的	柔軟
	スウェーデン	緩和された連合性	かなり集権的	かなり柔軟
緩和された政争の場	ド　イ　ツ	連合的	かなり非集権的	かなり柔軟
	イ タ リ ア	連合的	かなり集権的	かなり固定的
	フランス第Ⅳ共和国	不定	非集権的	柔軟
政争の場	イ ギ リ ス	緩和された連合性	集権的	固定的
	ベ ル ギ ー	厳しく基礎づけられている	集権的	固定的
	フランス第Ⅴ共和国	厳しく基礎づけられている	集権的	固定的

出典　前出 N.W.Polsby 論文、p296.
　　　前出石田論文149頁を参考にし、一部表現を改めた。

である。アリーナ型議会では、議会は法律の作成というよりも、有権者に政策（の争点）を訴えることが中心的な議会活動になる。活動の主体は政党で、政党間の激しい討論や論争が展開される。典型的なのは、イギリス議会である。(12)表2は、ポルスビーが欧米諸国の議会を変換能力の観点から分類整理したものである。

アメリカ議会を代表とする変換型議会を一方の極に、イギリス議会を代表とするアリーナ型議会を他方の極にして、その他の国はその間に位置する。わが国の国会はアリーナ型議会と見られているが、必ずしもそのように分類することは難しいようである。(13)

さて、ここでは少し視点を変えて、アメリカでは議会の機能として何があげられているのか、現在アメリカで使用されている代表的テキストから紹介してみる。

第一に挙げるのは、アメリカ議会研究の第一人者といわれるR・リプライである。ここでは議会に関する標準的なテキストといわれる *CONGRESS Process and Policy* (4th ed) から引用する。(14)リプライは、まず第一のそして最も重要な機能として紛争解決機能（社会の統合機能）をあげる。いわゆる公共政策をめぐって社会の様々な個人や集団に意見の対立が生じるが、その時に、議会はそれらの対立を解決するように力を貸すことである。そしてこの紛争解決という重要な機能を果たすために、議会は討議を行なうのである。そして、この紛争解決に結びつくさらに具体的な政策に関係する機能として、第一に立法機能、第二に行政の監視機能、第三に大衆の教育機能、第四に代表機能の四つをあげる。第二の議会と行政の監視機能について、ある計画が目的通りに実施されているか、あるいは計上された予算が当初の認可された目的通りに執行されているかを議会は確認する責任がある。監視機能は議会が作った計画と、それらを実施する官僚の両方を監督するのである。第三の大衆の教育機能に関して、個々の議員は常に大衆の教育に携わっているのである。実際、議員は大衆特に選挙区住民との接触に多くの時間を充て、彼らへの教育を試みる。演説、会合に出席すること、出身州と自分の選挙区への会報の送付など、こういったことは全て議員が当該地域に重要な争点に関して情報通としての見解を伝達する機会となる。

次にあげるのは、Ｗ・キーフの議論である。(15) キーフも議会の第一の当然の機能として、立法機能をあげる。アメリカ議会の主要な仕事は、法律を作ることである。特に最近数十年の政府によるサービスと機能の拡大は、多くのアイディアを法律にするという絶え間のない過程に貢献してきた。アメリカではリプライもそうであるが、立法機能が議会の第一の機能として考えられているようである。議会にはほかに三つの主要な機能として、行政監視機能、大衆の政治的教育機能、様々なクライアントを代表する機能がある。さらに、比較的重要でない機能として、司法機能とリーダー選出機能をあげる。

行政の監視機能は、具体的に政府の政策を調査したり、再検討し評価したり、修正したり、拒否したりすることである。大衆の政治的教育機能とは、容易に見過ごされやすい機能であるが、大衆に情報を知らせたり、教えたりすることである。この機能は、古くはバジョットの『イギリス憲政論』の中で、イギリス議会の衆議院について古典的な分析によって明らかにされている。また、W・ウィルソンの主著『議会と政府』の中の、「立法機能よりも重要なのは、人々が全国民の関心をガラス張りのディスカッションにさらされる機関から受けるかも知れない政治問題を教えたり、指導したりすることである」という言葉を引用している。ウィルソンは、アメリカ議会はこの義務を果たすことに失敗してきたと述べ、議会は立法それ自体に没頭する代わりに、法を採択したり、修正したり、改正したりすることを優先してきたと考えていたと、キーフは述べる。キーフは、現代の議会が大衆に対して広範囲にわたり豊富な教育を実質的に提供していると論じる学者は少ないと言っている。キーフは選挙区住民、地域、利益の代表機能に関して、連邦議会の議員は州議会の議員と同様に、選挙区住民の使い走りに、手紙や電話の応対に、政府行政機関との仲介に、選挙区住民が首都ワシントンを訪問した時に接待したり、多くの時間を充てていると、述べている。地域住民の問題を解決することは特に連邦議会議員にとっては重要なことなのである。それは二年毎に選挙があるからである。選挙区住民は地元の議員が選挙区と選挙区住民に細心の注意を払うことを期待して

表3　大衆の目から見た議員の最も重要な仕事

選挙区の問題を解決したり、人々を援助したり問題や要求に対処すること。	37%
人々や選挙区を代表すること。選挙民や多数の要求に応じて議会で投票すること。	35%
人々と連絡を取り、選挙区を訪問し、会合を開き、選挙民を知ること。	17%
人々が何を要求し、考え、世論調査やアンケートに何を答えているかを知ること。	12%
議員は開会中、出来るだけ出席し、法案に投票すべきである。	10%
出来るだけ正直で、公平であり、約束を守り人格者であるべきだ。	10%
経済を発展させ低価格を維持し、インフレを防止し、仕事を増やし失業を減らす。	10%
争点をよく理解して、投票する前に法案をよく勉強すること。	9%
公平公正な法案を通過させることを期待する。正しい法が通過することを期待する。	8%
社会福祉や犯罪というような争点についての立場。	8%
メディアやニューズレターを使って議員がしていることを知らせ、争点や懸案の法案、ワシントンで起きていることなどを説明すること。	7%

いるのである。表3は、大衆の目からみた議員の最も重要な仕事に関するレポートである（出典：キーフ 三一頁）。

議会の機能の中には、まぎれもなく裁判機能と思われるものもある。立法府が個人に関する論争を解決したり、それらの紛争に適切な法を適用するよう求めるのである。選挙と候補者の資質を判定する働きとしては、侮辱行為や無秩序な行動に対する処罰や免職、行政部門や司法部門の公務員を告発したり、役所から追放することである。憲法の視点からすると、議会の最も重要な司法的機能は公務員を告発したり追放したりする権限である。議会は憲法上の権限として、リーダーシップ選出機能を想定している。修正一二条によると、各州の大統領と副大統領を選出する大統領選挙人団は、（それぞれの氏名と得票数を）上院議長に宛てて送付する。上院議長は上下両院議員の出席のもと、認証を開封し投票を数える。通常この仕事は、ふさわしい儀式であるが形式的に行われるのである。

四　わが国の国会論

国会が「国権の最高機関であって国の唯一の立法機関」（第四一条）である以上、予算も法律もすべての政策は、最終的には国会で可決されなければ成立しない。国会は政策過程の最終段階で決定的な意味を持っており、重要なアリーナだと言わなければならない。

ところが、わが国では戦前から「強い政府・弱い国会」が通説化しており、国会に対する評価は低い。また、現代社会では一般に行政国家化現象が進行し、議会は形式的な審議機関に変質し、議会が立法過程でイニシアティヴがとれなくなってきている。わが国では国会の機能を低く評価する「国会無能論」が長年にわたって指摘され、国会は政策過程で事実上無視されてきたのである。[16]

近年、この「国会無能論」に対し、国会の機能を再評価する研究が現れてきた。それはマイク・モチヅキの国会研究がきっかけとなった。モチヅキはヴィスコスティ概念を用いてわが国の国会の立法過程を実証的に分析した。ヴィスコスティ(viscosity)という概念は、ジャン・ブロンデルが議会を国際比較するために用いたもので、政府が提案した法案を議会がどれだけ審議し、拒否または修正して簡単に通さないようにどれだけ抵抗したかという、いわゆる粘着力あるいは抵抗力のある状態を指している。反対に議会が政府の法案を簡単に通してしまう場合を粘着力・抵抗力がないという状態となる。[17] モチヅキはこのブロンデルのヴィスコスティ理論を用いて、日本の国会を実証的に分析し、国会が強いヴィスコスティをもち、政策決定機関として高い政策変換能力を持っていると評価した。特に、野党の抵抗力が非常に高く、日本の国会は決して無能ではなく、それなりに機能しているという「国会機能論」を主張した。モチヅキはその理由として、国会が短い会期制をとっているため、審議期間が短くなること、二院制、委員会制度、全会一致ルールなどの慣行をあげている。このことが政府・与党に不利に、野党には有利に働き、結果的に野党が政策決定過程で強い影響力を持つことを可能にしたという。[18]

ただし、モチヅキの主張に問題がないわけではない。たとえば「わが国では与党が内閣提出法案の事前審査を済ませてその成立の担い手となっているために、欧米の議会での審議とは大きく様相を異にしている。従って単に日本の国会もヴィスコウス（粘着的）だと指摘するだけでは、欧米の議会と日本の国会の機能上の差異は見失われ、国会の特徴は把握されない。また、日本の国会の実質的な過程は、国会外にまで延伸しているから、法案提出後の正規の過程を見るだけではそもそもその全体像は捉え切れない」。あるいは「国会というのは、法案の成立を阻止することではなく、そこで審議をし、その審議の過程で修正も行われ、そして法案が成立するというところにこそ議会の使命があるのではないか」という指摘。さらに「ビスコシティの結果、どうであったかということが問題で、国民の意思が本当に国会に反映したのかどうか、という点が重要なのです。ということを考えて行きますと、このモチヅキの分析は、国会はどうあるべきか、国民は国会に何を期待するか、という視点がかけていたのではないか」

という指摘は、見逃してはならない点である[19]。

もっともこういった国会機能の見直しは、モチヅキが論文を発表した前年に、村松岐夫によって主張された。村松は、「日本国憲法下の国会を中心とする制度が、戦後日本に戦前とは異なった政治体系を定着させていったとみる。この観点からは、議会主義にもとづく政治過程を、したがって政党と利益集団の活動を統治の実質部分とみることになる」と、いわゆる戦前戦後断絶論を主張してから、国会無能論を見直すきっかけとなった[20]。こういった国会無能論の見直し、あるいは国会機能論は、七〇年代末以降に多元主義理論が提唱される時期とオーバーラップする。それは従来通説とされてきた官僚優位論に対抗する政党優位論が主張されてくるからである[21]。

曽根泰教・岩井奉信は議会機能説を検討しながら、「障害物競争モデル」を提起した。それは、政策形成過程で政府の政策に対して、マスコミ、世論、外圧、首相、審議会、象徴、自民党、野党、利益集団などが障害物となって、少なからず高い対抗力を持つという仮説である[22]。その後、岩井は立法過程に代表される政策形成過程を「障害物競争」とみなし、官庁、与党・自民党、内閣、国会という四つのステージにおけるアクターとの関係を検討し、七つの条件を析出し、過程論的アプローチと政策論的アプローチの融合を試みた[23]。

五　新しい議会像

これまで議会の機能、わが国の国会の機能を中心に見てきたが、これからの議会、わが国の国会に求められるものは何であろうか。そのためには、現代における議会の役割、国会の機能をどのようにとらえていくかが問題である。その次に、議会は、国会はどうあるべきかといった問題を考えなければならない。

わが国の立法過程は、前述したように法律案の提出件数も成立件数も圧倒的に内閣提出が多く、政府主導になっている。わが国の立法過程は「実質官僚主導型の立法過程である」[24]。こういったわが国の立法状況の中で、現代の議会に求められる機能は何であろうか。

わが国の立法過程は確かに政府主導であるが、立法は国会の議決がなければできない。問題は法案（政府立法）が国民の立場から見て、国民の意見が適切に反映されているかどうかということである。大切なことは、国民の多様な意見が政治に反映されているかどうかということなのである[25]。そのために国会は主体的になれるかどうかということである。行政優位、官僚優位といった状況の中で、国会が立法活動を含めて行政活動を監視、監督、統制、抑制していくことが肝要となる。立法府としての国会は民主的統制の根幹である。その中心は立法権（議決権）を通しての統制である。具体的には内閣提出法案に対して修正案で批判し、批判する対案を議員立法として提出することである[26]。

それでは、国会の立法活動を一層活性化させるためには国会はどうあるべきなのか。すなわち、これは国会改革の問題である。国会改革の方策、改善策は、今までにも何度か論じられてきた[27]。それらの改善策の中で、わが国の国会に今一番期待されている機能は討論の機能ではないだろうか。

わが国の国会は、国会が審議の場であり、議論の場であることを忘れ、議論をしないで法案を通過させるための与野党の国会戦略が優先されている[28]。いわゆる水面下の政治、見えない政治、「国対政治」の横行である。このことが日本の政治全体を分かりにくくしたり、政治不信の一因にもなっている。またすでに述べたように、わが国では議員が国の政治のあり方を決定（政策決定）し、それに従って官僚が政策を執行する（行政）という枠組みになっていない。すなわち、至るところで逆転現象が見られるのである。

こういった官僚主導の政策過程を政治家主導に変えようという目的で一九九九年七月に「国会審議の活性化及び政治主導の政策決定システムの確立に関する法律」いわゆる「国会審議活性化法」が成立した。その骨子は以下の通りである。①各議院に、常任委員会として国家基本政策委員会を設置する（平成一二年の常会の招集日施行）、②国会における政府委員制度を廃止し、国務大臣を補佐するため、内閣官房副長官・政務次官が本会議又は委員会に出席することが出来ることとする（第百四十六回国会の招集日施行）、③政務次官を増員し、その後、副大臣・副長官及び大臣政務官・長官政務官の設置等を行なう。(29)

政府委員制度の廃止により、国会審議の過程で各省庁の官僚が大臣の答弁を補佐したり、首相や大臣に代わって、国会答弁をすることがなくなる。国家基本政策委員会の設置により、首相と野党党首の討論が週一回程度行われるようになった。政務次官を廃止し、副大臣、大臣政務官の設置により、二〇〇一年の省庁再編時から、彼らが大臣を補佐し、大臣に代わって答弁できるようになるのである。国会の質疑は従来の質問書と答弁書の原稿を棒読みする形式からディベート（討論）形式に変わる。大臣が議員に対して逆質問をしたり、あるいは反論なども自由にできる議論の場となる。国会審議のあり方が変わり、与党・野党を問わず政策形成能力が問われるのである。(30)もとより、この一つの法律の成立で国会の審議が活性化するわけではないが、「討論なき国会」を「討論する国会」にするための重要な契機となるであろう。

今わが国の国会に求められている機能は、討論の機能・審議の機能である。ハロルド・ラスキの指摘する討論の機能であり、ポルスビーのいうアリーナ機能である。国会を舞台にする議員同士の討論から、国会審議の実態が国民の目の前に公開され、国民（の代表）による行政コントロールが可能になる。一方、この討論を通じて有権者に政策の争点を明らかにし、有権者に関心を持たせることにもなるのである。国会は政策論争が自由にできる討論の場にならなければならない。それが政治主導の政策決定システムの確立につながるのである。(31)

（1）信山社叢書、上田章、浅野一郎、堀江湛、中野邦観編『国会を考える』（全7巻）信山社、一九九八年刊行開始。
（2）成田憲彦「議会比較論」読売新聞調査研究本部編『西欧の議会』読売新聞社、一九八九年、一九〇頁。
（3）同、一九一頁。
（4）『イギリス憲政論』は全九章からなり、ここでいう衆議院は第五章で、第四章の貴族院に続く章である。バジョット「イギリス憲政論」（小松春雄訳）、世界の名著60、辻清明編、『バジョット、ラスキ、マッキーヴァー』所収、中央公論社、一九七〇年。
（5）同、一七〇～一七一頁。
（6）同、一七二～一七六頁。
（7）石田光義「政治機構」飯坂良明他共著『モダン・ポリティクス』学陽書房、一九七八年、一四四頁。
（8）拙著、「政策過程における官僚支配」笠原英彦・玉井清編『日本政治の構造と展開』慶応義塾大学出版会、一九九八年、三六三頁。
（9）ハロルド・ラスキ『イギリスの議会政治』前田英昭訳、日本評論社、一九九〇年、一二三～一五二頁。
（10）N.W.Polsby,"Legislatures": in F.I.Greenstein,N.W.Polsby eds.*Handbook of Political Science* governmental institutions and processes:Volume 5. (Addison-Wesley Publishing Company 1975) pp262-263
（11）Ibid.,p.277.　なお、ポルスビーの議論は、前掲石田論文が参考になる。本論文も石田論文を参考にした。
（12）成田前掲論文、一九二頁参照。アリーナとは、古代ローマの円形闘技上で、すり鉢状になった闘技場では観客席に座っている観衆には、闘技場の戦いのようすがよくわかるようになっている。浅野一郎「『討論の場』としての国会」本書第一章2二五頁。
（13）成田前掲論文、一九三頁。
（14）Randall B.Ripley, *CONGRESS Process and Policy* 4th ed.(New York: W.W.Norton & Company 1988) pp19-29
（15）William Keefe "The Legislative Task",William Keefe and Morris Ogul,in *The American Legislative Process*, 9th ed.(Upper Saddle River, New Jersey:Prentice Hall, 1997)pp18-40.
（16）岩井奉信『立法過程』東京大学出版会、一九八八年、二二頁。岩井は国会無能論の背景として、わが国の議院内閣制、自民党の長期にわたる一党優位体制、官僚制優位に関する「神話」の三点を指摘する。

(17) 成田、前掲論文、一九四頁。

(18) 岩井、前掲書二五頁。拙著『日本政治の政策過程』芦書房、一九九六年、五三―五四頁。

(19) モチヅキの理論に対する疑問は、成田憲彦「議会における会派とその役割―日本と諸外国―」国立国会図書館調査立法考査局『レファレンス』一九八八年、四〇頁。成田前掲論文、一九四頁。堀江湛「政治、行政責任と制度疲労」読売新聞社編『内閣・行政機構改革への提言』読売新聞社、一九九六年、一六二頁。浅野前掲論文、二二二頁。

(20) 村松岐夫、『戦後日本の官僚制』東洋経済新報社、一九八一年、一三頁。

(21) 岩井奉信「国会・内閣、『政治的神話』の検証」中野実編『日本型政策決定の変容』東洋経済新報社、一九八六年や佐藤誠三郎・松崎哲久『自民党政権』中央公論社、一九八六年、などがそうである。

(22) 曽根泰教・岩井奉信「政策過程における議会の役割」日本政治学会編『政治過程と議会の機能』岩波書店、一九八八年。

(23) 岩井奉信「現代日本における政策過程論モデル」『レヴァイアサン』臨時増刊号、一九九二年夏、一七〇―一九二頁。占領終結以後から一九九〇年頃までの国会研究の動向は、伊藤光利「比較議会研究と国会研究」(『レヴァイアサン』第六号、木鐸社、一九九〇年)一七二～一八五頁が詳しい。

(24) 浅野前掲論文、二二二頁。

(25) 拙稿前掲論文、三六五頁。

(26) 拙稿前掲論文、三七五―三七六頁。

(27) 例えば、堀江湛・笠原英彦編著『国会改革の政治学』ＰＨＰ研究所、一九九五年、などを参照。

(28) 岩井奉信「国会再生は議員全員の課題」『改革者』政策研究フォーラム、平成十一年九月号、七頁。

(29) 高田理「国会審議の活性化及び政治主導の政策決定システムの確立に関する法律」『国会月報』国会資料協会、平成十一年十一月号、五四―五五頁。

(30) 松沢成文「国会改革で問われる議員の政策形成能力」『改革者』政策研究フォーラム、平成十一年九月号、一一頁。

(31) 国会改革については、拙稿前掲論文三七五―三七九頁を参照されたい。

2　「討論の場」としての国会

浅野一郎

一　現代における国会の機能

現代における立法府としての国会の機能・役割というものを考えてみる。機能・役割について考えたうえで、国会をどのように改革して行くべきか。ということにふれてみることとする。

(1)　立法府の衰退とは

国会の役割とか機能とかという問題になって来ると、まず出てくるのは、有名な「近代民主政治」を書いたブライスも言っているが(1)、立法府の衰退ということである。

現代の民主制の下において、議会は果たして立法の主体であるのかどうか。大いに問題である。ブライスがそういう言葉を使ったということは、現代民主制の諸国において立法府の衰退という現象が見られるということだと言ってよい。

極めて最近の学者であるが、アメリーというイギリスの憲法学者が、イギリスの議会について次のように言っている。

「議会は、特定して、第一義的に、法をつくる機能を付与されたものであるという意味では立法府ではないし、立法府であったこともない。議会に集まった王（キング）と貴族（ローズ）と庶民（コモンス）との間で、共同に分担されている立法の権能は、常に政府によって優先的に行使されて来た。そして、実際、最も重要な分野、即ち財政の分野における立法において、議会が主導権を取るものであるとは認められなかった」(2)

そのようなわけで、立法府の衰退という現象は一般的のようであるが、では、この衰退という現象は、どういうことをいうのであるかが問題になろうかと思う。

これについて、東大教授であった芦部信喜氏が、ウイアーというアメリカの憲法学者の説を参考にしながら、「西欧型の議会制民主主義国家で、立法府が衰退したといわれるのは、主として議会の効率の低下、それにともなう議会に対する国民の評価ないし関心の低落だといってよかろう」と言っている。(3)

確かに、立法府の衰退というのは議会の効率の低下と、それに伴う議会に対する国民の評価ないし関心の低落と言っていいだろうと思う。そして、ブライスも「近代民主政治」の中で、「代議制度に対して有したところのかの尊敬と信頼は、いまやほとんどすべての国において衰退の兆候を示している」(4)と言っている。

私は立法府の衰退という現象は、もっと端的に、アメリーが言っているように、法律的には巨大な立法権が与えられているにもかかわらず、実際には執行権が強大化するに伴って、立法府がその権力を低下させている現象であると考えたいと思う。

もっと簡単な言葉で言うと、立法府が立法の主体でなくなっている、と考えたいと思う。立法府が立法の主体でなくなっているからこそ、国民の議会に対する評価と関心が低落していることだと考えたい。

(2) 衰退の原因

立法過程における議会の地位が低下している原因は、何であろうか。これについては、国家の機能というものが国民の生命、自由と財産を保護するという消極的な機能から、国民それぞれの生存の保障と社会生活の秩序の均衡を維持するために、社会、経済などの生活関係に対して、国家が直接に介入するという積極的な機能へ変化してきた。それとともに執行権の強化が必然的に求められることになったということであるといえよう。

さらに、国家の社会、経済などの生活関係への直接の介入に際しては、社会が複雑になったことに伴って、専門的、技術的な知識と、社会経済の実情に応じた迅速、機敏な活動を必要としたのであったが、議会にはいずれをも期待することができなかった。これが一つの原因ではなかろうかと思われる。

このような国家機能の変化、即ち簡単な言葉で言うと、自由主義的国家から社会福祉的国家、行政国家への変貌、こういうことのほかに、政党制の確立というものが議会の凋落をもたらした原因ではなかろうかと、考えられる。現代大衆民主主義のもとでは、主体的に国民の政治的意思を形成するという国家に不可欠な統合機能を営むものは、政党であると考えてよいからである。

さらに、わが国の場合、議院内閣制を採用しているということ、これも立法府としての議会の凋落の傾向を一層進めるものであったと言うことができると思う。その上、こういう立法府の衰退をもたらしている現代的要因として、いろいろな国政に関する情報が執行部に集中していることではなかろうかと思う。そのために、議会は立法しようとする場合に、必要な情報を執行部に依存しなければならないことになる。

法律案その他の議案を審議する場合も、同様である。法律案などの問題点を調査し、解明して、これを追求するための情報というのは、すべての執行部が握っているということがわが国の原因として付け加えられるといってよかろう。

(3)　わが国の立法状況

そこで、少しわが国の立法状況を眺めてみることにする。細かい件数は必要がないので、巨視的に見て、法律案の提出件数については、全体を一〇〇として、内閣提出がおおよそ六二、九％、議員提出が三七、一％という割合であり、その成功率は、内閣提出は八六％ということになる。議員提出では、成立率は一四％ということになる。[5]

このように法律の成立件数から見てみると、立法における政府の優位は明らかである。しかも、重要法案で成立しているものがほとんど内閣提出である。

なお、重要法案がほとんど内閣提出というのは、わが国だけではない。アメリカは、もともと政府提出ということがないので、形式的には議員提案であり、政府が法律案を出す場合には、議員に依頼して提出することになるが、重要法案の八〇％は政府の立案であるといわれているので、アメリカでも同様な状況であるということができる。

このように、わが国の場合、重要法案は、ほとんど内閣提出ということができるが、そういう提出状況のほかに、わが国の立法過程の特色として、次に挙げるような点が見られる。[6]

第一に、政府提出法案の作成過程において、政府官僚機構内部における情報、専門知識、技術を総動員して、相互間の調整済みの周到綿密な法律案が出来上がるということである。その完璧な最終調整が内閣法制局でなされるということである。

第二に、その法案作成過程に与党審査といわれるものが入っているということである。与党審査とは、これまでの例でいえば、与党である自民党の政務調査会の部会、政調審議会、総務会という段階を経て調整され、協議、承認されていくという法案提出事前手続きの慣行をいうのであるが、この与党審査の手続が定着し、介入しているということである。

第三は、国会の委員会の審議段階において、大臣補佐役の政府委員が実質審議に直接広範に関与しているということである（政府委員の制度は、国会活性化のため廃止されることになったが、その成果はまだ分からない）。

大きな特色としては、この三つであるが、これから考えて、わが国の立法過程というのは、実質官僚主導型の立法過程であるといってよかろうと思う。ということは、立法の主体は政府と与党であるということである。

そこで、わが国の立法府の衰退ということについて、アメリカの政治学者のモチヅキは、ビスコシティ（粘着性という意味の言葉である）という概念を使って、即ち議会が実際の政策決定において影響を与え得るか否かということ、具体的には、議会が法案を通すに当たって、それをいかに拒否し、修正するかだけではなくて、どれほど議員に発言を認めるかなどということを分析している。(7) わが国の国会が政策決定機関としては、世論の高い指示を受け、高い政策決定能力すら持っている、強いビスコシティを持っていると評価し、国会有能論を展開した。

これは、五五年体制下の国会の現実分析としては正しい面を持っているが、問題は、ビスコシティの結果、どうであったかということであり、国民の意思が本当に国会に反映したのかどうかという点が重要ではないかと思う。ということを考えると、このモチヅキの分析は、国会はどうあるべきか、国民は国会に何を期待するのかという視点が欠けていたのではないかと思う。確かに、モチヅキは、日本の国会は立法府の衰退という現象を呈しているわけではないと、言ったのであるが、これは多少問題であろうと思う。

それは、わが国の国会が衰退しているというのは、わが国の国会が国民の期待するとおりに動いていないために、国民の国会に対する信頼が失われているということにあると考えるからである。

(4)　現代議会の役割

国会の立法状況がそういう状態にある中で、現代議会の役割をどう考えればよいのであろうか。

確かに、政府から提出された法案が中心となって、政府主導の下で立法がなされているということは否定できない。しかし、立法は国会の議決がなければできない。したがって、芦部教授も言っておられるのですが、「行政権の政治的、または機能的優越が語られる現代の福祉国家、政党国家においては、執行府の監督と抑制の機能、すなわち国民多数の希望や不安を「討論の広場」フォーラムに反映させ、権力の濫用から国民の自由を守り、討論を通じて世論を教育し、法律の執行方法を監督すること[(8)]」こそ現代議会の最も期待される役割であるといえよう。

さらに、北海道大学の教授であった深瀬忠一氏は、「人民に奉仕すべき執行権の優越強化は、それ自体としては民主的意義を持たないにもかかわらず、国民の希求を統制から離れて、自己聖化と支配運動を始める現代的逆説をはらんでいるから、その独裁的支配を民主的に抑制する強力な監視、批判、統制の中心機関及び国民に別の選択を提出する公開の議場が必要であり、この機能こそ現代議会、とりわけ強力で、責任のある反対党が果たすべき最大の任務であろう[(9)]」と述べている。

国会は、その法案に対する議決権の行使を通じて、政府から提出された法案が国民にとって適切な法案であるかどうかを精査し、統制し、政府官僚立法の弊害を阻止する力を持っている。ここに国会が立法の主体であることの意味を見いだすべきではなかろうかと思う。

国会は政府提出法案に対し、野党がこれを批判する対案を議員立法として提出し、国民の選択に委ねることにより、法律案の議員提出を活発にし、また政府提出法案の審議に当たっては、常に修正案の形でこれを批判し、政府提出法案が国民の立場から見て適切な内容のものとなるように努力すべきであろうと思う。

これが、国会の機能が執行権の批判、監督、統制へと移行していった現状において、立法機能を活性化させる方向ではないかと考える。

(1) ブライス「近代民主政治」四巻　松山武訳　六―七頁　一九三〇、岩波文庫。
(2) Amery, Thoughts on Constitutions (2nd ed., 1954), pp11~ 12.
(3) 芦部信喜「現代における立法」岩波講座現代法3「現代の立法」七頁、一九六五。
(4) ブライス、前掲七頁。
(5) 浅野一郎編著「国会事典(三版)(増補版)」一九七頁以下参照。
(6) 深瀬忠一「日本の立法過程の特色――比較法的視点から――」日本の立法ジュリスト八〇五号二一頁。
(7) Mike Mochizuki, Managing and Influencing the Japanese Legislative Prosess:the Role of Parties and the National Diet (Ph. D. Dissertation, Harvard University, 1982).
(8) 芦部信喜、前掲一〇頁。
(9) 深瀬忠一「現代議会制の構造」岩波講座現代法3「現代の立法」八二頁、八三頁。

二　国会はどうあるべきか

このようなところに立法府としての国会の機能が期待されるとすると、国会はどうあるべきかということが次の問題になって来る。現代における議会の役割をこのようにとらえて、それではその役割を果たさせるために、どんなところが今の国会で問題であり、これを改めていくかを考えていくのが、国会改革のあり方ではなかろうかと思う。

(1) 討論の場としての機能の強化

第一に、こういう機能を果たすためには、国会はあくまでも討議の場としての機能、これを強化する必要がある。討論の場としての機能、これはアメリカの政治学者ポルスビーが言っているのですが、[1] アリーナ機能の強化ということになろうかと思う。アリーナというのは、普通、政治学者は「場裡」と訳していますが場所、要するにローマ時代の競技場ということである。すり鉢状になった競技場に座っている観衆には、競技場でだれとだれが戦っているのか一目瞭然なわけである。即ち、アリーナ機能とは、議会の場で政策の争点が明らかにされ、政争を有権者の前に明らかにするという働きを意味している。議会での討論が活発で、有権者に対し効果的に争点が提出できているのかどうかが、この機能を果たしているかどうかの判断の基準になるのである。

(a) 民主的、自主的審議の確保

では、アリーナ機能を強化するためにはどうしたらいいか。まず民主的、自主的な審議の確保が考えられなければならない。国民の意思を代表し、吸収し、反映しながら、政策について討論されなければならないということになる。わが国の立法審議の過程が、すでに述べたように、過度に官僚依存の型であるということから、特に民主的、自主的な審議が確保されなければならない。

そこで、政府委員の廃止ということがなされているが、直ちにこのことと政府委員制の廃止とを結びつけていいのかどうかは非常に疑問である。というのは、政府委員というのは、政府の考え方や情報等、審議の資料、判断材料を確保するために必要な制度ではないかと思われるからである。

やはり、判断材料は、すべてといっていいほど政府が持っているわけであるから、政府委員に出席してもらって、

質疑をすることによって判断材料を確保していかなければならないので、直ちに政府委員制を廃止することには疑問を持つ。

さらに、この考え方から常任委員会の各省別の設置（衆議院では、常任委員会は各省ごとに対応して設けられているが、参議院では、原則的にはテーマ別）、この常任委員会の各省の所管事項ごとの設置をやめて、テーマ別に常任委員会を設置すべきではないかということがいわれている。

また、議員による自由討論の実施が必要とされている。自由討論、自由討議などといっていますが、従来主張されています自由討議というのは、テーマを決めて全く自由に討議させる自由討議制ということです。しかし、そういうふうに考えなくても、委員会の審議を、質疑の段階と討論の段階とを明確に分けるべきである。質疑は、本来、議題について疑義をただす行為ですから、疑問を問いただすだけにして、討論の段階では、意見を戦わすというようにすべきである。そして質疑は、政府委員に対して行い、討論の段階では大臣と又は委員同士で意見を戦わすことにし、討論の最後に、各党（各会派）の代表が問題点と意見を述べ、結論を出すことにしたらどうであろうかということを考えている。

(b)　**党議拘束と事前審査制**

技術的な問題になってくるけれども、この民主的、自主的な審議ということを考えて行くと、当然出てくるのが、党議拘束の問題である。議院内閣制のもとでは、内閣を支える議会の多数派は、内閣の責任において提出される法案の国会通過を図らなければならないから、政府与党に属する議員は法案の成立のために、共同歩調を取らなければならないということになる。

したがって、議院内閣制を採り、国会が政党中心に動いている以上、党議拘束ということは当然であるといってよい。しかし、党議拘束というものがすべての内閣提出法案や、重要と考える議員提出法案に対してかけられ、対象が極めて広範囲になっているということ、さらには、国対政治の影響で、法案が国会に上程される段階で党議拘束がかけられている。しかも、衆参両院にまたがって、その党所属のすべての議員にかけられるということである。

さらに、五五年体制の下で自民党長期政権が続き、自民党の政調部会の役割が次第に大きくなり、多くの法案がまず、与党の政調会の各部会で、所管官庁の担当官僚を交えて審査が行われる。その結論が政務調査会を経て、総務会で承認されると、総務会決定ということで、自民党所属の衆参両院議員に党議拘束がかけられるということになっていった。

これが、すでにのべた、いわゆる与党審査の制度である。こういう形で、法案の実質的な審議というのは、国会外の政権与党である自民党の政調部会において事実上行われるということになって、国会における委員会審議が形骸化するということになってしまった。

党議拘束は、議院内閣制を採る上では、やむを得ないと考えなければならないが、これについても、国会審議においては、委員会の審査の後、審査の後とはどの段階かということになるが、質疑が終わった後で、党議決定するということにして、それ以後の段階では所属議員の活動を拘束してもいいが、それ以前、要するに質疑終局前には、所属議員の活動を縛らないということにすべきである。また、すべての議事に対して党議拘束をかけるのではなく、議事の重要性に応じて、拘束力の程度を考えるべきである。

要するに、与党審査は、法案上程の事前ではなく、法案が国会に提出された後の党内の内部審査として処理されるべきである。

外国では、フランスとオーストラリアでは、非常に党議拘束が強いようである。イギリスは極めて重要な法案に限っているようであり、党議拘束が強いようである。イギリスは、党議拘束の問題は、党への忠誠の問題とされている。イギリス労働党では、良心に従って棄権する場合を除いては、党の決定に反して投票することを禁ずるというような行動規範があるようである。アメリカでは党議拘束はそんなに強くない(2)。

国対政治の問題であるが、国対政治というのは結局、法案審議における与野党の合意と妥協の場になってしまって、法案審議以前に政党の賛否が既に明らかになってしまっている。実際、審議においては政党の賛否が明らかになっているから、法案の審議は法案の内容を離れた形式的な審議が行われることになる。そうなると、討論と説得の上で、最善の選択をするという審議が見られなくなってしまう。したがって、国対政治というのは、廃止されなければならない。政策問題で与野党が話し合う必要があれば、各常任委員会の理事会で行われるべきである。国対政治というのは、あくまで国会運営の手続きについてだけに限定して行われるべきで、政策の内容まで国対で決めるというのは問題である。

(c)　委員会における審査の実質化

討論の場であるためには、委員会における審査の実質化が図られなければならない。そのためには、国対政治が廃止されなければならないということ、与党審査が廃止されなければならないことは、既に述べたが、審査の実質化が行われるためには、審査の手続きとして、次のようなことが行われるべきである。

法案（政府提出）の場合では、提案理由説明があり、次に、普通は、政府の逐案説明が行われるのであるが、その後で、常任委員会調査会の室長（専門員）が政策的な立場からの問題点分析を、議院法制局の部長が法律的立場から問題点分析を行い、それを聴いた上で、審議の対象になっている法律案の問題点を解明し、その問題点の審議を中心とする審議計画を立てる。立法計画といってもいいが、そういう計画を定め、その計画に従って審議されるべきである。このようにすれば、委員会審議がもう少し実質化すると思われる。

そのためには、委員会スタッフの充実強化が必要である。委員会スタッフとして、当面考えられるのは、常任委員会調査室と議院法制局の充実、強化である。

また、審査の委員長報告を、これは現在極めて簡単なものであるが、これを本格的な報告書として作成すべきである。本格的な報告書を作成しようとすると、本会議の審議に時間的に間に合わないこととなるので、本会議の委員長報告とは別個に報告書を作成することにすべきである。

(d)　委員会審査の効率化

討論の場であるためには、次に委員会審査の効率化が図られなければならない。効率的な審議がなされ、効果的に立法がなされなければならないのである。

効率化を図るためには、従来のような野党の抵抗機能を保持させるような諸制度、諸慣行（法案審議の時間切れを狙う会期制度、議事運営を決めるには全会一致でなくてはならないという慣行など）を改める必要がある。

重要法案については、本会議の趣旨説明がなされた後でなければ、委員会に付託しないという、いわゆる「つるし」の制度も整理する必要がある。

野党の抵抗は、政策的な対案を提出することによって行い、その対案は同時に審議するということで、議論を促進して対抗すべきである。審議の引き延ばしと、その結果の駆け引きのための抵抗はやめるべきである。

(e)　政権交代のシステムの重要性

ここで一つ、アリーナ機能の強化ということに対して、付け加えておかなければならない。アリーナ機能を討論と説得の場として強化するためには、政権交代の可能なシステムを作る必要がある。政権交代の可能なシステムにおいてこそ、アリーナ機能の強化ということに意味がある。討論を通じて有権者は将来実現可能な代替案、政策選択肢を知ることができるわけで、その代替案、選択肢について有権者を説得できると、次の選挙において野党は多くの票を獲得し、政権を担当できることとなる。そして、その代替案、選択肢が実現する。したがって、政権交代が可能な政治システムになるということが、アリーナ機能を強化するためには必要である。ここで選挙制度の改革の問題と国会改革の問題がつながっていくのである。

(2) 議院内閣制下の議員立法の活性化

第二に議院内閣制の原則の範囲内で、議員立法の活性化が図られなければならない。これはポルスビーが言っている変換機能の問題である。(3) 変換機能というのは、社会のさまざまな要求を、法律、政策に変える、変換する働きをいうのである。議院内閣制の下では、議会に政府から独立した独自の変換機能を期待することは制度的に困難である。しかし、議員立法には、政府の立法が、国民の立場から見て適切な内容のものとなるようにという目的もある。また、政府立法では国民の意思が間接的にしか反映されないが、議員立法では直接に反映できるということもある。したがって、議員独自の情報発信、立法機能を発揮するという立場で、議員立法の充実、活性化が期待されなければならない。

(a) 立法スタッフの充実

そのためには、立法スタッフの充実が図られなければならない。立法スタッフとは、常任委員会調査会、議院法制局及び国立国会図書館調査立法考査局である。

(b)　情報センターの設置

議会に情報センターを設置して、政府の情報を集中して収集するだけでなく、民間の情報、自ら収集した情報を集中管理して、これを分析し、議員立法の立案に際して提供する。さらに、委員会の審議に応じても提供するという機構を整備すべきである。こういう情報収集のために必要があれば、国会法第一〇四条の規定により、国政調査権が行使されるべきである。

(c)　請願委員会の整備

政党に結集された国民の政治的意思以外の国民の意思を掌握するために、請願委員会を整備し、常置の委員会として、国民の立法意思を知る手段とすべきである。この委員会に常置の事務局を設け、調査権を与え、行政に対するオンブズマン的な役割を果たさせることにしたら一層効果がある。

(d)　立法、法案審議のための国政調査権の活用

国政調査権を政治的疑惑の摘発中心的なものだけに使うのでは、不十分であり、議員立法の策定、法案その他の審議に有効に行使すべきである。国政調査権は、本来そういう機能である。

以上、議院の役割ということから考えて、一つは国会を討論の場としての機能を強化するということ、もう一つは、議院内閣制ということを前提にしながら、議員立法の活性化を図る必要があるということから、国会改革の問題と、それを技術的にどのように解決したらいいのかということを述べてみた。

（1）　Nelson Polsby, "Legislatives", in F. I. Greenstein and N. W. Polsby eds., *Hand Book of Political Science* Vol. 5 :

Governmental Institutions and Process (Reading, Mass : Addison-Welsley Publishing, 1975).

（2） 梅村光久「党議拘束と審議の活性化」堀江湛・笠原英彦編著、国会改革の政治学一一七頁。

（3） Nelson Polsby, op, cit.

第二章

二院制

1　わが国二院制のあゆみ

浅野一郎

一　明治憲法制定まで

(1)　二院制の萌芽

幕末になって徳川幕府の独裁的権力が衰えると、公卿、諸侯、武士等の政治的勢力が擡頭し、それらの者の参政を制度的に認めようとする思想が生じた。これがいわゆる「公議」思想であった。そしてその内容は、公卿、諸侯の会議（上院）と武士の会議（下院）を設けて、国政の諮問機関としようとするものであった。ここにわが国の二院制の萌芽がみられる。

慶応三年一〇月一四日徳川慶喜は大政奉還を上奏し、一二月九日王政復古の大号令が発せられた。前述の「公議」思想は、その実際的重要性を加え、明治新政府においても「公議」は主要な政策とせられ、明治元年（慶応四年）には「上ノ議事所」及び「下ノ議事所」が設けられた。三月一四日五箇条の御誓文が発布され、「広ク会議ヲ興シ万機公論ニ決スベシ」と述べられていた。さらに閏四月二一日の政体書では立法府たる議政官が議定、参与から成る上局と各藩の貢士からなる下局とに分けられていた。この下局は、五月に貢士対策所となり、その後身として一二月五日に公議所が設けられたが、その開設後間もなく、明治二年六月には版籍奉還が行われ、七月には太政官制が採用され公議所は、集議院となった。集議院も従来と同じく諮問機関であった。他方議政官の上局の後身として明治二年五月に上局会議が設けられ、公卿、大名、高級官吏の会議として国政の諮問がなされた。この上局会議は、明治二年七月八日の太政官制発表とともに廃止された。

(2)　民選議会の設立

明治政府は、これらの会議を設けたが、いずれも民選ではなかった。したがって国民の大部分は国政に関与することはできなかった。そこで明治政府は、明治二年三月に待詔局という特別の官庁を設け、人民の建白を許すことにした。この待詔局は、明治二年七月には待詔院と改められ、八月には集議院に合併された。

明治四年七月一四日の廃藩置県によって従来の藩制は廃止され、中央集権が確立された。これに伴い従来藩制を基礎とした公議機関は存立の根拠がなくなった。そこで同年七月二九日に太政官制の改革が行われた。これによって正院、左院、右院が設けられた。

正院は、従来の太政官であり、太政大臣、左右大臣、参議の三職で構成され、左院は立法官であり、右院は各省長官で組織された。

左院は、立法官であったが法案の審議権はあっても決定権はなく、諮問機関であり、その構成員は官選であり、公議機関は、純然たる官僚会議となった。

民選議会を設けよとの主張は、明治七年一月一八日に征韓論に敗れて辞職した前参議副島種臣、板垣退助、後藤象二郎、江藤新平等が民選議院設立建白書を左院に提出し、有司専制を難じて、民選議会是非の論争が活発に行われ、また民選議会設立を請願する者が天下に蜂起した。

　政府は、民選議会設置論に対して漸進主義で応じようとし、明治七年五月に地方官会議を設けた。この地方官会議は、民選議院への一段階と考えられていたようであるが、台湾事件のため実際に開かれるには至らなかった。

　明治八年一月にいわゆる大阪会議（大久保、木戸、板垣、伊藤、井上（馨）等が大阪に会して改革を議したもの）があり、その議に基づいて、八年四月一四日立憲政体の詔書が発せられ、新たに元老院及び大審院が置かれ、地方官会議が再興され、漸次に立憲政体を採用すべきことが宣言された。

　政府は、この趣旨に基づき西南戦争後の明治一一年七月に府県会規則を、一三年四月に区町村会法を制定し、民選の地方議会を設けたが、これがわが国で最初の民選議会であった。

(3)　国会開設へ

　当時の民選議会設立論は、同時に成文憲法制定論として有力となり、立憲政体の詔書が発せられた翌明治九年九月には、元老院は一一年には「日本国憲按」という成案を得た。これについては、岩倉、伊藤の反対があり、修正されて、一三年「国憲」なる成案を得たが、これについても岩倉、伊藤の反対は変わることなく、元老院のこの作業は中絶した。

　しかし、当時、成文憲法制定、国会開設は、自由民権運動論者の主唱によって朝野の一大問題となっていた。自由民権論者も憲法の研究を進め、多くの私疑憲法草案を発表していた。

　そこで、政府は、民間の民選議会設立論や成文憲法制定論に対しては、明治八年には、新聞紙条例と讒謗律を制定して、言論を取り締まり、一三年には集会条例を制定して、集会、結社を取り締まったが、明治一四年一〇月一二日に「国会開設の勅諭」を発し、明治二三年に国会を開設することを示した。

これはまた憲法制定の方向を示すものであり、伊藤博文は、明治一五年春憲法調査のためヨーロッパへ出張し、一六年夏帰朝したが、帰朝後、井上毅、伊東巳代治、金子堅太郎を指揮して、皇室典範、帝国憲法及びその付属法令の草案の起草に従事した。これらの草案が成るとともに、明治二一年四月枢密院が設けられ、この草案は、勅命によりそこに諮詢された。そして翌二二年二月一一日大日本帝国憲法（明治憲法）は、欽定憲法として制定され、公布された。

この大日本帝国憲法に基づき、一一月二五日第一回の帝国議会が召集され、同二九日開会を命ぜられた。なお、大日本帝国憲法はこの時から施行せられたのである。

かくて、わが国の近代的議会制度が発足したのである。

二　明治憲法における二院制

明治憲法における議会は、帝国議会といった。帝国議会は、貴族院及び衆議院の両院によって構成された（憲法三三条）。即ち、二院制を採用していた。二院制を採用した理由について「憲法義解」は、「夫れ代議の制は以て公議の結果を収めむとするなり。而して勢力を一院に集め、一時感情の反射と一方の偏向とに任じて互相牽制其の平衡を持する者なからしめば、孰れか其の傾流奔注の勢容易に範防を踰越し、一変して多数壓制となり、再変して横議乱政とならざることを保証する者あらむ乎、此れ其の弊は却て代議の制なきの日より猶甚きものあらむとす。故に代議の制設けざれば巳む。之を設けて二院ならざれば必偏重を招くことを免れず。此れ乃物理の自然に原由する者にして、一時の情況をもって之を掩蔽すべきに非るなり。要するに二院の制の代議法に於けるは、之を学理に照らし、之を事実に徴して、其の不易の機関たることを結論することを得べきなり」（岩波文庫版六七頁）と述べている。

(1)　貴族院の構成

明治憲法は、「貴族院ハ貴族院令ノ定ムル所ニ依リ皇族、華族及勅任セラレタル議院ヲ以テ組織ス（三四条）」と定めており、貴族院の構成については貴族院令の定めるところによっている。貴族院令は、憲法と同時に制定され「勅令」と称されているが、憲法制定者によって貴族院の議決を経て裁可によって成立する国法形式として特別に定められたものであり、その改正、増補には貴族院の議決を要した（貴族院令一三条）。

貴族院には、次の三種がある。

① 皇族議員、皇族男子は成年（皇太子、皇大孫一八歳、その他の皇族は二〇歳）に達すると当然議員となる。（貴族院令二条）。

② 華族議員　次の二種に分かれる。

(イ) 公侯爵議員　公侯爵を有する者は、三〇歳に達すれば当然議員となる。

(ロ) 伯子男爵議員　成年の伯子男爵を有するものは各々その同爵中から七年の任期をもって定数の議員を選挙する。その定数は、大正一四年以降は伯爵一八人、子爵、男爵各六六人である。被選挙資格年齢は、三〇歳以上である。選挙方法は完全連記制による多数代表制であり、強力な一派が全議員を独占する傾向であった。また記名投票制（公開選挙制）であったから投票の自由も拘束されていた。

③ 勅任議員　次の三種に分かれる。

(イ) 勅選議員　国家に勲労のあり又は学識のある三〇歳以上の男子の中から勅任される。終身議員であって定数は一二五人以下である。

(ロ)　帝国学士院会員議員　三〇歳以上の男子で帝国学士院会員たる者の中から四人を互選し、その当選の結果により勅任せられた者であって、任期は七年である。

選挙は、連記無記名投票制によっている。

(ハ)　多額納税議員　三〇歳以上の男子で北海道及び各府県において土地又は工業商業につき、多額の直接国税を納める者一〇〇人中から一人又は二〇〇人中から二人を互選し、その当選者は、議員に勅任せられる。定数は六六人以下で、任期は七年である。選挙は連記無記名投票制によっている。

貴族院をこのような議員によって構成したことを「憲法義解」は「貴族院は以て貴冑をして立法の議に参預せしむるのみに非ず、又以て国の勲労学識及富豪の士を集めて国民慎重練熟耐久の気風を代表せしめ、抱合親和して倶に上流の一団を成し、其の効用を全くせしむる所以なり」（岩波文庫版六八頁）と述べている。

(2)　衆議院の構成

衆議院は、すべての公選の議員から構成されている。議員の定数、選挙権、被選挙権、選挙区、投票方法は、次のように変遷している。

①　明治二二年の最初の選挙法において　　厳重な制限選挙制であって、選挙権は、年齢二五歳以上の男子で、直接国税年額一五円以上を納め、かつ、一年以上その府県内に本籍を持ち、居住する者でなければ与えられなかった。有権者は総人口の約一%強であった。被選挙権は、年齢三〇歳以上の者に与えられ、居住要件は必要でなかったが、納税要件は、選挙権と同じであった。選挙区は小選挙区制をとり、例外として一区二人の選挙区を認めていた。投票方法は、小選挙区では単記制、二人区の場合は連記制で、いずれも記名投票（公開投票）であった。議員の定数は三〇〇人であった。

②　明治三三年選挙法において　この選挙法は、制限選挙制を緩和し、多数代表制を少数代表制に、公開投票制を秘密投票制に改めたもので約二〇年存続した。すなわち、選挙権については納税要件を撤廃した。選挙区は府県を単位とする大選挙区とし、別に市を独立の選挙区とした。市の選挙区に対し議員数の割当てを多くし、農漁業者より商工業者を重視した。投票方法は、単記無記名式とした。議員定数は、三七〇人であった。

③　大正八年の選挙法において　この頃から普通選挙運動が盛んになったが、この選挙法は、制限選挙制をさらに緩和したものにすぎなかった。即ち、選挙権の納税要件につき一〇円以上を三円以上に引き下げた。これによって有権者数は約三〇〇万人になったといわれる。選挙区は、再び小選挙区制を採用し、例外として一区二人又は三人の場合も認めた。投票方法は従来通り単記無記名式であった。議員定数は、四六四人であった。

④　大正一四年の選挙法において　この選挙法において普通選挙制を採用した。従来の納税要件を撤廃して男子普通選挙制を採用した。これにより有権者数は従来の三〇〇万人から一二五〇万人になったといわれる。選挙区については、一区三人から五人を定数とする中選挙区制を採用し、投票方法は、単記無記名式を採用した。再び小選挙区制となった。議員定数は四六六人である。この選挙法は多少の変化はあったが、ほぼ日本国憲法の体制になるまで続いたのである。

(3)　両院の関係

明治憲法下における貴族院と衆議院の関係は、互いに独立であり、一院の意思が他院のそれに優越するということなく、完全な二院制であった。

帝国議会の意思は、貴族院及び衆議院の意思の合致があって成立するのであり、両院は意思の決定に当たって相互に全く独立であった。

両院の組織は前述のごとく相当な差異があり、何人も同時に両議院の議員となることはできないが、組織以外の点については、両院の法律的地位は、原則として平等である。両院の活動能力は同時に発生し、消滅する。また両院の権限は、①予算につき衆議院に先議権があり、②貴族院は華族の特権に関する条規につき天皇の諮問に応え議決する権能があるのを除き、ほぼ同様である。

(4)　貴族院の役割

貴族院の役割については、穂積八束博士のごとく、貴族院の用は「大権ノ独立ヲ擁護スルノ堅壁タルニ於テ之ヲ視ル」と宣言し、「立法機関ノ権力ノ過大トナリ偏重シテ専恣ニ流ルルノ通弊ヲ防止」し、「若シ政府ト衆議院多数ト相結託シテ大憲ノ粉更ヲ試ミルカ如キコトアラシメハ貴族院ハ厳然其間ニ独立シ憲法擁護ノ重任ヲ全ウスヘキコトヲ期」すべしというような君主主義護持の役割を強調する考え方もあったが、やはり衆議院と相牽制し、政党の偏葉と横議とを匡正し、議会の議決を慎重平静ならしめ、国政を慎重審議せしめることにあるというのが一般的な考えであった。したがって、貴族院は、なるべく国民の中の保守、耐久、慎重、練達、漸進の気風を代表するものたらしめ、あらゆる方面、階級、団体、種族の理想、希望、思想、感情、利害、生活、職業、知能等を代表するとされる大衆的、民衆的代表の傾向を帯びる衆議院の党派的、急進的傾向、勢力を緩和、調整、牽制するところにその役割があると考えられていた。即ち貴族院に衆議院を牽制調節する役割を期待していたが、その立場は、反民主的なものであった。

これに対し、貴族院も帝国議会を構成する一院として、国民代表の機関であることを明らかにし、その本来の使命は中正なる立場から衆議院を牽制調節することにあるという考え方もあった。

貴族院の使命が中正な立場から衆議院を抑制することにあるとし、その貴族的要素を削減し、国民代表、学識経験的要素を増大し、民主的性格を帯ばしめようとして貴族院改革の主張も見られた。その主張するところは、華族議員数を激減させる。公侯爵の当然議員制を廃し、選挙制にする、伯子男爵議員の連記投票制を改め、一会派独占を避ける、勅選議員の任命を政府の恣意に委ねないよう、適当な機関による選考又は推薦制とする、職能議員、公選議員を加える、「学識」議員数を増加する、多額納税議員を廃止するなどであった。だが、これらの主張も実ることなく、日本国憲法の時代となったわけである。

三　日本国憲法における二院制

昭和二〇年八月一四日わが国政府は、ポツダム宣言を受諾した。ポツダム宣言の要求を忠実に履行するためには明治憲法の改正は避けることはできなかった。連合国最高司令官マッカーサー元帥は、昭和二〇年一〇月一一日の東久邇内閣の近衛国務大臣との会談で憲法改正を示唆し、同年一〇月一一日の弊原総理大臣との会談で口頭で憲法の自由主義化を命じている。

これによって政府は憲法改正草案の起草に着手し、政府草案は、連合国最高司令官の下に提出されたが、この草案は、明治憲法と大差がなかったため、日本民主化に不十分なものとして拒否された。そこでマッカーサー元帥の下で憲法改正草案が起草され、この草案が政府に示されることとなった。これがいわゆる「マッカーサー草案」である。これを基礎にして政府では「憲法改正草案要綱」を作成し、昭和二一年三月六日これを発表した。この要綱を条文化し、同年六月二〇日に第九〇回帝国議会に提出し、六月二五日衆議院本会議に上程され、それから約四箇月の審議を経て、衆議院及び貴族院で若干の修正がなされ、一〇月七日に確定され、一一月三日に公布、二三年五月三日から施行された。これが現在の日本国憲法である。

日本国憲法も二院制を採用している。もっともマッカーサー草案は一院制であった。その理由は、総司令部側の説明によると「議会を一院制にすることは、代表民主制運営の責任を一点に集中するから賢明であり、有用である。貴族制は廃止されるから、貴族院を設ける必要はない。合衆国と異なり、それぞれの州の主権及び国民を代表するという二重代表（dual representation）の観念を樹立する必要もない。というのは日本には、合衆国の場合と同様の事情がないからである。国民を完全に代表していない第二院ないし上院を創設すると、どちらの院の権限が優越するかについて争いを生ずる。それはイギリスのように、長年にわたる根強い自治の伝統を持つ国でも紛議、口論、不和のもとになった。日本が新憲法を採択する際には、こういう衝突の可能性を避くべきである。行政府が立法府に対し完全に責任を負うとした場合に、二院制よりも一院制のほうが立法府と行政府との間に実際の関係を定めやすいのである」（〔総司令部側〕憲法改正〔案〕の説明のための覚え書き・第四章国会　高柳・大友・田中編著「日本国憲法制定の過程――連合国総司令部側の記録による――Ⅰ」三一一頁）というのであった。

これに対しわが政府側は、松本国務大臣がわが国の国情からすれば二院制が必要であると述べて二院制を要請し、昭和二一年二月二二日の松本、ホイットニー会談において、ホイットニーが両院とも国民の選挙によるものであれば二院制それ自体に反対ではないと言明したことにより、政府は、マッカーサー草案を基礎とした政府三月二日草案において「国会ハ衆議院及参議院ノ両院ヲ以テ成立ス」（四〇条）と二院制を採用したのであった。

松本国務相は、このホイットニーとの会談について、次のような手記を残している。

（松本）　第四章議会ハ一院制ヲ採レルモ二院制ハ絶対ニ認メラレサルヤ」

（ホイットニー）「二院ハ米国等ト国情ヲ異ニスル日本ニテハ無用ト考フルモ強テ希望アレハ両院共ニ民選議員ヲ以テ構成セラルル条件下ニ之ヲ許スモ可ナリ」（此ノ点二三日ノ初会見ニ於テ当方ヨリ両院制ノ作用ニ付一言シ置キタル結果譲歩セルモノナラン）

（松本）上院ノ民選議員ヨリ成ルモノトスル場合ノ民選ノ意義如何、複選ハ可ナルヤ」
（ホイットニー）「複選ハ可ナリ」
（松本）「府県会議員ノ選挙人トスルハ如何」
（ホイットニー）「右ハ民選ナリ」
（松本）「例ヘハ商業会議所議員ヲ選挙人トスルカ如キ職業代表ハ如何
（ホイットニー）「右ハ民選ト認メ得ス」？
（松本）「議員ノ少数者ヲ勅任トスルハ如何」
（ホイットニー）「右ハ認メ得ス」

（「日本国憲法成立の経緯」憲資総第四六号（資料八）松本国務大臣のホイットニー等との会見録（松本氏手記））

一院制か二院制かについてのアメリカ側の考え方を知る二つの文書について述べなければならない。

一つは、一九四六年一月七日SWNCC（国務、陸軍、海軍三省調整委員会）が承認した「日本国の統治体制の改革」と題する文書（SWNCC―二二八）である。これは、同年一月一一日に、在日最高司令官に情報として送付されたもので、ポツダム宣言は、憲法改正の要求を包含するというアメリカ政府の認識を伝えているものであるが、議会制度については、問題点と改革点で次のように指摘している。

「日本の現行憲法（大日本帝国憲法）は、一方においては、国民の側の代議制への要求をなだめるという目的、他方においては、明治の指導者である憲法制定者達が、近代の世界の中で日本が存続し発展するために必要であると信じた、中央集権的、独裁的統治機構を強化し永続させんとする目的、という二重の目的をもって書かれたのである。この後者の目的に合致するため、国家権力は、天皇の周囲に入る数少ない個人的助言者達の手に握られ、選挙によって選ばれた、国会（Diet）における国民の代表者には立法に対し限られた範囲で監督的権限が与えられただけであった。」………

「貴族院は、大体二分の一が貴族、四分の一が高額納税者の互選による者、四分の一が天皇の任命する者によって構成されているのであって、貴族院が民選の下院と同等の権限をもつことは、日本における有産階級および保守的な階級の代表者に、立法に関して不当な影響力を与えるものである」と現状認識を述べ、「国民に責任を負う真の代議政治の発達」を保障するため、広範囲の選挙権を認め、選挙民又は立法府に責任を負う政府を樹立すること、「立法府は、選挙民を完全に代表するものであり、予算のどの項目についても、これを減額し、増額し、もしくは削除し、または、新項目を提案する権限を完全な形で有するものであること」等の新条項を憲法に加えるべきだというのである。ここでは、立法府を完全な公選制とする意見はみられるが、積極的に一院制にせよとの表現はみられない。

第二は、一九四五年一二月六日付の「日本の憲法についての準備的研究と提案」と題する文書である。これは、当時の陸軍少佐ラウエルが作成、総司令部へ提出したレポートであるが、総司令部は、ＳＷＮＣＣ―二二八を受領する前にすでに憲法改正について研究を開始していたことを示すものである。

この文書は、冒頭で、日本において民主主義的傾向を伸長するため諸々の弊風をなくす必要があることを指摘したうえで、そのための措置として、(a)憲法の改正、(b)憲法改正案の総司令部による承認、(c)憲法改正案への本レポート附属文書掲載諸規定の条文化を提案している。

議会制度については「附属文書Ｂ　国民に対して応える政府」のなかの「一　事実」の項で「貴族院の構成は、勅令によって定められている。貴族院は、貴族と多額納税者を代表するものである」と述べ、これに基づいて「四提案」の項において「立法部は一院でも二院でもよいが、全議員が公選により選ばれなければならない」としていた。

この両文書においては、憲法改正案における議会は、公選の議員のみで構成すべきであるとの意見は、みられたが、一院制か二院制かについては、明確にされなかった。

最終的に二院制が復活したのは、このような考え方が背景にあり、一院制か二院制は基本的な問題ではなく、公選の議員のみで構成される、完全な公選制が問題であったからであろう。

政府が三月二日案において二院制を採用した理由は、三月二日案についての松本国務大臣の説明書では「不当な多数圧制に対する抑制と、行き過ぎたる一時的偏奇に対する制止的任務を果すのが参議院である」ということであった。この案が総司令部の承認を得て、「憲法改正草案要綱」となったのである。

三月二日案は、参議院の組織について「参議院は、地域別又は職能別に依り選挙せられた議員及び内閣が両議院の議員より成る委員会の決議により任命する議員を以て組織す」としていたが、GHQで拒否された。その結果「両議院は、国民に依り選挙せられ、全国民を代表する議員を以て之を組織す」と改められた。

日本国憲法は「国会は、衆議院及び参議院の両議院でこれを構成する」(四二条)と定めて二院制を採用している。明治憲法下の二院制は貴族院と衆議院がほぼ対等の地位にある、いわゆる貴族院型の二院制であった。

しかし、日本国憲法における二院制は、両院とも民主的基礎に立ち、しかも衆議院が優越する地位にあるいわゆる「跛行的両院制」である。

両院とも民主的な基礎によるものでありながらなぜ跛行的両院制としたのであろうか。これについては、宮沢俊義先生は「両院制においては、どうしても国会の行動が慎重になる反面、その行動が迅速に行われることが妨げられる傾向が多く、議会の統一意志の成立が実際にむずかしくなりすぎるおそれがあるので、議会の統一的意志が迅速に成立しやすいように、びっこの両院制を採用し、議院の一方に他方の議院に対する優越をみとめたのであろう。なぜ、衆議院に優越をみとめたかといえば、衆議院が明治憲法以来議会において強度に国民代表的色彩をもっていたという伝統のほかに、衆議院議員は参議院より短い任期を憲法自体でみとめられ、さらに解散の制度も衆議院についてのみみとめられ、衆議院に対して国民によってより頻繁に直接コントロールされる可能性がみとめられたということから、衆議院は、参議院にくらべて、国民代表的性格がより強いと考えられたからであろう」（宮沢・芦部補訂『全訂日本国憲法』三五一頁）と述べられている。

(1)　衆議院の構成

衆議院は、すべての公選の議員によって構成される。憲法は「両議院は、全国民を代表する選挙された議員でこれを組織する」（四三条一項）と規定している。衆議院議員の定数は、五〇〇人（小選挙区三〇〇比例代表二〇〇）とされている（公職選挙法四条一項）（平成五年改正前は五一一人）。選挙権年齢は二〇歳以上であり、女子にも選挙権が与えられ、完全普通選挙制である。被選挙資格年齢は、二五歳以上である。

選挙区制は、小選挙区比例代表並立制で、小選挙区三〇〇、比例代表二〇〇で、比例代表の選挙単位は、全国で一一ブロック制、拘束名簿式を採用する。投票は、記号式二票制としている（平成五年改正前は、都道府県を数区に分かち一選挙区三人から五人の定数とする中選挙区制を採用し、投票方法は単記無記名制）。

衆議院の任期は、四年であるが、その任期中に衆議院を解散することができ、この場合には、期間満了前に任期が終了する（憲法四五条）。

(2)　参議院の構成

参議院もすべて公選による議員によって構成されることは、衆議院と同じである。

参議院の定数は、二五二人で、そのうち一五二人を選挙区（昭和五七年改正前は地方区）選出議員、一〇〇人を比例代表（昭和五七年改正前は全国区）選出議員としている。

選挙権年齢は、衆議院の場合と同じく二〇歳以上であるが、被選挙資格年齢は、三〇歳以上である。参議院の役割を考えて衆議院より高めたのである。

選挙区、投票方法については、昭和五七年の選挙法の改正までは、全都道府県の区域を通じて一選挙区とする全国区制により一〇〇人、各都道府県の区域を選挙区する地方区制により一五二人を選出していたが、昭和五七年の選挙法の改正により、全国区議員選挙について全都道府県の区域を通じて一選挙区とすること及び一〇〇人を選出することについては変わりないが、拘束名簿式比例代表制が導入されることとなり、これに応じて従来の地方区は選挙区と名称を改め、全国区選出議員は比例代表選出議員と名称が改まった。投票方法は、選挙区（地方区）は単記無記名制であり、比例代表選挙では、政党などの名称又は略称を自署する無記名制である。

参議院の任期を衆議院より二年長くし、全員一時に改選しないで、三年ごとに半数を改選することとし、参議院には解散はないこととするなど、これによって議員の身分の比較的永続性、安定性及び事務の継続性を保たせることとしている。

(3)　両院の関係

憲法は「衆議院が解散されたときは、参議院は、同時に閉会となる」（五四条二項）と規定しているが、二院制を採用している以上、両議院は、同時に召集され、開会するという同時活動を原則とするものである。もっともこの例外として参議院の緊急集会がある。また、両議院は、それぞれ独立に議事を開き議決する。この独立活動の原則も二院制から生ずる当然の原則である。そして、両議院の意思の合致によって国会の意思が成立する（憲法五九条）。この原則の例外として両院協議会を開くことが認められているが、これは両院の意思が異なる場合になるべく、両議院の意思の一致を得られるようにするためである。
なお、二院制を採用した結果、両院の議員の兼職は、認められない（憲法四八条）。

(4)　両院の権限の差異

両院の権限については、衆議院に内閣に対する信任、不信任の決議権があること、予算の先議権があること、参議院に衆議院解散中緊急集会を開いて暫定議決をなす権限があることを除いて、ほぼ両者対等である。

しかし、国会の意思の成立について、両院の意思が一致しない場合に衆議院の優越が認められている。即ち①法律案の議決について衆議院で可決し、参議院でこれと異なった議決をした場合、衆議院で出席議員の三分の二以上の多数で再び可決したときは、当該法律案は法律となるものとされ（憲法五九条二項）、参議院が衆議院で可決した法律案を可決した法律案をうけとった後、国会休会中の期間を除いて六〇日以内に議決しないときは、衆議院は参議院がその法律案を否決したものとみなすことができるとされる（憲法五九条四項）。②予算の議決については、参議院で衆議院と異なった議決をした場合に法律の定めるところにより、両議院の協議会を開いても意見が一致しないとき、又は参議院が衆議院の可決した予算をうけとった後、国会の休会中の期間を除いて三〇日以内に議決しないときは、先になされた衆議院の議決をもって国会の議決とされる（憲法六〇条二項）。③条約の締結に対する国会の承認については、予算の議決の場合と同様である（憲法六一条）。④内閣総理大臣の指名については、参議院が衆議院と異なった指名の議決をした場合には、法律の定めるところにより、両議院の協議会を開いても意見が一致しないとき又は衆議院が指名の議決をした後、国会の休会中の期間を除いて一〇日以内に参議院が指名の議決しないときは、衆議院の議決をもって国会の議決とされる（憲法六七条二項）。このように憲法で衆議院の優越を定めるもののほか、法律で衆議院の優越を定めるものがある。国会の会期の決定又は延長について、両議院の議決が一致しないとき、又は参議院が議決しないときは、衆議院の議決したところによるものとし、（国会法一三条）、会計検査院の検査官の任命に対する同意について衆議院の議決を優越せしめている（会計検査院四条二項）などがこれである。

これに対し、憲法改正の発議の場合には、両議院の議決は対等に取り扱われている。

四　ふりかえって考える

二院制を類型化してみると連邦型と単一国型とに大分されるが、後者は更に反民主主義型（民主主義抑制型――貴族院型と上流階層代表制）、民主的第二次院型（自由主義的民主型）及び職能代表型に分けることができよう（深瀬忠一「日本国憲法における両院制の特色」清宮・佐藤編憲法講座第三巻二一頁以下）。わが国の二院制は、民主主義抑制型――貴族院型として成立したが、第二次世界大戦の敗戦の結果、民主的第二次院型に変質されることになった。民主主義国家においては、理論的には一院制が当然で、二院制は否定されるべきだとされ、その理由として国家と国民主権（国民の意思）の単一性にあることと絶対主義的又は反民主主義的な抑圧機関の排除にあるとされていた。こういう考え方があったにもかかわらず、二院制が採用された理由はどこにあったのだろうか。これをすこし考えてみよう。

日本国憲法制定の際の帝国議会において、衆議院においても、貴族院においても「衆議院一院だけが宜しい、何故に参議院を置かなければならないか」という質疑がなされている。これについて金森国務大臣の答弁が詳細にわたっているので、これをまとめてみるとつぎのようである。

①　二院制採用の必要性について　民主政治は結局数による政治であり、その数とは国民の与論の帰着するとこ

ろとなろうが、国民の与論は、はっきり固定しているわけではなく、また、国会と与論との関係においても、どちらかが先であるとはいい難い。それ故に単純なる一つの院の多数決によって方針を決めるということは、幾つかの欠点を持つと考えられる。一院だけであるとどうしても自己の持つ力を信頼し、そのことによって無理押しをするという危険、ことを進めるに熱心すぎて十分な審議を尽くさないという危険、つまり一面において専横に陥る危険があり、他面において、議事が十分な審議を尽くされないという危険が存在する。さらに、与論の形成には時間がかかり、国会がこの与論を正しく代表しているかどうかという疑念がある。一院制にはこのような欠点や危険性疑念が存在する。これに対し、二院制は一院専制というような傾向を修正するとともに、議会の審議をより慎重ならしめ、さらに与論が何が目的にして結集されたかということを的確に判断させるというような利点を持っている。これらの機能を持つ二院制は、アメリカの合衆国制度の補充としての二院制でもないし、またイギリスの貴族という階級の政治権力の変遷としての二院制でもない。したがって、民主主義を基本原理とする単一国家であるわが国が、このような二院制を採用するということには、十分な価値と意義がある。

② どのような形態の二院制をとるべきか　両院平等の原理に置くのがよいか、あるいは両院不平等の原理に置くのがよいかは、簡単には決定しえない。明治憲法では、原則として両院平等の建前であったが、その実際においては必ずしもそうでなかった。結局のところ、両院平等というのは、よくないと考えられる。それは立憲政治の数の政治に着目した場合に、両院が平等の力を持っているとすると、国政は容易に一つの道に帰着することができなくなり、その結果としていわゆる議院内閣政治というものも、本当に行われえなくなるからである。つまり、内閣が両院の意見を尊重する必要上、政治は、両院の最大公約数的なことでしか行われなくなる。それ故に政治は遅れ、時代の要請に応ずるだけの政治責任を持って行なえなくなるからである。したがって両

院は不平等であることが必要となる。一方がより強力的な機能を有するという形を採った上で、二院制を維持してゆくのが賢明であると考えられる。

③　両院の権限と範囲について　両院の権限は、その幅においてはできるだけ平等にするのがよい。何故ならば、国の一切のことを鄭重に審議する見地においては、両院の働きうる権限の幅を平等にするのが当然だと考えるからである。しかし、その権限の行使の結果における力の分量、その活動力の持っている効果から考えて、これを不平等にすることは相当の理由があるのではないかと考える。つまり、権限の範囲においては、両者が等しいことは望ましいが、その効果という点では、これに差をつけることによって二院制採用の長所が発揮されると考えられる。

④　組織の特異性について　国民は種々の異なる考えを持っており、この考えは単に数のみによっては代表されない。したがって議会に国民の種々の異なる考えを反映させるため、数だけではなく、質の方からも考えて組織する必要がある。

一般的に単一国で両院とも公選によっている二院制の存在理由は、①選挙制度の欠陥から一院制では議会への民意が正しく反映できない。②二院制の方が議事において慎重な審議が期待できる。③二院制により一院のゆきすぎ、横暴が抑制できる。④解散によって議会が活動能力を失った場合、一院制より二院制の方が民主的国政運営をしやすい。⑤立法の専門技術化の傾向にかんがみ、第二院にその役割を果たさせることができるなどであるとされている。

参議院の存在理由も、ここにあると考えてよかろう。

参議院がこのような存在理由に応え、その期待される機能、役割を果たすためには、参議院は、衆議院と異なった構成のものでなければならない。そこで、参議院議員選挙制度において全国区制を考え、職能代表的性格、学識経験者、文化人代表的性格、非政党化という特色を持たせようとした。この全国区制は第一回の選挙では、参議院の存在理由にふさわしい議員を選出し、緑風会（九六名）が結成されるなどであったが、第二回通常選挙では、緑風会の凋落（全国区で六名、地方区で三名が当選したのみ）をみ、自民党五二名社会党三六名が当選するという結果となった。この全国区の変化は、政党間の対立の激化と選挙運動上の困難さのために、特定の組織に基盤を有する当選者の増加（この結果緑風会の議席は第二回以降五七名、四八名、一一名、七名と減少し、昭和四〇年の七回通常選挙では候補者無となり消滅した）、職能代表というより利益代表的色彩の増大、政党的色彩の顕著化、無所属の激減という結果を示すこととなった。これは、「参議院政党化」の現象の出現と学識経験者、文化人代表、職能代表の衰退による良識の喪失現象にほかならないといわれている。

さらに問題は、参議院の政党化であり、これは拘束名簿式比例代表制の導入によって一層、拍車がかかった。そして政党制が衆議院、参議院を横断するものとして存在している。政党国家の現実の下において、参議院が政党化することは不可避であり、合理的であるとさえいえる。

その上、政治改革としての選挙法改正により、衆議院議員の選挙において、小選挙区比例代表並立制が採用され、一層、参議院と、衆議院の構造上の異質性の確保が困難となった。

このような現状において、参議院が衆議院の「カーボンコピー」に堕することなく、その存在理由に基づく機能と使命を果すにはどうしたらよいのか。いま、わが国の二院制に課せられた最大の問題である。

いずれも公選による民主主義的議会は、二院制より一院制がより合理的であるのかも知れない。

〔本節の参考文献〕

中川・宮沢　法律史（現代日本文明史第五巻）昭和一九年

小早川欣吾　明治法制史論　公法之部　昭和一五年
美濃部達吉　議会制度論　昭和五年
水木惣太郎　議会制度論　昭和三八年
大久保利謙　明治憲法の出来るまで　昭和三一年
高柳・大友・田中　日本国憲法制定の過程　昭和四七年
清水伸　逐条日本国憲法審議録（増訂版）昭和五一年
宮沢俊義　憲法略説　昭和一七年
伊藤博文　憲法義解（岩波文庫版）昭和三八年
参議院・衆議院　議会制度七〇年史　昭和三五年～三七年

2　両院の意思の調整をめぐる諸問題

浅野一郎

一　はじめに

最近、参議院の通常選挙の結果、衆議院と参議院とでその構成政党状況が異なることが多くなった。したがって両院の意思に不一致が生ずることが多くなることが予想される。そこで、両院の意思の調整をめぐる諸問題について考えてみようと思う。

二院制を採用している議会制度の下においては、両院の意思が一致して、はじめて議会の意思が成立するのである。したがって、両院の意思が合致しない場合には、①議案につき議会の議決がなかったものとして廃案となるか（オランダ）[1]、②数回往復審議して両院の意思の一致を図るが、なお、それでも合致しないときは、議案につき議会の議決がなかったものとして廃案となるか（イギリス）[2]、③両院よりそれぞれ委員を出して協議し、その協議案を各院において可決すれば、両院の意思が合致したものとし、可決しなければ、議案につき議決がなかったものとして廃案となるか（アメリカ合衆国、フランス、西ドイツ）、の措置がとられているようである。

このように両院の意思が合致しない場合に、その一致しない相違点を調整するための措置の一つの方法として、両院協議会の制度がある。

わが国では、明治憲法下の帝国議会以来この両院協議会の制度をとり入れている。そこでまず、わが国の両院協議会の性格という問題から考えてみることにする。

(1)　オランダ王国憲法一一五条～一一七条、一二〇条参照。法律案その他のすべての議案は、先に第二議院（下院）に提出されなければならない。第二議院は、法律案を可決、修正または否決することができる。第二議院の否決は、最終的であり、その法律案が第一議院（上院）に送付されることはない。また第二議院は、議案を審査せずそのまま握りつぶすこともできる。第一議院は、第二議院から送付された議案に修正を加えることはできない。第一議院のできることは、その議案を可決するか、又は否決するかのいずれかである。なお第一議院の議決も最終的であり、従って法律案の第二議院への回付や、両院協議会のような制度はない。（石井五郎・下田久則・世界の議会ヨーロッパ(1)（一九八三）オランダ王国一二四頁）。

(2)　これについて、一九一一年議会法（Parliament Act）及び一九四九年改正によって、①下院議長によって金銭法案（money bill）である旨認証された法律案は、下院が可決し、上院が一月以内に可決しないときは、上院の同意なしに国王の許に提出され、その裁可を得て法律となる。②引き続く二つの会期において、下院によって重ねて可決された公法律案（Public bill）は、上院によってその都度否決されても、上院の同意なしに、国王の裁可を得て法律となる。ただし、下院における第二読会と二度目の議決における第三読会との間、一年経過することを要する、旨改められた。

二　両院協議会の性格

両院協議会は、二院制の議会制度の下において、両院の意思が合致しない場合の調整手段として各院選出の委員によって組織される両院の機関であり、その前提とする二院制が⑴両院平等主義⑵上院優越主義⑶下院優越主義のいずれを採用しているかによって、その性格、機能が異なるものとなる。

明治憲法下の帝国議会においては、甲議院において議決した議案を乙議院において修正し、これを甲議院に回付した場合に、甲議院がその修正に同意しない場合に限って両院協議会を開くことが認められていた（旧議院法五五条）。両院平等主義をとっていたので、両院のいずれかにおいて否決されたものについては、明白に妥協の余地がないため両院協議会を開くこととしなかったのである。

これを、さらに詳述すると、①協議会を開くことができる案件は、回付の議案に限られる（旧議院法五五条）、②協議会を求めることのできる院は、協議会にかかるべき議案を先議した院である。（旧議院法五五条）、③協議会の成案は、協議会を求めた院（先議の院）において、先ず議してから、これを他院に送付する（旧議院法五六条）、④協議会を求めることも、これに応ずることも、ともに義務的であって、任意的でない（旧議院法五五条）、⑤協議会における原案は、つねに回付案である、⑥協議会で成立した成案に対しては、さらにこれを修正することができない（旧議院法五六条）ということであった。

これに対し新憲法下の国会になってからは衆議院優越の原則がとられたため、①両院協議会を求めることができるのは、議案を先議した院とは限らず、後議の院も求めることができる、②両院協議会を求めることを義務づけられない場合が多くなった。（国会法八四条、八七条二項）、また、求められても、必ずしも応じる義務はなく、拒むことができる場合も認められた（国会法八四条二項ただし書）、③成案を先議する院が、必ずしも議案の先議の院でなくなった（国会法九三条）、④両院協議会を求めることができるのは、回付の議案に不同意の場合に限らず、否決又は法定期間内に議決しない場合にも、求めることができることとなった（国会法八四条～八七条）、というように、その構造が変った。

憲法及び国会法によると、両院協議会が設置されるのは、法律案、条約その他の議決を要する案件と内閣総理大臣の指名に関して両議院の意思が異なった場合であるが（憲法五九条～六一条、六七条、国会法八四条～八七条）、その具体的な調整方法について考え方が分かれるため、その性格について説が分かれている。(1)

一つの考え方は、両院協議会は、各議院の委員会又は合同審査会のように、一定の案件（通常の場合は当該議案（内容的には回付案））の付託を受けてこれを調整のため審査するというのである。

この考え方をとられるのは、鈴木隆夫氏である。「両院協議会は委員会的審査機関である。委員会的審査機関とは、両院協議会の本質は各院の委員会とは全く異なるものであるが、その審査手続等は、国会法及び両院協議会規程に定める以外の事項については、すべて委員会の手続に準じて議事が進められていることを意味する。従って、前述したごとく各院の規則には、成案を得た場合の協議委員議長の報告については何等規定するところがないが、委員長の報告に準じて行われている外、質疑、討論に至るまで、規定のない場合はすべて各委員会に関する規定を準用する慣習である」と述べ、「協議会を求める動機の中には、これを分ければ、協議会設置の動機と、その協議会にいかなる案件を付託するかの付託の動機が包含されているものといわなければならない」とし、また、成案とは両院の議決の異なった部分についての調整案のみでなく議案全体を意味することを述べ、「協議会における成案なるものは、委員会で決定したる議決案が、本会議では、修正案として取扱われるが如く従属的議決案ではなく、独立的議案といわなければならぬのであり、成案が、協議会を求めた議院で議決されて、他の院に送付されるときは、国会の議決を要する案件そのものが送付されるので、それに対する修正案又は改正案の形で送付されるものでない」とされている。(2)

もう一つの考え方は、両院協議会は、両院の議決の異なった部分について調整するのであるから、各議院の協議委員がそれぞれの議院の議決を踏まえて、両院の議決の異なる部分を一致させるべく協議し、調整し、両院の議決を一致させる上で必要な妥協案を作成する。したがって一定の案件の付託を受けて審査するのではないとするものである。ここで決定される成案とは、両院の議決の異なった部分について作成された妥協案であるとするのである。

この考え方をとられるのは、佐藤吉弘氏である。両院協議会においては、協議案が出席協議委員の三分の二以上の多数で議決されたとき成案となる（国会法九二条一項）が、「協議案とは、協議委員から提出される妥協案である。この場合、両院協議会に原案というものがあるであろうか。両院協議会は、両議院の異なった部分について、その間の調整をはかる機関であるから、いずれの院の議決を原案とするものでもなく、強いて言えば、両議院の議決双方が原案であるというほかはない」、「成案とは、両院協議会において、両議院の議決の異なった部分について作成される妥協案である。」「成案が両議院で可決されたときは、両議院の議決の異なった部分につき合意が成立し、さきの両議院の議決の一致した部分と一体となって国会の議決となるのである。」とされる。(3)

また、松沢浩一教授もこの説で、「両院協議会は、各議院の協議委員がそれぞれの議院を代表して、相互にその議決に同調することを求め、それが困難な場合に、両院の議決を一致させる上で必要な妥協案（これを「成案」という。）を作成するため、協議する両議院の機関ということができ、一定の案件の付託を受けて審査する機関ではない(4)」とされる。

旧帝国議会の両院議会については、旧衆議院先例（昭和一七年一二月改訂衆議院委員会先例彙纂二四〇）(5)によれば、「両院協議会ニ於ケル議案ハ協議会ノ請求ニ応ジタル議院ノ議決案ヲ原案トシ其ノ請求ヲ為シタル議院ノ議決案ヲ修正案トス」とし、協議会の請求に応じた議院の議決案と協議会の請求をなした議院の議決案と両案あるが、その両案の取扱いは、協議会の請求に応じた議院の議決案（後議の議院の回付案）をもって原案とし、協議会の請求をした議院の議決案（先議の議院の議決案）をもって修正案として取扱うことが確定しており、この両案が両院協議会に付託されるものとされていた。これは前説の考え方によっているものであった。即ち前説は、旧帝国議会の両院協議会の考え方を踏襲したものであるといってよい。

いずれの説を妥当とするかについては、俄に決定はできないが、両院協議会規程第八条は、「協議会の議事は、両議院の議決が異なった事項及び当然影響をうける事項の範囲を超えてはならない」と規定しているが、これは、両議院で議決が一致した事項は、もはや議事の対象にする必要はなく、両院協議会では、それを取り扱うことはできないと解すべきで、議案全体が協議会に付託されると考えることは困難ではないかと思う（もっとも旧帝国議会の両院協議会につき「両院協議会其の事件に付き両院意思の不一致點に付き協議するのであるから、其の権限は各院委員会の権限に比し頗る狭である。従来両院協議会の権限は、両院議決の一致せざる點及び當然其の影響を受くべき事項に限局すと解されて居る。此の點、別に法規の明定するものはないが、協議に於ける議論多岐に渉り、既に両院意思の一致せる點に迄議論を擴張すれば徒らに論争を繋くし、其の結果収拾を困難ならしめるに至るを虞るるからである」との解釈がなされていた。[7]これについては、具体的な協議の範囲は両院の議決の異なった部分に限られるという消極的な限定として解釈されたのであって、両院協議会は、「それを取り扱うことができない」即ち議案全体が協議会に付託されることはあり得ないという積極的な解釈ではなかったとされている。[8]）。

そうしてみると、両院協議会を委員会と同様一定の案件の付託を受けて審査する機関と解する前説よりは、両議院の議決を一致させる上で必要な妥協案を作成するため協議する機関と考える後説が妥当ではなかろうかと思う。

（1）　今野彧男「両院協議会の性格――審査委員会か起草委員会か――」ジュリスト八四二号一五頁。
（2）　鈴木隆夫、国会運営の理論（一九五三）四七八頁、四七九頁、四八一頁、五一四頁。
（3）　佐藤吉弘、　解参議院規則（一九五五）二五八頁、二五九頁。
（4）　松沢浩一、議会法（一九八七）五九九頁。
（5）　昭和一七年一二月改訂衆議院委員会先例彙纂一九四頁。

(6)　河野義克参事の説明、第一回国会参議院議院運営委員会会議録七号（昭和二二・七・一〇）一頁。
(7)　田口弼一、委員会制度の研究（一九三九）五五五頁。
(8)　今野彧男、前掲一五二頁。

三　両院の意思の調整

(1)　両院関係

国会の議決を要する議案については、次のような両院の関係となる。
一　衆議院先議案でその議決が、①可決の場合、参議院へ送付、②修正の場合、参議院へ送付、③否決の場合、参議院へ通知（不成立）。
二　送付案に対する参議院の議決が、①可決の場合、衆議院へ通知（成立）、②修正の場合、衆議院へ回付、③否決の場合、衆議院へ通知、返付。
三　回付案に対する衆議院の議決が、①同意の場合、参議院へ通知（成立）、②不同意の場合、参議院へ通知。
四　参議院先議案の場合もこれと逆の同様な関係となる。

この場合、議案が成立又は不成立となるとき以外即ち送付案否決又は回付案不同意の議決がなされたときには、両院の意見が異なるとして、両院の意思の調整がなされるのである。

以下、場合を分けて、そこで生ずる諸問題を検討してみたいと思う。

(2)　法律案の場合

憲法第五九条は、「法律案は、この憲法に特別の定のある場合を除いては、両議院で可決したとき法律となる」と定め、原則として、両議院の一致の議決によって法律が制定されることとしているが、次のように衆議院の優越の原則が働くものとしている。

(1)衆議院先議の法律案につき、①衆議院送付案を参議院において修正議決し、これが同院から衆議院に回付されたとき、衆議院は、これに同意しないで、出席議院の三分の二以上の多数で衆議院送付案につき再議決することができる。衆議院送付案を参議院で否決したときも同様である（憲法五九条二項）、（衆議院先例三二四）[1]。②この場合、衆議院は、両院協議会を求めることもできる（憲法五九条三項）（衆先例四六二）[2]。③参議院が衆議院送付案を受け取った後、国会休会中の期間を除いて六〇日以内にこれを議決しないときは、衆議院は、参議院がその送付案を否決したものとみなすことができ（憲法五九条四項）、この旨の議決をした後、再議決をし（憲法五九条二項）、又は両院協議会を求めることができる（憲法五九条三項）（衆議院では、このいずれの事例もある。衆先例四六五）[3]。

(2)衆議院後議の法律案について、①参議院先議の法律案が衆議院に送付され、同院がこれを否決したときは、当該法律案について国会の議決は成立せず、廃案となる。②参議院先議の法律案が衆議院で修正議決の上参議院に回付され、参議院がこれに同意しない場合に、参議院はこの場合に限り両院協議会を求めることができるが、衆議院はこれを拒むことができ、かつその上で両院協議会を求めることができる。両院協議会を拒否できるのは、この場合のみである。参議院が衆議院回付案に同意せず、かつ両院協議会を求めないときも、衆議院は両院協議会を求めることができる。

ここでは、次の事項が問題となる。

1　憲法第五九条第三項の両院協議会の規定は、憲法五九条二項の再議決権の行使を制約するのか。

これは、両院協議会を求めた以上は、再議決権の行使はできないのではないかという問題である。

これについては、「もともと憲法五九条第三項の両院協議会の規定は、憲法制定の際貴族院での修正で追加されたもので、憲法五九条二項の再議決権の行使を制約するものではない。また憲法五九条二項と三項とは二者選択的のものでない(4)」と解するのが一般的のようである。したがって、憲法第五九条第三項によって両院協議会を求め、両院協議会において成案を得られなかったときや、両院協議会の成案を衆議院が可決し、参議院が否決したときでも、衆議院は憲法第五九条第二項によって再議決できる。

これに対して、衆議院は、両院協議会を開くことを求め、または、それを開くことを承認することによって、本条に定められる再議決の特権を放棄したと解する説(5)がある。この説によれば、両院協議会を開いた以上、そこで成案が得られなければ、その法律案は廃案となるし、また、そこで成案を得られても、両議院の一方がそれを否決したときは、それは廃案になる。

後説のように両院協議会を開くことを求めまたはそれを開くことを承認したからといって再議決の特権を放棄したと考えることは、そもそも両院協議会というものが、直ちに衆議院が再議決権行使の道をとらないように、まず、両議院の間で妥協の道を見つけるために開かれるものであることを考えると、説得力がない説のように思われる。

2　最初に衆議院が再議決の方法をとり、そこで否決された場合、憲法第五九条第三項によって両院協議会を求めることができるのか。

これは1と逆の問題であるが、憲法第五九条第三項の「両議院の協議会を開くことを求めることを妨げない」とは、衆議院で可決し、参議院でこれと異なった議決をした法律案について、衆議院は、ただちに三分の二で再議決すべきや否やを決する必要はなく、その前に、参議院との妥協的話合いの機会をもつために、両院協議会を開くことができるという意味であり、[6] 三分の二以上の多数で再び可決したとき「法律となる」とは、法律案は、法律として確定する」という意味であり、否決されたときは、法律案は、法律とならないことが確定するのであるから、両院協議会への過程は、あり得ないこととなる。したがって、憲法第五九条第三項によって、再議決権を行使し、否決されたときは、同条第二項によって両院協議会を求めることはできないと解すべきである。

3　両院協議会の成案を衆議院で可決し、参議院で否決した場合、衆議院の三分の二以上の多数による再可決が可能であるが、この場合再議決の対象となるのは、衆議院で可決した成案であるか、それとも最初の衆議院議決案であるのか。

両院協議会が開かれ、成案（協議会が協議案（協議委員提出の妥協案）を議決したもの）が得られた場合（協議案が成案となるには、各議院で選挙された各々一〇人の協議委員のそれぞれの三分の二以上が出席し、出席議院の三分の二以上の多数の議決を必要とする。国会法九一条、九二条）、その成案については協議会を求めた議院（この場合は参議院）に送付する（国会法九三条一項）。成案については、さらに修正することはできない（国会法九三条二項）。成案が両院で可決されれば、法律案は成立する。しかし、成案を衆議院で可決し、参議院で否決した場合は、法律案は、不成立となるか、衆議院で再可決するかのいずれかとなる。この衆議院で再可決する場合の対象は、衆議院で可決した成案か、最初の衆議院議決案であるかという問題である。

これについては、「両院協議会の成案は、つねに両議院の賛成を条件として成立したものと見るべきであるから、その条件が欠ける場合は、成案は存在の根拠を失って消滅すると見るべきである。したがって、この場合は、成案が得られなかった場合と同じく、衆議院がその優越を発揮して再び可決し得るのは、はじめに衆議院が可決した法律案である」という説と「この場合に、衆議院が三分の二の多数で可決し得る法律案は、原則としては、衆議院がはじめに可決した法律案であるが、両院協議会の成案を衆議院が可決し、参議院が否決した場合は、衆議院は両院協議会の成案をも是認しているのであるから、衆議院ははじめに可決した法律案と両院協議会の成案のいずれでも、その欲するところにより、三分の二の多数で再議決して、法律にすることができる。この場合は、両院協議会の成案を衆議院が是認しているのであるから、かように解するのが、衆議院の意思を尊重するゆえんであろう」という説(7)と更に「衆議院が成案を先議可決して、これを参議院に送付した場合に、参議院がこれを否決するときは、本条（憲法五九条）第二項の衆議院が可決し、参議院がこれと異なった議決をした場合に該当することはいうまでもなく、また……成案とはじめの議決案とが別個にいつまでも存在するものではなく、成案が先議の院、即ち、衆議院で可決された瞬間において、はじめの衆議院議決案も、参議院の回付案も成案の中に統合、包蔵されてしまって成案だけしかないことになるのであるから、この場合、再議決の対象となるのは、成案といわなければならないのである」との説(8)に分かれている(9)。

両院協議会を委員会のような審査機関と考え、議案がそこに付託されると考えれば、そこで議決された成案とは、調整部分を含んだ議案全体であると解することとなり、これが衆議院の最終議決であるわけであるから成案説になると思われる。しかし、前述のように両院協議会は、両院の議決の異なった部分について調整し、妥協案を作成する機関で、案件を付託されて審査するものでもないと解するので、そこで決定された成案は、本来の議案とは別個のものであると考える。したがって、最初の衆議院議決案説に賛成したい。

なお、成案（両院の一致している部分については、協議の範囲外であるから（両院協議会規程八条）、成案の内容となり得ない）は、両院の議決が不一致となった案件とは別個に、各議院においてそれぞれ議決され、成案が両議院で可決されたときは、両院の議決が異なる部分について両院の議決が一致したのであるから、すでに一致している部分と一体となり、当該案件について国会の議決が成立するのである。

この問題と関連して、両院協議会の成案を衆議院が否決した場合が問題となるが、成案を衆議院が否決すれば、成案は成立しないが、この場合、衆議院の再可決権の行使を否定すべき理由はなく、再可決が可能であるが、再議決の対象は最初の衆議院議決案である、この点、反対の説はない[10]。

また、衆議院が成案を可決し、参議院に送付したが、参議院がいつまでもこれを議決しない場合の問題もある。この場合、適当の期間が経過しても、正当の理由がなく、なお、参議院が議決をしないときは、衆議院は、法定期間経過後（参議院が衆議院送付案を受領した日から起算して六〇日の期間経過後）であれば、何時でもこれを否決したものと議決して再議決することができるものと解するという説[11]と衆議院で可決した成案を参議院が受け取ってから六〇日を経過しなければ衆議院は参議院が成案を否決したものとみなすことができないと解する説[12]が考えられる。

この場合は、いずれにしても衆議院と参議院の議決が異なったか、衆議院が参議院が否決したものとみなして、両院協議会が開かれた場合であるから、更に憲法五九条第四項の適用を考える場合ではない。衆議院で可決した成案を参議院で合理的な相当な期間内に議決しないときは、成案は不成立と考え、法律案は不成立となるか、衆議院は、三分の二以上の多数によって再可決ができると解すべきであろう[13]。

4　衆議院後議即ち参議院先議の法律案について憲法第五九条第二項による再可決は可能であるか。

参議院先議の法律案を参議院が否決したときは、その法律案は不成立となる。参議院で可決し、参議院の送付案を衆議院が可決すれば、両院一致の議決となりその法律案は成立する。衆議院が参議院の送付案を否決したときは、衆議院はその旨を参議院に通知し（国会法八三条二項）、その法律案は成立しない[14]。衆議院が参議院の送付案を修正可決したときは、これを参議院に回付する（国会法八三条三項）。参議院が衆議院の回付案に同意すれば法律案は成立する。不同意のときは、「衆議院は両院協議会を求めることができる」（国会法八四条一項）、また「参議院は、衆議院の回付案に同意しなかったときに限り前項の規定にかかわらず、その通知と同時に両院協議会を求めることができる。但し、衆議院は、この両院協議会の請求を拒むことができる」（国会法八四条二項）。

そこで衆議院が両院協議会を求めた場合[15]、成案を得て、衆議院が先に可決し、参議院に送付し（国会法九三条）、参議院も可決すれば、両院で可決したこととなって法律案は成立するが、成案を得て、衆議院で可決し、参議院で否決したとき、衆議院で再可決が（衆議院で可決した成案につき）可能であるかという問題が生ずる。

これについて、黒田覚教授は、「憲法五九条二項の『衆議院で可決し、参議院でこれと異なった議決をした法律案』は、衆議院先議の法律案であるから、国会法の技術的操作によって、参議院先議の法律案についての両院協議会の成案を衆議院が先に議するようにしても、この成案までも憲法五九条二項の衆議院先議の法律案といい得るかどうかは問題であるし、また、両院協議会の成案は、両議院が可決しないときは廃案になるのであるから、衆議院は再議決すべき先議の法律案なるものを有しないのではないか、と考えられる[16]」とされる。

しかしながら、この場合については、参議院で可決し、衆議院が参議院送付案を修正可決し、これを参議院に回付し、参議院が衆議院回付案に同意しないときは、憲法第五九条第二項の「衆議院で可決し、参議院でこれと異なった議決をした法律案」ということになるのではないかと思う。憲法第五九条第二項は、一見すれば衆議院先議の法律案について規定しているように思えるが、衆議院の可決と、参議院のこれと異なる議決とは、必ずしも時の前後関係を前提としていると断言できないのではなかろうか。そうしてみると、参議院先議の法律案でも、参議院で可決し、参議院送付案を衆議院で修正可決し参議院で衆議院の回付案に同意しない場合には、憲法第五九条第二項が適用になる場合である。そう考えれば、直ちに再議決権を行使することなく、両院協議会が開かれた場合には、それがいずれの院が求めたものであろうと、即ち成案がいずれの院の先議になった場合であろうとに、関係がなく、成案が不成立になった場合は、再議決が可能であるということができよう[17]。そして、再議決の対象となるのは、衆議院が修正可決した法律案即ち衆議院の回付案である。

このように考えれば、「参議院の先議の法律案について衆議院の請求で両院協議会が開かれ成案を得た場合には、この成案は両院協議会を求めた衆議院が先ず議することになるから、参議院がこの成案を否決した場合は、憲法五九条二項に該当する場合として、衆議院が再議決できる[18]」と考えるのではないから、国会法の技術的操作によって、参議院先議の法律案についての両院協議会の成案を衆議院が先に議するようにして、この成案までも憲法第五九条第二項の衆議院先議の法律案であると、憲法第五九条第二項を拡張するものではないのである。

なお、参議院先議の法律案が参議院で否決された場合は、憲法第五九条第二項の適用の可能性はない。同条文は、「衆議院が可決」することを必要とするからである。この場合内閣提出の法律案については、同一の法律案をもう一度衆議院に提出し直すことができると解するのが通説である[19]。

5　憲法第五九条第四項の「衆議院の可決した法律案」の中に両院協議会が開かれた場合、衆議院で可決した成案を含むか。

衆議院先議の法律案で衆議院が参議院の回付案に同意せず、両院協議会が開かれ、成案を得て、その成案を衆議院が可決した場合や参議院先議の法律案について、参議院が衆議院の回付案に同意しないとき、衆議院が両院協議会を求めて、両院協議会で成案を得て、衆議院が先ずこれを可決した場合のそれぞれ「衆議院の可決した成案」は「衆議院の可決した法律案」の中に含み得るかという問題である。

この場合「衆議院の可決した法律案」は、「衆議院が先議して可決した成案を含む」と解する説[20]もあるが、成案は、両院の議決の異なる事項について両院協議の妥協案であって、本来の議案とは別個のものであり、成案を議決するときは、両院とも、両院協議の原因となった当該法律案と切り離して、成案についてのみ別個に可否を議決することになると解されるので、この場合、衆議院の可決した成案は、衆議院の可決した法律案に含まれると解することはできない。

なお、参議院先議の法律案について、参議院で可決し、衆議院に送付し、衆議院で修正可決し、参議院に回付した場合の衆議院回付案は、衆議院の可決した法律案に含まれると解される。したがって、衆議院が回付案を参議院に回付した日から六〇日を経過すれば、衆議院は、参議院がその回付案を否決したものとみなすことができる。

(1) 衆議院先例集（昭和五三年版）三五五頁。
(2) 同前四七五頁。
(3) 同前四七九頁。
(4) 黒田覚・国会法（一九五八）一七四頁、一七五頁。
(5) 宮沢俊義・日本国憲法（コンメンタール）（一九五五）四四八頁において甲説として紹介されている説。
(6) 宮沢俊義・芦部補訂・全訂日本国憲法（コンメンタール）（一九七八）四五六頁。
(7) 宮沢俊義・日本国憲法（コンメンタール）（一九五五）四四五頁に甲説・乙説として紹介されている説。
(8) 鈴木隆夫・国会運営の理論（一九五三）四六四頁。
(9) （成案説）佐藤功・憲法下（ポケット註釈全書）〔新版〕（一九八四）七六三頁、林修三「国会の意思決定手続」清宮・佐藤編　憲法講座(3)（一九六四）五四頁、粕谷友介・憲法解釈と憲法変動（一九八八）二一七頁、（最初の衆議院議決案説）法学協会・註解日本国憲法(下)（一九五四）九〇七頁、宮沢俊義・日本国憲法（コンメンタール）四四五頁、黒田覚・国会法一七五頁。
(10) 佐藤功・前掲七六三頁、粕谷友介・前掲二一七頁、鈴木隆夫・前掲四六六頁。
(11) 鈴木隆夫・前掲四七六頁。
(12) 粕谷友介・前掲二二四頁に掲げられている説。
(13) 同旨・粕谷友介・前掲二二四頁。
(14) 参議院先議の法律案について、両院協議会を求めることができるのは、参議院が衆議院回付案について同意しないときであるから、この場合両院協議会を求める方法はなく、衆議院の再可決は、参議院送付案を参議院が否決しているのであるから、憲法五九条二項は「衆議院で可決し」と規定しているので適用はなく不可能である。
(15) 参議院が両院協議会を求め、衆議院が拒否したとき（国会法八四条二項）、参議院は、衆議院の回付案を衆議院に返付する（国会法八三条の二第二項）が、衆議院としては、請求を拒否し、回付案が返付された後に国会法八四条一項により、改めて両院協議会を求めることができる（林修三前掲五二頁）。

(16)　黒田覚・前掲一七六頁。

(17)　なお、粕谷友介・前掲二二〇頁参照。

(18)　黒田覚・前掲一七六頁。

(19)　黒田覚・前掲一七八頁、佐藤功・前掲七六〇頁、林修三・前掲五四頁、法学協会・註解日本国憲法(下)九〇六頁。

(20)　粕谷友介・前掲二二二頁。

(3)　予算の場合

憲法第六〇条第一項は「予算は、さきに衆議院に提出しなければならない」、同条第二項は「予算について、参議院で衆議院と異なった議決をした場合に、法律の定めるところにより、両議院の協議会を開いても意見が一致しないとき、又は参議院が、衆議院の可決した予算を受け取った後、国会休会中の期間を除いて三十日以内に、議決しないときは、衆議院の議決を国会の議決とする」と規定し、予算については、衆議院に先議の優先権を認めているのみにならず、衆議院の議決をもって国会の議決となる場合も認めている。したがって、法律案の場合ほど両院関係は複雑ではない。

予算は、衆議院で先議されるが、衆議院で予算を議決又は修正議決したときは、これを参議院に送付し（国会法八三条）、参議院が衆議院の送付案を否決したときは、その旨を衆議院に通知すると同時に、これを衆議院に返付する（国会法八三条二項、八三条の二第三項）。参議院において衆議院の送付案を修正したときは、衆議院に回付する（国会法八三条三項）。参議院において衆議院送付案を可決したときは、予算は成立する。

憲法第六〇条第二項の「参議院で衆議院と異なった議決をした場合」とは、参議院で衆議院送付案を否決したとき又は参議院で衆議院送付案を修正可決し、衆議院において参議院の回付案に同意しなかったときである。この場合に両院の意思の調整が図られることになる。

国会法第八五条第一項は「衆議院において参議院の回付案に同意しなかったとき、又は参議院において衆議院の送付案を否決したときは、衆議院は、両院協議会を求めなければならない」規定している。この両院協議会は、法律案の場合と異なって任意的でなく、必要的である。衆議院が両院協議会を求めた場合、参議院は、これを拒むことはできない（国会法八八条）。

両院協議会において、(1)成案の得られない場合、(2)成案を得ても、参議院が否決し、又は衆議院が可決し、参議院が否決した場合は、「両院の協議会を開いても意見が一致しないとき」（憲法六〇条二項）となり、衆議院の議決が国会の議決として成立することとなる。

また、参議院が、衆議院の可決した予算を受け取った後、国会の休会中の期間を除いて三〇日以内に議決しないときも、その期間の経過とともに衆議院の議決が国会の議決として成立する。これを自然成立といっている。衆議院は、予算について憲法第六〇条第二項の規定により衆議院の議決が国会の議決となったときは、その旨を参議院に通知し、参議院は、衆議院の送付案を返付する（国会法八三条の三第二項、第三項）。

ここで問題となるのは、まず次の問題である。

1　両院協議会を開いても意見が一致しないとき、国会の議決となるのは、どれか。

この問題は、場合を分けて考えなければならない。

(1)　両院協議会を開いたが、協議の結果、成案が得られない場合、この場合は、最初の衆議院の送付案に係る議決であって、これが国会の議決となり、最初の衆議院送付案が予算として成立する。これについては異説はない。

(2)　成案は得られたが、衆議院が否決した場合、この場合も、最初の衆議院送付案に係る議決が国会の議決となり、最初の衆議院送付案が予算として成立する。これについても異説はない。

(3)　成案は得られたが、衆議院が可決し、参議院が否決した場合、この場合は、二つの考え方に分かれる。第一は、最初の衆議院送付案に係る議決が国会の議決となるという説である。法律の場合と同様に、参議院の不同意によって成案は、廃案とされたのだから、もとの衆議院送付案と解するとしたり、(1)両院協議会の成案は、両議院の賛成が得られないときは廃案とみるべきで、衆議院が成案を否決した場合と同じように考えるのであって、(2)両院協議会の成案は、両院の賛成という条件付きのものであると考え、その条件が成就してはじめて成立するとし、条件が成立しない以上はその成案はなかったものと考えるのである。(3)第二は、両院協議会の成案を衆議院の議決と考え、それを国会の議決とする説である。この説は、両院協議会の成案を衆議院が可決したのであるから最近の衆議院の意思を尊重するという意味から、また、そう解さないと両院の意見の一致をはかるべく両院協議会で成案を得たという意味を失わしめることになる(4)と考えるのである。(5)

これについては、既に述べたように両院協議会は、両院の議決の異なった部分について調整し、妥協案を作成する機関で、案件を付託されて審査するものではなく、そこで決定された成案は、本来の議案とは別個のものであると考えるので、最初の衆議院送付案に係る議決であると解する。

(4)　成案は得られたが、衆議院が可決し、参議院がこれを議決しない場合、この場合には、最初に衆議院が可決した送付案（予算）を受け取った後、「国会の休会中の機関を除いて三〇日以内」に、その成案について議決しないときは、憲法第六〇条第二項後段の「議決しないとき」に該当し、最初の衆議院送付案を受け取った日から起算して三〇日の期間の経過とともに最初の衆議院送付案に係る衆議院の議決が国会の議決となるという説(6)と参議院が衆議院の可決した成案を受け取ったときからあらためて三〇日の期間が経過したときに、成案は廃案となって、最初の衆議院送付案に係る議決が国会の議決となると解する説[7]がある。

前説については、憲法第六〇条第二項後段の「議決しないとき」とは、予算につき議決しないときと解するのが文言上妥当であり、この場合は、参議院では予算について議決しており、その議決が衆議院と異なっている場合であるから賛成できない。また後説については、憲法第六〇条第二項の後段の規定が予算を一定の期間内に速やかに、確実に成立するようにとの配慮から設けられている意味を否定することとなるので賛成し難い。

この場合は、参議院が成案を受け取った後合理的な相当な期間（成案について可否を決するについて合理的な相当な期間であるからそんなに長い期間ではない）が経過したときは「両院協議会を開いても意見が一致しないとき」となり、最初の衆議院送付案に係る議決が国会の議決となると解すべきであろう。[8]こう解することが、両院協議会において両院の意思の調整を図ろうとする要請と予算を速やかに一定の期間内に確実に成立させようとする要請とを調和せしめることになるのではないだろうか。

また、次の問題がある。

2　衆議院送付案を参議院が修正可決又は否決して、両院協議会で協議中に衆議院送付案を受け取った後、国会休会中の期間を除いて三〇日の期間が経過したとき憲法第六〇条第二項後段の適用はあるか。

これについては、憲法第六〇条第二項後段の「議決しないとき」とは、「最終的な態度決定としての議決をしないとき」と解し、この議決には、成案についての議決をも含むと考え、憲法第六〇条第二項後段の適用があると解する説も考えられる。成案は得られたが、衆議院が可決し、参議院が、最初に衆議院が可決した送付案（予算）を受け取った後、国会の休会中の期間を除いて三〇日以内に、その成案について議決しないときは、最初の衆議院送付案を受け取った日から起算して三〇日の期間が経過したときに最初の衆議院送付案に係る衆議院の議決が国会の議決となるという説は、おそらくこの考え方に基づくものであろうから、この問題の場合も同一の結論となり、憲法第六〇条第二項後段の規定が適用になり、衆議院送付案に係る衆議院の議決が国会の議決となると解することとなるのであろう。この説は、予算を一定の期間内に、速やかに、確実に成立させるという要請に適合するものである。しかし、憲法第六〇条第二項の前段の「異なった議決」と同項後段の「議決しないとき」につき、前者の「議決」は「予算〔本来の議案〕についての議決」であり、後者の議決は、最終の態度決定の議決として「本来の議案」のほか「成案」についての議決も含むというように、同一文中の同一文言を異なった意味のものと解することとなり、また、両院協議会を開いて両院の意思を調整しようとする要請を無視することともなる。したがって、この説に賛成できない。

この場合、予算について、衆議院が可決し、参議院が修正可決又は否決している場合であるから参議院が「議決しない」場合ではなく、憲法第六〇条第二項後段は適用がないと解すべきで、むしろ「参議院が衆議院と異なった議決をした場合」に該当し、そのために両院協議会を開かれ協議がなされているのである。

この場合は、衆議院送付案を受け取った後、合理的な相当な期間が経過したときは、「両院協議会を開いても意見が一致しないとき」となると解すべきであろう。そしてその時点で衆議院の議決が国会の議決となる。こう解することが、すでに述べたように、両院協議会を開いて両院の意思の調整を図ろうとする要請と予算を速やかに一定の期間内に確実に成立させようとする要請とを調和せしめるものではないだろうか。

（1）　黒田覚・国会法（一九五八）一七八頁。

（2）　宮沢俊義・芦部補訂・全訂日本国憲法（コンメンタール）（一九七八）四六六頁。

（3）　法学協会・註解日本国憲法(下)（一九五四）九三〇頁、佐藤功・憲法(下)〔ポケット註釈全書〕〔新版〕（一九八四）七七一頁、樋口・佐藤・中村・浦部編　註釈日本国憲法(下)（一九八八）九六〇頁、小島和夫「両院の予算異義決と憲法上の問題」議会政治研究一三号四五頁、松沢浩一・議会法（一九八七）六一三頁。

(4)　佐藤功・憲法下〔ポケット註釈全書〕〔旧版〕（一九五五）三三五四頁。

(5)　鈴木隆夫・国会運営の理論（一九五三）四七五頁、林修三「国会の意思決定手続――両院関係」清宮・佐藤編　憲法講座(3)（一九六四）一五六頁、粕谷友介・憲法解釈と憲法変動（一九八八）二二六頁。

(6)　黒田覚・国会法（一九五八）一七八頁、宮沢俊義・芦部補訂・全訂日本国憲法（一九七八）四六五頁、林修三・前掲五六頁、佐藤功・前掲〔新版〕七七〇頁、法学協会・註解日本国憲法(下)（一九五四）九三〇頁、樋口・佐藤・中村・浦部編　註釈日本国憲法(下)（一九八八）九八〇頁。

(7)　松沢浩一・前掲六一三頁、六一四頁。

(8)　衆議院としてはあくまで最初の議決が優れていると考えれば成案を否決することにより自己の意思を貫徹しうる立場に在るから、にもかかわらず成案に賛成したとすれば、成案の方でも自己の欲する政策が実現できると考えたからと解すべきであろう。他方、参議院の方では、自己の欲する案に衆議院が賛成しないかぎり、最初の送付案と成案のいずれかを選択する以外にない。最初の案の方がましであると考えれば、成案を否決すればよい。ゆえに、成案につき態度を表明しない場合は、少なくとも送付案の方がましであるとは考えていないと解してよかろう。そうだとすれば、成案を「国会の議決」とみなすのが妥当ということになるとの説（有倉・小林編基本法コンメンタール憲法〔三版〕（一九八六）二二四頁〔高橋和之〕）があるが、成案の性質から考えて賛成できない。

(4)　条約の場合

条約の締結に必要な国会の承認については、憲法第六〇条第二項の規定が準用される（憲法六一条）。即ち、「参議院で衆議院と異なった議決をした場合に、法律の定めるところにより、両議院の協議会を開いても意見が一致しないとき、又参議院が衆議院の可決した予算（条約締結承認案件）を受け取った後、国会休会中の期間を除いて三〇日以内に、議決しないときは、衆議院の議決を国会の議決とする」ということである。

条約の締結に必要な国会の承認についても、予算と同じように衆議院の優越がみとめられるが、憲法第六〇条第一項の規定は、準用されていないので、予算のように衆議院の先議権は認められていない。したがって条約締結の承認については、衆議院先議の場合も参議院先議の場合もある。以下場合を分けて考えてみよう。

(1)　衆議院先議の場合

衆議院が否決したときは、条約締結は不承認となる。参議院が衆議院送付案を可決すれば、条約締結は、承認になる。参議院が衆議院送付案を否決すれば、その旨を衆議院に通知すると同時に、これを衆議院に返付する（国会法八三条二項、八三条の二第三項）。この場合、衆議院は両院協議会を求めなければならない。（国会法八五条）。この両院協議会は、任意的でなく、必要的であり、参議院は、これを拒むことはできない（国会法八八条）。参議院が衆議院送付案を修正可決したときは、これを衆議院に回付し（国会法八三条三項）、衆議院が参議院の回付案に同意すれば条約締結は承認になり、衆議院が参議院の回付案に同意しなかったときは、衆議院はその旨を参議院に通知するとともに（国会法八三条四項）、両院協議会を求めなければならない（国会法八五条一項）。この両院協議会も任意的でなく必要的で、参議院は、これを拒むことはできない（国会法八八条）。

両院協議会が開かれ、成案が得られなかった場合には「両議院の協議会を開いても意見が一致しないとき」となり、衆議院の議決が国会の議決となる。この場合衆議院の議決が最初の衆議院送付案に係る議決であることについては、異論はない。成案が得られて、それが両院で可決されれば、条約締結は承認されるが、成案を、衆議院で可決し、参議院で否決したとき、又は衆議院で否決したときは、「両議院の協議会を開いても意見の一致しないとき」となり、衆議院の議決が国会の議決となるが、その場合衆議院が成案を可決したときの衆議院の議決は、衆議院の可決した成案であるという説もあるが[1]、予算の場合と同様、成案の性質から考えて、最初の衆議院送付案に係る議決と解する。衆議院が成案を否決した場合は、衆議院の議決は、最初の衆議院送付案に係る議決であると解することには、異論はない。

両院協議会を開き、成案が得られ、これを衆議院が可決し、参議院がこれをを受け取った後三〇日の期間が経過したときには、憲法第六一条の規定により憲法第六〇条第二項後段の規定が準用されるという説もあるが[2]、予算の場合と同様、合理的な相当な期間が経過したときに「両議院の協議会を開いても意見が一致しないとき」となると解すべきであろう[3]。

両院協議会を開いて、協議中に参議院が衆議院送付案を受け取った後三〇日の期間が経過したときは、憲法第六一条の規定により憲法第六〇条第二項後段の規定が準用されるのかという予算の場合と同様な問題があり、準用されるという説もあるが、予算の場合と同様、参議院は、条約の締結につき議決しているのであるから、合理的な相当な期間が経過しているのか、どうかにより、合理的な相当な期間が経過したときに、「両議院の協議会を開いても意見が一致しないとき」になると解すべきであろう。

(2)　参議院先議の場合

参議院が否決したときは、条約締結につき不承認となる。参議院で可決し、参議院送付案を衆議院で可決すれば条約締結は承認される。衆議院において参議院送付案を否決したときは、その旨を参議院に通知すると同時に、これを参議院に返付する（国会法八三条二項、八三条の二第三項）。この場合、参議院は両院協議会を求めなければならない（国会法八五条二項）。衆議院はこれを、拒むことはできない（国会法八八条）。この場合の両院協議会は、任意的でなく、必要的である。衆議院において参議院の送付案を修正可決したときは、これを参議院に回付し（国会法八三条三項）、参議院において衆議院の回付案に同意したときは、その旨を衆議院に通知し（国会法八三条四項）、条約締結は承認される。参議院において衆議院の回付案に同意しなかったときは、参議院は両院協議会を求めなければならない（国会法八五条二項）。衆議院はこれを、拒むことはできない（国会法八八条）。この場合の両院協議会も、任意的でなく、必要的である。

両院協議会が開かれ、成案が得られなかった場合は、衆議院の議決が国会の議決となるが、衆議院が参議院送付案を否決したことによるときは、衆議院の参議院送付案否決の議決が国会の議決となるから条約締結は不承認となる。参議院が衆議院の回付案について同意しなかったことによるときは、衆議院回付案に係る衆議院の議決が国会の議決となる。

成案が得られ、参議院が否決した場合には、衆議院が参議院送付案を否決したことによるときは、衆議院の参議院送付案否決の議決が国会の議決となり、参議院が衆議院の回付案について同意しなかったことによるときは、衆議院回付案に係る衆議院の議決が国会の議決となる。

成案が得られ、参議院がこれを可決し、衆議院がこれを否決した場合は、衆議院が参議院送付案を否決したことによるときは、衆議院の参議院送付案否決の議決が国会の議決となり、参議院が衆議院の回付案について同意しなかったことによるときは、衆議院回付案に係る衆議院の議決が国会の議決となる。

このように条約締結の承認の場合は、ほぼ、予算と同様に考えてよい。ただ条約の締結の承認の場合は、参議院先議の場合があるということを前提にして、考えることになるが、次の問題がある。

1　憲法第六〇条第二項後段の規定は衆議院先議を前提とした規定であるが、参議院先議の条約締結の承認の場合どのように準用するのか。

衆議院先議の場合は、衆議院の送付案を参議院が受け取った後、国会休会中の期間を除いて三〇日以内に、議決しないときは、衆議院の議決即ち衆議院送付案に係る衆議院の議決が国会の議決となると解されることは問題がないが、参議院先議の場合には、「参議院が衆議院が修正可決した条約締結承認の議案を受け取った後」と読み、衆議院回付案を参議院が受け取った後三〇日以内に、参議院が議決しないときは、衆議院回付案に係る衆議院の議決を国会の議決とすることになると解するかどうかである。憲法第六〇条第二項後段の規定は、衆議院先議の条約の締結承認についてのみ準用があり、参議院先議の条約締結の承認についてては準用がないと解する説もあると思われるが、参議院先議の場合について、衆議院の優越を否定すべき合理的理由はないと思われるし、「条約は単なる国法形式であるよりは、むしろ国際法形式であり、なるべく速やかにその効力を確定することが、国際関係からいっても、のぞましいとおもわれる」[4]とすれば、右に述べたように、参議院先議の場合にも、憲法第六〇条第二項後段の規定が準用されると考えるべきではないだろうか。

これと関連して次の問題もある。

2　両院協議会で成案が得られたが、衆議院が可決し、参議院がこれを議決しない場合、憲法第六〇条第二項後段の規定が準用されるか。

これについては、成案について議決しないときも「議決しないとき」に該当すると解し[5]憲法第六〇条第二項後段の規定が準用されるとする説があるが、この場合は、参議院は成案でなく、本来の議案について議決しているので、「議決しないとき」には該当しないと解される。合理的な相当な期間内に議決しないときは、「両議院の協議会を開いても意見が一致しないとき」となると解すべきであろう。したがって憲法第六〇条第二項後段の規定は、準用にならないこととなる。

3　両院協議会で協議中に、参議院が、衆議院の可決した条約締結承認の議案を受け取った後、国会休会中の期間を除いて三〇日の期間が経過したときは、憲法第六〇条第二項後段の規定が準用されるか。

これについても、憲法第六〇条第二項後段の「議決しないとき」とは「成案について議決しないとき」と解する説もあるが、この場合も、参議院は、成案でなく、本来の議案について議決しているのであるから、「議決しないとき」には該当しないと解される。したがって合理的な相当な期間が経過したときに、「両議院の協議会を開いても意見が一致しないとき」になると解すべきであろう。したがって憲法第六〇条第二項後段の規定は準用されないこととなる。

（1）粕谷友介・憲法解釈と憲法変動（一九八八）二三〇頁、その他予算の場合の成案説。
（2）予算の場合の注6参照。
（3）「議決しないとき」にあたるという説（粕谷友介・前掲二三二頁）がある。
（4）宮沢俊義・芦部補訂・全訂日本国憲法（コンメンタール）（一九七八）四六九頁。
（5）予算の場合の注6参照。

(5)　内閣総理大臣の指名の場合

憲法は、「内閣総理大臣は、国会議員の中から国会の議決で、これを指名する。この指名は、他のすべての案件に先だって、これを行う。」（六七条一項）とし、「衆議院と参議院とが異なった指名の議決をした場合に、法律の定めるところにより、両議院の協議会を開いても意見が一致しないとき、又は衆議院が指名の議決をした後、国会休会中の期間を除いて十日以内に、参議院が、指名の議決をしないときは、衆議院の議決を国会の議決とする」（六七条二項）としている。国会法では「各議院において、内閣総理大臣の指名を議決したときは、これを他の議院に通知する」（八六条一項）と規定しているので、内閣総理大臣の指名については、国会の議決を成立させるための通常の手続即ち両院を先議・後議の関係において一体的に連結する手続をとることとせず、並行審議の関係において両院が各別に独立してそれぞれの指名の議決を行い、相互にその結果を通知して、両院の指名が一致したとき、国会の指名が成立するものとしている。議決は、通常衆議院が先に行っている。(1)

衆議院と参議院とが異なった指名の議決をした場合、参議院は両院協議会を求めなければならない。(国会法八六条二項)。衆議院はこれを、拒むことはできない(国会法八八条)。この両院協議会も、任意的ではなく必要的である。

両院協議会において成案が得られ、これが両院で可決された場合は、その成案が国会の議決となる。「両議院の協議会を開いても意見が一致しないとき」とは、両院協議会において成案が得られなかったとき及び成案が得られても、参議院がこれを否決し(参議院が両院協議会を求めているから、参議院先議である。)、又は参議院で可決し、衆議院でこれを否決したときをいう。いずれの場合も、国会の議決となるのは最初の衆議院の内閣総理大臣についての議決である。これについて異論はない。

この場合については、次の問題がある。

1　両院協議会において両院の指名した者以外の第三者を指名できるか。

第二回国会での実例では、両院協議会規程第八条の「協議会の議事は、両議院の議決が異なった事項及び当然影響をうける事項の範囲を超えてはならない」という規定を理由として、第三者を議題として取り扱うことはできないと解され(2)、以後、「内閣総理大臣の指名についての両院協議会においては、各議院で指名した以外の者を議題とすることはできない。内閣総理大臣の指名についての両院協議会においては、両院協議会規程第八条の規定によって、各議院で指名した以外の第三者を議題にすることはできない」というのが先例となった。(3)

この先例については、両院協議会規程第八条の規定は、「両院協議会の議事が、両院協議会開催の原因となった事項の範囲を超えることを禁ずる趣旨」であって「協議会の成案でだれを内閣総理大臣に指名しようと、それは少しも協議会開催の原因となった事項の範囲を超えるものではないというべきであろう」という批判的な説がある。[4]
また、先例を支持する理由として「総理大臣の指名案件の事柄の性質上とか、協議会で成案が得られないときは、衆議院の議決がその儘国会の議決になるからとかの実際上の理由が考えられるのではなかろうか」とする説もみられる。[5]
内閣総理大臣の指名について、「両議院の議決の異なった事項」という規定を文言通り適用すれば、各議院の指名した以外の第三者は協議の対象となり得ない。しかし、この場合、指名につき全面的に異なっているのであるから、第三者も協議の対象となると考えてもいいのではなかろうか。そう考えないと、指名については、譲歩ということはあっても、妥協ということがあり得なくなるからである。

2　両院協議会で成案が得られ、先議の参議院がこれについて議決しないときはどうなるか。

これについては、『「参議院が指名の議決をしないとき（六七条二項後段）』とは、参議院が、はじめからなんらの指名の議決をしないときのほか、両院協議会の成案が得られた後に、その成案についての可否を議決しないときを含む（この後の場合も、『国会休会中の期間を除いて十日』の期間は、はじめに衆議院が指名の議決をした日から起算する）」と解し、憲法第六七第二項後段の規定が適用されるという説[6]と、「両院協議会の本質からいって、参議院（衆議院も同様であるが）は必ず速やかに成案を議決すべきものであり、何の議決をも行わない（いわゆる握りつぶし）ということは憲法上許されないものと考え、もし適当な期間を経過しても議決しないときは衆議院が『意見が一致しないとき』に該当するものとみなす旨議決して、衆議院の議決を国会の議決となしうる」と解釈する説[7]とがある。もっとも「参議院には合理的にすみやかな期間内に議決すべき責務があると解すべきであろうか。」としつつ、「指名の自然成立のための一〇日間の期間計算も、衆議院の指名議決の日から起算される」として、憲法第六七第二項後段の規定が適用されるとする説[8]もみられる。

この場合は、衆議院も参議院も指名の議決を行い、それが異なったため両院協議会が開かれているわけであるから、「参議院が、指名の議決をしないとき」ということはできない。したがって憲法第六七条第二項後段の規定を適用することはできない。参議院が成案につき議決しないまま合理的な相当な期間が経過したときは、「両議院の協議会を開いても意見が一致しないとき」となると解すべきであろう。

なお、両院協議会で協議中に一〇日の期間が経過したときどうなるのかの問題もあるが、同様に、憲法第六七条第二項後段の規定の適用はなく、合理的に相当な期間が経過したときに、「両議院の協議会を開いても意見の一致しないとき」になると解すべきであろう。

(1) 第三回臨時国会、第五回特別国会では参議院が先に行った。
(2) 鈴木隆夫「内閣総理大臣の指名手続について」法律時報二〇巻九号三四頁。
(3) 衆議院先例集（昭和五三年版）四七二、四八五頁、参議院先例録（昭六三年版）四〇四、四二五頁。
(4) 宮沢・芦部補訂・全訂日本国憲法（コンメンタール）（一九七八）五二一頁、佐藤功・憲法(下)（ポケット註釈全書〔新版〕）（一九八四）七六三頁。
(5) 長谷川喜博「内閣総理大臣の指名手続について」ジュリスト一五六号一九頁。
(6) 宮沢・芦部補訂・前掲五二二頁。
(7) 佐藤功・前掲八三五頁。
(8) 林修三「国会の意思決定手続――両院関係」（一九六四）清宮・佐藤編　憲法講座(3)六四頁。

第三章

立法

1　立法とは

浅野一郎

一　理論的意味の立法（広い意味の立法）

立法とは何かということについて、理論的にいえば、広く国家における法規範の定立であるということができる。その法規範の内容については何ら制限はなく一般的抽象的法規範であろうと、個別的具体的法規範であろうと、一般国民を拘束する規範であろうと、そうでないものであろうとすべてを包含するのであり、法規範の形式についても法律、命令などの制定法の形式であろうと、判例法の形式であろうと、慣習法の形式であろうとあらゆる形式を含むものである。

このように考えれば、国家の作用は、それが法的意味を持つ限り、すべて法規範の定立であると考えてよかろうから、国家の作用は、すべて立法の面を持っているということができよう。

このような広い意味の立法について少し考えてみることとするが、まずこの広い意味の立法と社会との関係を考えてみよう。

(1)　立法（広い意味での）と社会との関係

立法すなわち法を定立する働きは、ロスコー・パウンドの言うように、法というものは、社会の諸要求を政治的に組織された社会の力で、最小の犠牲と能う限りの効果とをもって充足するための社会的制度であると考えられるから、立法は当然に社会生活と対応する。家族社会、地縁共同体、経済社会、文化共同体、政治社会、国際社会などがこれである。法の定立は、いつもこれらのすべての社会関係と関連を持つものではなく、いかなる内容の法の定立かによって、それぞれ重点的な関係を持つ社会関係が考えられる。現代の立法において特に重要な関係のある社会関係は、経済社会、政治社会であるということができよう。

財の獲得、生産及び分配は、社会生活の基礎をなすものであるから、法は経済社会とは重要な関係を持つ、特に現代資本主義社会においては、このことは顕著である。マルクスが「人間は、かれらの生活の社会的生産において、かれらの意思から独立した一定の必然的な諸関係、すなわちかれらの物質的生産諸力の一定の発展段階に対応する生産諸関係の中にはいり込む。これらの生産諸関係の総体が、社会の経済的構造、すなわちその上に法的および政治的上部構造がそびえ立ち、かつ一定の社会的意識形態が対応する実在的な土台を形成する。物質的生活の生産様式は、社会的、政治的、精神的な生活過程一般を制約する。人間の意識がかれらの存在を規定するのでなく、逆にかれらの社会的存在がかれらの意識を規定するのである」（『経済学批判』序文）と述べているように、経済社会が社会の下部構造であり、法は上部構造として、下部構造である経済社会によって規定されるという考え方は、これが、社会的変化が経済要因によって必然的に決定されるという意味ではなく、経済的要因は、支配的要因であるという意味であれば同意できるものであろう。一九世紀の古典的自由主義の時代において、経済活動における「自由放任」の要請は、法的には「契約の自由」として実現したし、この「契約の自由」も資本主義の発展に伴って、プロレタリアートの大量の発生により、「労働契約」においてその修正を求められることとなった。このように、経済社会は、法をつくる働きの重要な前提条件をなすものといえよう。

法の定立は、一番近接したところで政治社会と関連する。なぜなら法は、社会の諸要求を政治的に組織された力で充足するための制度であるからである。政治社会は、法定立の過程においてはその主体となる。立法の過程においてはその主体となる。立法の過程は、政治過程そのものであるといってよい。法は、政治によってつくられ、政治によって破られる。しかしまた、政治社会は、法定立の客体となる。法をつくり、法を破る政治の働きは、現代法治国家においては、法によって制約されるからである。

法をつくる働きは、政治的な力による。法治国家においては、政治的な力は、法によって認められるものでなければならない。議会制民主主義の国においては、政治的な力が法をつくる働きとして作用する場は、議会であり、議会において、政治的な力は、政党を通じて働く。その政党は国民の政治的意思形成に協力することを目的とするものであり、政党を支えるものは国民の政治的意思である。国民の政治的意思が法をつくる力となるのである。

法をつくる働きの前提として経済社会、政治社会、その他の社会関係が考えられるほか、法意識があることを忘れてはならない。人間は、だれでも、これが法であるという考えは持っているが、法意識はそういう個人的主観的なものではない。法意識は、その時、その所における社会構成員の最大多数の法意識である。法は、生きているものでなければならないが「生きている法」というのは、この法意識に支えられている法である。「生きている法」が法をつくる働きの重要な前提をなすものである。デュギーは、「法規範は、国家の関与なしに、ある一定の契機において法規範に転化することを確信する。たしかに国家はしばしば関与する。ことに法発達の立法的段階にまで到達した近代国家においては、つねにそうである。しかし、規範に法規範の性格をあたえるのは、国家の関与ではない」「経済規範又は道徳規範は、特定の団体を組成する人々の大多数が、それの遵守が社会的連帯の維持のために不可欠であること、またそれの制裁化が正当であることを了解するがゆえに、法規範となる（Léon Duguit, Traité de Droit Constitutionnel. 2éd, Tome, I, 1921, p. 36, p. 56.）」といっている。

さて、この立法のうち制定法（特に法律）の定立ということについては、中心課題として後で述べることとして、以下慣習法の定立と判例法の定立について述べることとしよう。

(2)　慣習法の定立

慣習法は、どのようにしてつくられるのであろうか。慣習法は、定立というより形成といった方がよい。慣習法は、慣習につき法的確信（社会の構成員によって法的拘束力があるものと意識されること）が生じたときに形成されるからである。慣習法は、いわば自然発生的に形成される、慣習法は、特定の地方的慣習や特殊な職業（例えば商取引）に従事する者の間の慣習に基づいてつくられる場合が多いが、全国的な規模でつくられることもある。

慣習法は、国家的に定められるのではなく、社会における慣習を人々が法であると確信し、その慣習について人々の間で権利、義務の意識が発生することによってつくられるのであり、その形成には社会生活が基盤となるのである。

このような、法的確信を獲得するに至っていない慣習であっても、制定法によって法的性格を承認されるときは、慣習法が成立する。例えば、民法第二六三条では「共有ノ性質ヲ有スル入会権ニ付テハ各地方ノ慣習ニ従フ外本節〔共有〕ノ規定ヲ適用ス」、同第二九四条では「共有ノ性質ヲ有セサル入会権ニ付テハ各地方ノ慣習ニ従フ外本章〔地役権〕ノ規定ヲ準用ス」と規定するなどはこれである。

法例第二条は「公ノ秩序又ハ善良ノ風俗ニ反セサル慣習ハ法令ノ規定ニ依リテ認メタルモノ及ヒ法令ニ規定ナキ事項ニ関スルモノニ限リ法律ト同一ノ効力ヲ有ス」と規定し、一般的に慣習に法的性格を付与している。法例第二条は、慣習が「公ノ秩序又ハ善良ノ風俗ニ反セサル」ものであれば、「法令ノ規定ニ依リ認メタルモノ」又は「法令ニ規定ナキ事項ニ関スルモノ」である限り法律と同一の効力を認めるものである。したがって、法令に規定のある事項については、その法令が強行法規であっても、任意法規であっても、慣習は、法律としての効力を認められないのである。

このように、慣習法の生成にも国家がある程度のかかわりを持っていることは否定することができない。また、慣習法は、裁判所によって認められるまでは、その効力が不安定であったり、慣習法が存在するといってもその内容が不明確であったりするため、裁判所によってその内容が明確にされるということもある。この意味においても、慣習法の形成には、国家が関連を持つのである。

慣習に国家法としての効力を持たせるためには、国家的見地から是認される性格のものでなければならないから公序良俗に反する慣習には、法的効力を認めることはできないが、問題は、任意法規と異なる慣習があり、それが法的確信を獲得するに至った場合、慣習法の成立を認めることはできないかどうかである。民法第九二条では「法令中ノ公ノ秩序ニ関セサル規定ニ異ナリタル慣習アル場合ニ於テ法律行為ノ当事者カ之ニ依ル意思ヲ有セルモノト認ムヘキトキハ其慣習ニ従フ」と規定している。これは、法律行為（例えば契約）解釈に関する規定で、強行法規に反しない慣習を意思表示解釈の資料又は基準にするべきことを定めたものと解釈されている。

しかし、この規定は、任意法規と異なる慣習法の成立を認めたものと解すべきではなかろうかと考える。この規定の持つ意味は、任意法規と異なる慣習法の成立は認めるが、当事者の意思によってこれを排除することができるということではないかと思う。商法第一条は、「商事ニ関シ本法ニ規定ナキトキハ民法ヲ適用ス」と規定し、商慣習法が民法に優先する旨規定している。商慣習法は、経済的、商的目的合理性に導かれて形成されるものであり、商事の領域は、不断の進歩発展によって特徴づけられる領域であり、固定した制定法によっては規制されない領域であるため、商慣習法による補完が絶えず必要であるからである。商慣習法のこのような性格から商法に規定がある場合においても商慣習法の成立を認めようという考え方が有力である。

また民法第一七五条では「物権ハ本法其他ノ法律ニ定ムルモノノ外之ヲ創設スルコトヲ得ス」と規定している。これは強行法規であると考えていいが、判例では農業水利権や温泉権などの物権を慣習法上の物権として認めている。これは「法令ニ規定アル」事項について、それが強行法規であっても具体的、特定的に慣習法の成立を認めたものである。

このように慣習法は、社会生活に基礎をおいて、自然発生的に、非合理的に形成される。もっとも、商慣習法は、その基盤である企業生活が不断に進歩発展を遂げるものであるために制定法との間にしばしば生ずる不調和を解決するため、企業生活の合理的発展を目的として合目的、合理的に形成されるものである。この点に商慣習法の形成は、制定法の形成と類似した性格を持つのであり、商慣習法に制定法と同一の地位を与えようとする考え方が生ずるのである。

(3)　判例法の定立

裁判所における裁判は、その裁判において明らかにされた具体的事実についての判断としてのみ拘束力を有するにすぎない。しかも、実際に社会に起きる事件は個性をもっていて、まったく同一の内容の事実は、厳格にいって繰り返されることはない。しかし、裁判は、具体的な事実についての法的判断であるから、そこから抽象的な法則又は理論が明らかにされる。そして、類似の事件に対しては、似たような判断がなされ、これが繰り返されることによって一般的な法則又は理論が明らかにされる。このようにして判例法が定立される。

裁判所の判決は具体的事件を解決するにあたって、同じような内容の解決をもたらす力を持っている。これは、先例に従って裁判するということが古来裁判官の習性であり、それによって正義と衡平が実現できると考えられることによるものであろう。この力は、上級裁判所の裁判であればあるほど強いものであり、最高裁判所の裁判が最も強いものとなる。これは、下級裁判所が上級裁判所の判例に反して裁判をすれば、上級裁判所で破棄される可能性が強く、それをあえて行うこととは当事者に無用の迷惑を及ぼすことになるということからである。

また、この力は、判例の安定度が高いほど強くなるのである。判例の安定度は、同じ事項について、同趣旨の裁判が反復される頻度、それが変更されないでいた期間の長短、関連事項に関する判例との調和性の強弱、学説による支持の強弱等の要素（団藤重光『法学の基礎』一八八頁）によって判断される。

判例は、具体的事件についての判断であって、抽象的一般的な法規範を定立させるという立法（制定法の定立）とは異なるが、現実に立法があったと同様な働きをするのである。

イギリスでは、個々の事件の判例が法の本態をなしており、判例は、法である。裁判官がつくった法であるとしてJudge-made-Lawというのである。このような判例を法の基本形態とする主義を判例法主義というのである。

このように、裁判所によって判例法が定立されるのであるが、判例法の定立ということを考える場合に問題となるのは判例の変更である。

裁判所によって判例法が定立されることを認めたからといって、判例の変更が認められないというものではない。判例の変更は制度的に可能であるし、また判例変更の実例も多い。判例変更の原因は、①先例に最初から誤りのある場合、②時代が変遷し、もはや先例が現在の事態に適合しなくなった場合、③裁判官の交代による場合が挙げられる。判例の変更の原因が①、②である場合は問題はないが、③の場合の判例の変更は問題があるといわなければならない。

判例の変更には、判例法が固定し、時代の要請に適合しなくなるのを防ぐために望ましいものであるということができるが、反面では判例法が一旦定立されると、国民はこれを信頼して行動するので、判例を変更することは法的安定性を害するという弊害も生ずるのである。特に、短期間においての判例変更は弊害が著しい。この弊害のある判例変更の原因として裁判官の短期間の交代ということが考えられるのであり、その選任方法と任期について考慮されなければならない。

確かに、判例法の形成の過程は、制定法定立の過程と異なり、司法権の独立の原則の働く過程であって政治からは一応絶縁された形となっている。しかし最高裁判所の長官は、内閣の指名に基づいて天皇が任命し（憲法第六条第二項）、その他の裁判官は、内閣が任命することとなっている（憲法第七九条第一項）。そのため内閣総理大臣の政治的判断がその人事に影響する可能性があるといわなければなるまい。

また、判例の変更が法的安全性を害する理由の一つとして判例変更に遡及効があるということである。一旦判例が変更されると、それまで変更前の判例法に従っていた法律関係がすべて覆されることとなる。したがって、判例法の定立を考えるならば、判例変更の場合には、その変更の不遡及を認めなければならない。

制定法は、判例法によってその意味を明らかにすることにより補充される。場合によっては制定法は判例法によって変更されることもある。また、制定法が判例法を変更することもある。制定法と判例法の相互の関係において法が形成されていくということを忘れてはならない。こういう立場から司法過程を眺めてみることが必要である。

二　制度上の意味の立法

理論的な意味の立法は、前述のように広く国家における法規範の定立であるということができるが、歴史的、実定法上の制度として立法というときは、もう少し狭い意味でいうことになる。

この場合の問題は、三権分立の制度を採用し、この制度の政治的要請を考えて、国家の作用を立法・司法・行政とにそれぞれ分け、それらの各作用ごとにそれぞれの機関を設けている国家の制度において立法とは何かということである。

日本国憲法第四一条は「国会は、国権の最高機関であって、国の唯一の立法機関である」とし、同第六五条は「行政権は、内閣に属する」とし、同第七六条は「すべて司法権は、最高裁判所及び法律の定めるところにより設置する下級裁判所に属する」と規定している。

このように日本国憲法は、立法、行政、司法の三種の作用の区別を認めている。この場合に、これらの三種の作用がそれぞれ同一の主体により同一の形式によって行われるならば、作用の実質的内容とその形式が一致することになり、立法、行政、司法の意味は一義的に定められることができる。ところが、現実の制度上では、これらの作用の実質的内容とその行われる形式とが必ずしも一致せず、その実質的内容に着目した場合の意味と、その形式に着目した場合の意味が生ずることとなる。したがって、制度上の意味の立法も実質的な意味の立法と形式的意味の立法に分けられることとなる。

(1)　実質的な意味の立法

実質的意味の立法とは、国家の一般統治権に基づき成文をもって一定の内容と性質を持つ法規範を制定する作用であるということができる。この一定の内容と性質とを持つ法規範を実質的意味の法律というのである。したがって、実質的意味の立法とは実質的意味の法律を定立することであるということもできる。この場合の一定の内容と性質とは何であるかが問題であり、実質的意味の法律についていろいろな考え方がある。実質的意味の法律は、また法規（Rechtssatz）とよばれる。

以下、実質的意味の法律＝法規について少し考えてみよう。

(1) 法規概念の歴史性

一九世紀前半、ドイツで最初に近代的意義の議会制度を持ったのは、南ドイツの諸邦であった。これらのドイツ諸邦では立法と行政の両機関の分化が行われたが、この頃のドイツでは、民主勢力は独裁主義を制約することはできず、立法機関の権限は、きわめて限定的で、わずかに人民の利益にとって関係の最も密接なものと考えられていた事項、すなわち、「自由と財産」に関する事項だけを君主の手から立法機関の手に奪うことに成功したのにすぎなかった。これらのドイツ諸邦において立法機関の手に保留された事項、すなわち国家行為の内容であって、「自由と財産」に関するものが「法規」と呼ばれたのである（宮沢俊義「立法・行政機関の間の権限分配の原理」『憲法の原理』一六一頁、一六二頁）。そして「法規」の定立権が立法機関に留保された。

このような「法規」の概念は、プロセイン憲法第六二条「立法権は、国王及び両院により共同に行われる」の「立法権」の解釈、すなわち立法は、実質的意味の法律の制定を意味し、実質的意味の法律とは、「法規」であるという当時の通説を通じて樹立されていった。「法規」概念を樹立させたのはラーバント、イエリネック、アンシュツであるということができる。

法規概念は、まず自由財産条項としてその内容が確立された。すなわち、国民の自由及び財産に対する直接的侵害を定める規定を法規であるとするのである。しかし、ドイツにおいて、自由と財産のほか、生命・名誉・家族法上の地位・労働力が個人の人格領域を構成する重要な法的財産として登場するようになり、近代立憲国家はこれらの法的財産を法律の留保の下に置き、法律の根拠なしに、これらに対する侵害を許さないこととすると考えるようになった。

こうして、自由財産条項に代わって社会制限条項として「法規」の内容が確立されることとなった。社会制限条項は、ラーバントの祖述にかかわるものであるが、これをさらに発展させたのがイエリネックであった。社会制限条項説は、自由財産の侵害に限らず、広く法主体の意思領域の限界づけ、個人の人格領域に対する侵害を定める規定を「法規」であるとするのである。自由財産条項よりも広く概念を把握するのである。

イエリネックは、ラーバントとどう異なった考えであったか。「法規」は、人格者間の限界を画定する規定であると考える限りはラーバントと同様であったが、イエリネックは、立法者が限界を画定することを直接の目的として制定したかどうかによって、「法規」であるか否かを判断すべきであるとし、「法規」の概念は、法の目的から把握すべきであるとしたのであった。そしてイエリネックは、一般的兵役義務を定める法律は、攻撃に対し国家を維持することを最終的目的とするが、その最も卑近な目的は、義務を課することによって自由を制限することであり、限界画定である。

これに反し上級郵便官庁が下級の郵便官吏に一定の時間に閉局することを指示した場合、これによって、公衆は、その時間後に局を利用することができなくなるが、その指示は、官吏の労務超過を避けるための労働時間の規制を卑近な目的とするものであるから「法規」ではない。公衆が受ける拘束は、義務ではなく、反射的効果にすぎないとした（豊田悦夫『議会論』一五〇頁、一五一頁）。

アンシュツは、最初ラーバント、イエリネックと同様、社会制限条項によって「法規」概念を説明していたが、後に「自由及び財産」という概念を広く「自然的行動の自由及び財産に関する」というように拡張された意味の自由財産条項で「法規」概念を説明するようになった。

このように「法規」概念は、立法機関と行政機関の権限配分を明確ならしめるための歴史的、慣習的な概念であり、一般的概念でないので、その内容は必ずしも明確であるということはできない。

しかし、ドイツにおいても、わが国においても、学者の「法規」概念の内容には種々異なるものがあるけれども、いずれにおいても「法規」概念は、一般に是認されているといえよう。

そこで、わが国の学説を一応「自由財産条項説」と「社会制限条項説」に分けて眺めてみることにしよう。

(2)　**自由財産条項説**

わが国の学説では、自由と財産の侵害という概念で「法規」を説明しているのはあまり見当たらないといわれる（豊田悦夫・前掲書、一四五頁）。これは、ドイツにおけるように実定法的な根拠がなかったためではなかろうかと説明されている。もっとも、美濃部博士が『日本行政法総論』の中で「行政権ニ依リ人民ノ自由及ビ財産ヲ侵スニハ必ズ法規ノ根拠アルコトヲ要ス」（四三頁）として自由財産条項で「法規」の概念を説明しておられる例がないでもない。

(3)　**社会制限条項説**

わが国では、社会制限条項で「法規」の概念を説明するものが多い。

● 「法とは、国家が、正義に適合して社会生活の秩序を立てるため、人間相互の行動を限定しようとし、人に強要する行為の規則である。」（佐々木惣一『改訂日本国憲法論』二六四頁）

● 「法規」とは、普通には行政又は司法の基準となるべき国家と人民との関係に付いての一般的な法的規律の成文の定を意味するものであるが、国家と人民との間に従来の同法には存しなかった新たなる法的規律を定むるものであれば、一事件に関する具体的の定を為すものでも、法規の概念に属する」（美濃部達吉『日本国憲法原論』〈宮沢補訂版〉三三一頁、三三二頁）

●「法とは、社会生活における国民の行動の限界を定めるための規範である。国民生活を秩序づけるもののことである。換言せば、国民に義務を課し、或は国民の権利を制限するものである」（大石義雄『日本国憲法逐条講義』一五九頁）

●「実質的意味の立法とは、直接に国民を拘束し、または、少なくとも国家と国民との関係を規律する成文の一般的法規範（実質的意味の法律または「法規」）を制定する作用をいう」（清宮四郎『憲法Ⅰ』〈三版〉二〇四頁）

●「統治もしくは統治されるすべての人の行為を拘束することによって、あらゆる統治生活の基準となる行為の準則」（渡辺宗太郎『全訂日本国憲法要論』一九四頁、一九五頁）

●「国民を拘束する法」（大西芳雄『憲法要論』一三七頁）

●「国民と人民との間の関係を規律する成文の法」（『註解日本国憲法』下、七〇一頁）

●「立法権を国会に独占させる本条（憲法四一条）の趣旨から見て、法規とは直接又は間接に国民を拘束し、あるいは国民に負担を課する新たな法規範を意味すると解してよかろう。」（宮沢・芦部補訂『全訂日本国憲法』三四三頁）

●「直接または間接に国民を規律する一般的・抽象的な成文の法規範」（小林直樹『憲法講義』〈新版〉下、一四三頁）

●「直接又は間接に国民の権利義務にかかわる一般的法規範」（榎原猛『憲法―体系と争点』二七九頁、阿部照哉『憲法』一九六頁）

●「新たに国民の権利を制限し、または新たに義務を課するような規範」（田上穣治『憲法撮要』一五〇頁）

●「国民の権利義務についての創設的規制」（小嶋和司『憲法概説』三七二、四〇六頁）

●「国民の権利義務に関する一般的、抽象的法規範」（橋本公亘『日本国憲法』〈改訂版〉四八九頁）

●「国民の権利・義務を定める規範を重要な構成要素とするが（内閣法一一条はこれを確認する）、国家と機関との関係に関する法規範をも包摂する」「一般的性格をもつことを重要な構成要素とする」（佐藤幸治『憲法』〔三版〕一四四・一四五頁）

●「直接に人民の権利義務に関する規律」（田中二郎『行政法総論』二二一頁）

●「国民の権利義務に関する新たな規律」（柳瀬良幹『行政法教科書』〈再訂版〉一二三頁）

●「憲法の直接的執行として国民の権利・義務を規制する成文の法規範」（新正幸『憲法と立法過程』一三九頁）

これらの諸説のうち「権利義務に関する」という説明をしているものは、広い意味の自由財産条項説ともいえないこともないが、「自由と財産に対する侵害」ということで「法規」概念を説明していないという意味で社会制限条項説といえよう。

(4) 実質的意味の立法（法律）とは

これらの諸説のうち「新たに国民の権利を制限し、または新たに義務を課するような規範」を「法規」であると考える説が現行法制に採り入れられ、内閣法第一一条では「政令には、法律の委任がなければ、義務を課し、又は権利を制限する規定を設けることができない」と規定し、また、国家行政組織法第一二条第四項では「命令には、法律の委任がなければ、罰則を設け、又は義務を課し、若しくは国民の権利を制限する規定を設けることができない」と規定している。

しかし、これらの諸説の多くは「新たに国民の権利を制限し、または義務を課する規範」を「法規」であるとする考えよりは、「国民の権利義務に関する事項」という観念を基本としながら「直接」のみならず「間接」に関係する事項まで拡げたり、その「権利」には厳密な権利のみならず社会上の「利益」をも含むとしたり、もっと広く

「国家と国民との関係を規律する事項」を加えたり、さらに「社会生活の秩序」や「公共の秩序」を規律する法規範を加えたりして、「法規」概念の外延を拡張しようという傾向がみられる。これは、日本国憲法の成立によって立憲君主制から民主制へと憲法構造が転換し、日本国憲法は第四一条において、国会は「国の唯一の立法機関である」とし、民主的な立法の一元化を採用したことにかんがみ、形式的意味の立法・法律と実質的意味の立法・法律という伝統的な二重立法・法律概念を用いつつ、現行憲法の明治憲法的二元的立法構造の否定に適合するよう、憲法第四一条の立法を実質的意味の立法と解しようとしたからである。

また、日本国憲法第四一条が「国会は、国の唯一の立法機関である」といった場合の「立法」を「日本国憲法の定める方式に従い国会が法律として議決した法即ち法律と称する国家行為の形式（形式的意味の法律）を制定すること」と解すれば、国会以外の機関例えば政府・内閣が独立命令を制定する権限を有するとしても、それは国会が「国の唯一の立法機関」であるという原則と少しも矛盾しないこととなり、明治憲法ではいわゆる行政権による立法が広い範囲で認められた立法の二元構造を否定しようとする憲法第四一条の趣旨が没却されてしまうし、また、規定の文字的な意味からも、そう解すると、憲法第四一条のこの部分は、単に法律と称する国家行為の形式を定立するものは国会であるという意味すなわち国会が定立した国家行為が法律であるという意味に読まれることとなる。そうすれば憲法第五九条第一項で、「法律案は、……両議院で可決したとき法律となる」と規定することとまったく同じことを規定するにすぎないこととなり、いずれかの規定は無意味であるといわなければならないこととなる。したがって憲法第四一条で「国の唯一の立法機関」であるという場合の「立法」は、形式的意味の法律を制定することでなく、実質的意味の法律すなわち「法規」を定立すること＝実質的意味の立法であると解することが妥当であると考えたからである。

このように日本国憲法が一元的な立法構造を採用し、旧ドイツの立憲君主主義の原理である二元的立法構造を否定しようとする趣旨から考えれば、法規概念の外延は、できる限り広く考えるべきではなかろうか。そうとすれば、法規＝実質的意味の法律とは、広く一般的、抽象的法規範と解するのが妥当であり、現在では、こういう説が有力となった（佐藤功ポケット註釈全書『憲法』(下)、六二八頁、鵜飼信成『要説憲法』一三一頁、芦部信喜『憲法と議会政』二五七頁、杉原泰雄『憲法Ⅱ統治機構』二一四頁、なお、覚道豊治『憲法』九一頁は一般的な規範であるという）。また「一般的規範は法律でなければならない」だけでなく、「法律は、一般的規範でなければならない」とする説（樋口陽一『憲法Ⅰ』二一六頁）もある。

(5)　一般性は、法律の本質的要素か

法規＝実質的意味の法律とは、一般的、抽象的法規範であると述べたが、佐々木惣一博士は「法タル規範ハ抽象的ノ事実及ビ具体的ノ事実ノ両者ニ付存ス……故ニ立法ハ抽象的作用タルヲ通常トスルモ具体的作用タルコトアルナリ。……例、特定ノ一ノ選挙ニ関シテ種々ノ手続ヲ定ムル規範、現ニ天災事変ノアリタル際ニオケル租税免除ノ方法ヲ定ムル規範ハ法ナリ」（『日本憲法要論』五四六頁）と述べ、また、美濃部達吉博士は「特別な異例的の現象に付いて一般的規律を定める必要を生ずることが有り、而してそれは等しく法たる性質を有することに於いて異なる所は無い。……或る地方に大水害が有った為に其の地方の土地所有者に限り某年度の地租を免除するという定を為すことも等しく法であることは言うまでもない。一般の銀行に適用せらるべき銀行法の定が法であると共に日本銀行にのみ適用せらるる日本銀行の定も等しく法である」（『法の本質』（昭和二七年版）四一頁）と述べ、以前より一般性は、法律の本質でないとされている。田中二郎博士も「立法の形式で、個別的具体的な事件を規律する定めをなすこともある。かような例外が存することは、立法が、原則的に、一般的・抽象的な法の定立であるとなすことを妨げるものではない」（『行政法総論』三七頁、三八頁）と述べておられる。

この法律の一般性の再検討の問題は、自由主義的法治国家から社会的法治国家への発展に伴って、国家が各人の生存の保障と社会生活の秩序の均衡を維持するため、立法を通じて、社会、経済等の生活関係に対して直接介入せざるを得なくなったという現代社会の情勢の変化とこれに応じ多くの具体的な内容を持った個別的な政策立法が増大しようとする状況にあるとき、正に現代的意味を持つものであるということができよう。しかし、いまここでは、個別的、具体的法律が容認されるかどうかについて考えてみることとしよう。

美濃部博士が例として挙げておられるように憲法第九五条の一の地方公共団体のみに適用される特別法、日本銀行法、多くの公団法などの個別的、具体的法律は少なくない（『行政法序論』八頁）。また、財団法人日本遺族会に対する国有財産の無償貸付に関する法律（昭和二八年法律第二〇〇号）、財団法人日本海員会館に対する国有財産の譲与に関する法律（昭和三〇年法律第八〇号）などもみられる。したがって、一般性・抽象性は、法律が常に持っていなければならない要素であるということはできないのではないかと思われる。確かに、法律に一般性・抽象性を要求することは、個人の尊重と法的安全性という法の理念に適合するものである。しかし、配分的正義、合目的性の要求から例外を認めなければならない場合も多い。例外的な場合には、具体的、個別的法律も容認せざるを得ないと思われる。

問題は、どこまで個別的、具体的法律が容認せれるかである。個別的、具体的法律を容認することは、まず「立法」と「行政」との区別を不明確ならしめるからである。別のことばでいえば、憲法で「行政権は、内閣に属する（第六五条）」と規定することに抵触するからである。憲法第九五条の一の地方公共団体のみに適用される特別法は、地方公共団体の組織及び運営に関する事項についての特例的、例外的規定を内容とするものであり、本来地方公共団体の組織及び運営に関する事項は、法律で定めることを必要とする（憲法第九二条）ものであるから、特別事項は、当然法律で規定されるべき事項であり、それが個別的、具体的事項の定めであるからといって「行政」の事項とはいえない。また、日本銀行法（昭和一七年法律第六七号）や日本道路公団法（昭和三一年法律第六号）は、法人は、民法その他の法律の規定によらなければ設立することができない（民法第三三条）のであるから、特別の法人を設立するためには、個別の法律が必要である。したがって、日本銀行法や日本道路公団法が個別的、具体的法律であったとしても、「行政」の事項に属するものではない。また、特定の災害の場合に特定地方の住民のみに税を減免する法律は、租税法律主義（憲法第八四条）から立法事項に属するものと考えてよいし、また、事件は個別的、具体的であるが、受範者は一般的であるということも考えられる。法律によって直接に個別的、具体的に国民の権利を制限し、義務を課するような場合は、どうであろうか。美濃部博士は、わが国の実際の事例として大正八年の地方鉄道法をもって一般の私設鉄道を国家が買収し得ることを規定する以前に、政府が特定の私設鉄道を買収し得ることを定めた明治三九年の京釜鉄道買収法、大正七年の足尾鉄道及有馬鉄道買収法のような法律があったが、これも立法行為であると解されている（『日本行政法』上、一五頁、一六頁）。行政は、法律に基づかないで、直接に国民の権利を制限し、義務を課することはできないと解すべきである。したがって、この場合に個別的、具体的法律によって国民の権利を制限し、義務を課しても「行政」の領域を侵すものと解すべきではなかろう。さらに特定の団体への国有財産の無償の貸付又は譲与に係る法律も国有財産法（昭和二三年法律第七三号）第一条では「国有財産の取得、維持、保存及び運用（以下管理という。）並びに処分については、他の法律に特別の定のある場合を除く外、この法律の定めるところによる」と規定しているため、特例として無償の貸付又は譲与をするためには法律の規定を必要とすると解されるし、憲法第八三条は「国の財政を処理する権限は、国会の議決に基づいて、これを行使しなければならない」と規定し、財政管理作用の権限も財政を処理する権限に含まれると解され、国有財産の管理の権限は国会の議決に基づかなければならないのであるから、「立法」に属する事項と考えられる。このように、わが国における個別的、具体的法律は、多くは「立法」の範囲内であることの説明ができるようであるが、要するに個別的、具体的法律が容認されるとしても「行政権は、内閣に属する」という原則を本質的に否定するものであってはならないということであろう（なお、参照、芦部信喜「現代における立法」『現代法3』一二九頁）。

次に個別的・具体的法律は、特別的、例外的事項を定めるものであるから、憲法第一四条の規定する平等原則に反するということも考えられる。しかし、平等原則においては、具体的事実に応じた合理的、実質的差別を否定するものでないので、個別的、具体的法律によって生じる差別が合理的、実質的のものである限り問題はない。

(2)　形式的意味の立法

形式的意味の立法とは、特定の定立者によって一定の手続を経て特殊の形式の下に行われる法規範の定立をいうのであるが、日本国憲法の下では、各種の国家行為の形式のうち「法律」と呼ばれる国家行為の形式を定立する作用をいう。すなわち、国会が所定の手続により「法律」という国家行為の一形式（形式的意味の法律）を制定する作用をいうのである。憲法第四一条において「国会は、……国の唯一の立法機関である。」と規定する場合の「立法」は、実質的意味の立法の意味に解すべきであることはすでに述べたところである。

ところで、ドイツの憲法学者K・ヘッセは「伝統的で今日なお支配的な見解は、立法の本質を二つの別々の概念によって規定する。すなわち形式的意味における立法は、立法機関により立法手続にのっとり法律という形式によって指図（Anordnung）を定めることであり、実質的意味における立法は、国家の権威によって法規範を定立することである」とするが、この見解が「形式的立法と実質的立法を分離することによって統一的機能を分断するのであれば、この分断は現行の実定憲法に何らの基礎をもつものではない。それは基本法の民主的秩序とは相容れないものである」とし、「基本法の憲法的秩序における立法に関する解明は、民主的秩序、連邦国家的秩序および社会的法治国家における立法の任務に目を向けるときにのみ得られる」との立場から、「直接的民主的正統制を基礎とし、議会による自由な意思形成、完全な公開およびさまざまな志向の最適の考慮と最適の調整を通じ、かつ執行府の広範な参与の下に基本的諸問題を決定すること、そして、決定されたことの合理化と安定化をはかり、自由を確保すること——民主的・連邦国家的・法治国家的秩序のこれらの要素において、基本法が前提とする立法の機能はその輪郭を得ることになる」とし、「立法に対する議会の決定的な関与は立法機能にとって不可欠であり、他方、現代の社会国会における法律の構造はさまざまでありうる（たとえば《一般的》法律、措置法、計画法、限時法）。それゆえ、法律の概念にとって第一のメルクマールのみが基礎でありうる。すなわち、法律は、立法手続において法律という形式による立法機関のすべての指図であるというメルクマールである。この一見したところの形式的な概念は分断することができない。基本法によれば、先述のごとき純形式的法律も、純実質的法律も存在しない」（コンラート・ヘッセ著、阿部照哉等訳『西ドイツ憲法綱要』二五五頁〜二五八頁）と説き、伝統的な法律概念の形式・実質の二分説を批判し、新しい立法の概念を構成しようとしているが、これは、形式的意味の法律概念に類似した、現代的意味での形式的な法律概念、形式的な立法概念といってよかろう。

わが国においても山本浩三教授は、「法律には、実質的法律と形式的法律の二種類があり、実質的法律とは、法規とも呼ばれるもので『直接または間接に国民を拘束し、あるいは国民に負担を課する新たな法規範』（宮沢教授）とか、『国家の統治権の作用として国家と国民及び国民相互の関係を規律する成文の法規範』（佐藤功教授）とか定義される。形式的法律とは、憲法の定める手続によって国会で制定された法であると定義される。しかし、日本国憲法の解釈で二重の法律概念の使用は不必要な混乱を生ぜしめるだけであると考える。国会が制定する法律とは、いわゆる形式的法律すなわち憲法第五九条の定める手続によって制定された法をいう」と形式的立法概念を採用され、「憲法はかならず法律で規律しなければならない事項を四〇定めている。法律でだけ定めることができ、その他の法では規律できない事項を法律事項という。日本国憲法にフランス第五共和制憲法でみとめているような法律と対等の行政命令は存在しないので、法律事項を限定的に解する必要はない」（山本浩三『憲法』一八七頁、一八八頁）と述べておられる。（そのほか、形式的意味の「立法」概念を説くものに田畑忍『改訂憲法学原論』二六六頁、三一三頁）。このような考え方に対し、芦部教授は。「このような、『法律はその価値を形式からひき出す』システムは、わが国では学説にも立法実務にも、なじみにくい考え方であるかもしれない。『執行府の広範な参与』を前提とするドイツ的な考え方は、たしかに、民主的正統性と民主的手続の要件がよほど確固としている場合でないかぎり、一方で大きな危険を招来するおそれもある。しかし、日本の立法のあり方を考える場合には、この問題を含めて立法の観念を検討することが、一つの最も重要な出発点のいみをもつと私には思われる」（「日本の立法を考えるにあたって」日本の立法『ジュリスト』八〇五号、一二頁）と述べられる。

2　議員立法とその補佐機関

浅野善治

一　はじめに

平成一一年の通常国会では、国会審議活性化法が成立し、一四六回国会からは政府委員制度が廃止され、一四七回国会からは国家基本政策委員会が設置されるなど、政治主導の政策決定を求める動きが盛んになってきている。政治家が中心となった政策提案の一つとして、最近、議員立法が取り上げられることが多くなってきた。

第一四〇回国会あたりから国会の審議では、数多くの重要法案が議員立法で提出され、今までとは議員立法に求められる役割が変化してきている。第一四〇回国会では、医療保険改革法案や介護保険法案、日銀法改正案、金融監督庁設置法案、持株会社の解禁を定めた独禁法改正案、ＮＴＴ分割を定めたＮＴＴ法改正案は政府提出の法律案であったが、「脳死は人の死といえるか」という問題について論争を巻き起こし成立した「臓器移植に関する法律」は議員立法であったし、商法学者から反対の声明が出されたいわゆるストックオプションに関する「商法の一部改正法案」も議員立法であった。サッカーくじ法案もＮＰＯ法案も議員立法であるし、選択制夫婦別氏制導入について定める法律案も議員立法で提案された。

第一四三回国会のいわゆる金融国会では、平成一〇年の国会の立法活動の重要課題となっていた金融機関の再生策について、政府も法律案金融安定化法及び預金保険法改正法案を提案したが、野党の反対が強く、結局、民主、平和・改革、自由の野党三会派が提案した金融機能再生法案、金融再生委員会設置法案、預金保険法改正法案、金融再生委員会設置法の施行に伴う関係法律の整備法案を基本として、それを修正したもの等が可決成立した。(1)

金融再生関連法は国家の重要政策として、内閣が政治生命をかけて取り組んでいた重要施策であり、このような施策についての政府案が成立しないということは異例のことである。

政府提案の法律案が成立せず、議員立法が成立したことは、その当時の国会での勢力が、与党が衆議院では過半数の勢力を持っていたものの、参議院では過半数の勢力を持たず、政府与党の案を衆議院で可決しても廃案になってしまうという政治状況にあったことが大きな原因であった。(2)この金融再生法の注目すべき点は、単に議員立法が成立したということではなく、官僚組織を背景にして、国家の重要課題について最善として検討された政府案が国会では不十分とされ、野党案である議員立法がそれに代わるものとして政策が決定されたことである。また、議員立法が立案される場合に政府提案では重要な役割を果たす官僚組織に代わる役割をどこがどのように果たしたのであろうか。

なぜ今、議員立法なのか。また議員立法と政府立法を比較し、また議員立法が作られる場合の補佐機関について検証し、議員立法の役割を考えることとしたい。

二　議員立法活性化の動き

日本国憲法第四一条は「国会は、国権の最高機関であって、国の唯一の立法機関である」と規定している。法律は、国会の両議院で議決されなければ法律とならないが、各議院に法律案を提出できるのは、各議院の議員に限られているわけではない。国会の各議院の委員会や参議院の調査会も法律案を提出することができるし、内閣も法律案を提案することができる。各議院の議員や委員会、参議院の調査会が提出する法律案は、議員立法と呼ばれ、内閣が提出する法律案は、政府立法と呼ばれる。

一九四七年の第一回国会から一九九九年の第一四六回国会までの議員立法、政府立法の法律案の提出件数、成立件数を比較すると、衆議院議員提出の法律案二八五八件、うち成立一〇二六件、参議院議員提出の法律案九八六件、うち成立一七〇件、内閣提出の法律案七八六七件、うち成立七〇二四件となっており、成立した全法律のうち、八五．四五％が政府立法となっている。

重要な政策に関する法律案のほとんどは、与党と政府が一体となって決定し、これが内閣提出法律案という形で提案されている。

しかし、このように政府立法の件数が議員立法に比較して圧倒的に多数となっていることを、憲法の定める国会は唯一の立法機関、国権の最高機関とする趣旨に反すると考えるのは早計である。憲法が議院内閣制を採用し、政府が与党の支持の上に成り立つ仕組みをとっている以上、こうした結果になることも自然のことといえなくもない。問題は、こうした官僚中心の政策決定、立法活動が「政官財の癒着」などといわれる問題を生じさせ、政策決定、立法活動において国民の声が反映されていない国民不在の政治となっているのではないかということであろう。また、少なくとも国民の多角的な声を十分に反映できる仕組みになっていないのではないかという点である。

官僚中心の政策決定が国民の大多数の意見に沿うものであれば問題になることは少ない。戦後経済の復興、国民所得の倍増といった国民の共通する目的に向かって政策が進められていく過程においては、こうした仕組みが極めて機能的に働いていたと考えられる。関係省庁や関係業界団体などの利益団体の意見の調整なども含め、官僚が戦後経済の復興、国民所得の倍増という観点から最良のものになるように調整し、国会に提案してきたのであろう。こうした提案が時としては、一部のものの利益に偏った結果を生じさせたとしても、国民全体としてそれを上回る利益が得られていたということではなかったのではないだろうか。

しかし、国民経済が復興し、国民生活も安定してくるようになると、国民の意見も多様化してきた。また、一部のものの利益と政治家自身の利益が結びついて金権体質を生み出したり、こうしたシステムの歪みが目立つようになってきた。政官財の結びつきで難局を乗り切ってきたこうしたシステムも、政治に対する信頼が揺らぐとともに、その構造の弊害も目立つようになってきた。

最近では、政党の枠組みが変化してきているように、こうした仕組みの限界が見えてきている。このような状況においては、政策の決定過程において多様な意見を吸い上げ、それを戦わせて政策が決定されるシステムが必要となってくる。政治家の政策決定の議論の活性化を図るためにも、法律案についても様々な意見のものが提出されることが求められる。

国民の多様な意見の開かれた調整の場として「国会」の持つ機能の重要性が再認識されてきているのではなかろうか。国会が適正にこの機能を果たすことが強く求められている。

最近、こうした状況に対する危機感から国民が主役の政治、そのための議会の機能強化、議会の活性化の必要性が叫ばれ、全国民の代表である国会議員の立法活動のあり方が見直されてきているといえるのではないか。国民から直接選ばれた国会議員が、法律を立案し、審議し、決定し、決定された法律に従って行政が行われるという国会本来の機能の回復を目指そうというものである。

この問題は、九三年八月に発足した土井たか子衆議院議長、鯨岡兵輔衆議院副議長（いずれも当時）の私的研究会の「国会改革に関する私的研究会」で中心的な課題として取り上げられ、議員立法を阻害している諸要因の分析とその活性化について検討され、九六年六月に「議員立法の活性化について」という提言がまとめられている。また、参議院においても議長の諮問を受け設置された「参議院制度改革検討会」において検討され、参議院の改革の一環として議長に答申された五項目の一つとして「議員立法の充実」が含まれている。

また、平成一一年の通常国会で成立した国会審議活性化法もこうした政治主導の政策決定システムの構築を図ろうとするものであろう。政治主導の政策決定において、議員立法は重要な役割を果たすものとして注目されている。

三　明治憲法下における議員の立法活動

これまでの日本の立法において議員立法がどのような役割を果たしてきたのか、また、国会議員の立法活動についてどのような補佐機関が設けられているのか。

議員立法すなわち議員の提出する法律（案）は、旧憲法時代の帝国議会においてもなかったわけではなく、明治二三年の第一回帝国議会から昭和二一年の第九二回帝国議会までに衆議院二九一四件、貴族院六三件の二九七七件もの議員立法が提案されている(3)。この間の政府提案が三四二一件であり、提出件数で比較する限りにおいては、決して少なくない。特に、第一回から第八回までは、衆議院提出の議員立法が内閣提出よりも圧倒的に多い。その後第三八回までは両者は拮抗して推移するが、昭和一〇年の第六八回からは政府立法が多数となり、昭和一五年の第七六回からは議員立法はほとんどなくなっている。帝国議会の初期において議員立法の数が多いのは、いわゆる藩閥・官僚内閣に対する民党の激しい闘争の結果として、反政府的な法律案が衆議院提出の議員立法として提案されたものと考えられており、その後も政党内閣の時代になるまではこの傾向は続いた(4)。

しかし、提出件数では、旧憲法時代の議員立法は政府立法に遜色はないが、成立件数となると第一回から第九二回までで、衆議院提出二七〇件、貴族院提出一〇件であり、政府提出が二八五六件であることに比べ極めて少ない[5]。当時の議員立法は成立することが少なかったこともあり、その立案は、帝国議会の貴族院や衆議院の事務局や内閣の法制局等が手伝っていたようである。現在の議院法制局のような議員立法を補佐する機関は設けられていなかった[6]。

旧憲法下においては、議員立法の提出件数は、政府立法と同等程度に多かったにも関わらず、成立したものは少なく、「わが国の立法の世界のなかで議員立法の占める役割はほとんどないに等しい[7]」との厳しい評価を受けている。

しかし、後に衆議院法制局長となった川口頼好氏は、「議員立法には、こうした提出件数に比べて成立した法律が少ないのは、旧憲法及び旧議院法における審査手続上に加えられた種々の制約の結果であり、旧憲法草案の起草者達が議員の発議権や質問権に対していだいていた危惧や警戒が感じられる[8]」と分析している。

このように、旧憲法下においても政府、国家権力を法により制限するという議会の役割、政府に対する批判者としての議会の役割を議員立法において感じ取ることが出来る。旧憲法下では、政府主導の政策決定を確保するため、こうした議員立法が十分機能しないよう種々の制約を設けていたのである。議員の立法活動についての特別な補佐機関は設けず、官僚がその手助けをしていたこともこうした考えの現れといえるだろう。

四　日本国憲法制定時における議員の立法活動についての考え方

日本国憲法が施行され、国会は、これまでの議会とはまったく異なるものとして位置づけられた。新憲法下の今後の立法は、新憲法の精神にかんがみ、国会を構成する各議院の議員自身の手により行われることが多いと予測された。こうした状況において、議員の立法活動が政府の意向に影響されることなく行うことができるようにするためには、議員の立法活動を補佐するための機構を設けて、そこに法制に関する専門職を配することが、必要不可欠と考えられた。[9] そこで、政府から独立した議員の立法活動のための補佐機関を設けることとされ、昭和二二年五月三日の日本国憲法施行と同時に、国会法一三一条に「議員の法制に関する立案に資するため、各議院に法制部を置く」と規定し、わが国の議会史上はじめて、両議院に議院事務局の一部局として法制部が設けることとされた。

当時の会議録[10]では、「従来政府に任されておつて全く政府の仕事のようでありました立案権というものが、今度は国会に中心が置かれる」「内閣の法制局以上の法制部に、われわれは権威あるものに育てなければならない」との考えが示され、これまで政府が中心となって行われてきた日本の立法を国会が行っていくという強い決意が感じられる。

新憲法が施行されると、この議員の立法活動を補佐する機関については、国会が立法権を独占する新しい時代には、さらにこれを強化すべきであるとの熱心な議論が議員の間でなされた。これまで政府中心であった立法活動を国会中心に行うためには、その補佐機関を充実させなければならないと考えたのである。これにより議員の立法活動の補佐機関として各議院に事務局と独立の法制局を置くこととされた。

当時の国会には、両院の議員によって組織され、両議院及び内閣に対して新立法の提案や現行法令の改廃に関して勧告を行うこと及び国会関係法規の改正について両議院に対して勧告を行うことを任務とする機関として両院法規委員会[11]が設けられていたが、第一回及び第二回国会の両院法規委員会において各院の法制部を拡充し、議院法制局にすることについて両院議長に勧告することとして、これについて熱心な議論され、改革案も示された。

改革案にはいくつかの案があったが、これらの改革案の議論を通じて感じられる特色は、政府の立法を補佐する機関と同等の機関が、国会でも必要であって、内閣法制局や法務廳の関係組織など政府の組織よりも劣ることのないようにという意識が強く感じられることと、国会に置かれた機関が国会での審議における法律顧問的な役割を果たすことを期待していたということであろう。議員の立法活動の補佐機関の法律問題に対する意見具申などによる審議への関与や、その位置づけを「議員の法制に関する立案及び審査に資するための機関」とし、国会審議で法律問題が議論されるときには補佐機関である議院法制局に調査研究の報告をさせることが考えられているなど議会主導で立法活動を進めていこうという意欲が強く感じられる。

また、補佐機関から外部に対する資料要求に関する規定も整備するなど、立法活動に際して、情報を得ることの重要性が考えられていることも興味深い。さらに、国民に対する立法趣旨の普及などもその権限とされており、唯一の立法機関である国会が国民に果たすべき責任を強く認識していることもうかがえる。

国会が中心となって立法活動を行うためには、政府立法の場合には官僚組織が行っていることについて、議会が独自に行える仕組みを整えたいということであろう。政府提出法案の審議についても国会の補佐機関が積極的に関与する仕組みや政府その他に対して資料の要求など情報を要求できる仕組みを考えていることは、政府の情報公開についての考え方が現在の状況と全く異なっていることも考え合わせると画期的なことといえる。

こうして日本国憲法が施行され、新憲法下の国会議員による立法活動が始まったが、第一回から第九回国会における提出法律案の数をみると、内閣提出九八〇件、うち成立したもの八九三件、衆議院議員提出一四四件、うち成立したもの一一一件、参議院議員提出五七件、うち成立したもの二九件となっている。新憲法下になっても、なお内閣が支配的に立法活動を行っており、議員立法をもっと強化すべきだとの意見が国会で強く主張された。昭和二五年のはじめには、アメリカの議会制度視察議員団が派遣され、昭和二五年四月二四日に両院議長に対してその視察結果の要望事項の申し入れを行っている。

その申し入れの中の速やかに実施すべき事項に「立法府たる国会が自ら立法に任ずること、これがためには憲法及びその他の法律に基く内閣提出の議案以外の法律案は、党を通じて議員より提出することに改めること」というものがある。これを受けて、衆議院は、「政府において立法を希望する事項の取扱要綱」という文書を作り、政府において議員提出法案として立法を希望する場合の取扱いについて定めているが、その冒頭には「国会における従来の立法経過によれば、法律案は、内閣提出案が大部分を占め議員提出案が極めて僅少であるが、国会が国権の最高機関であり、唯一の立法機関であるという憲法の趣旨に則り、且つ、昭和二十五年四月二十四日附渡米国会議員団の両院議長に対する、国会に於ける実現希望事項に関する申入の趣旨を体し、立法は国会が自主的に行うの原則を確認し、……」と記され、国会主導の立法を実現しようとしている。

しかし、この措置も第一〇回国会と第一三回国会でのみ行われただけ(12)であって、以後行われないこととなる。国会主導の立法を形式的に実施しようとするものであり、政府にとっても国会にとっても好ましいものではなかったということであろう。この措置は、「実質的には完全な政府提出の法律案を単に形式的に議員の自主的立法の体裁を与えようとした(13)」と評価されている。

新憲法下において議員提案が少なかった理由として、川口頼好氏は、「その最も大きな点は、占領軍との交渉関係である。連合国の占領当局者としては日本の官僚組織をイデオロギッシュには弱体化せしめつつも現実の資料提出ないし企画参考人としては常時活用する必要があった。……立法計画の指導的役割は、閣僚や議会人よりも寧ろ調査人としての官僚陣を通じて超越的に行われたものと云い得るであろう。(14)」と分析する。官僚組織中心の立法活動がすでにこの頃から指摘にされているのが興味深いし、また、占領軍は、政治中心の立法活動より、この官僚組織中心の立法活動を積極的に利用したと分析していることが注目される。

日本国憲法施行後における議員立法の数の推移をみてみると、昭和二〇年代の後半に一つのピークがある。その後は、おおむね安定し、最近になって増加してきている。

昭和二〇年代後半は、議員立法が一つの試練を迎えた時期ともいえる。この時期は、政治体制もまだ安定せず、国会を中心とした立法活動を求める声も強く、議員立法が数多く提出された。しかし、提出された議員立法の中には、いわゆるお土産法案といわれる内容の法案が少なくなかった。

このような議員立法の乱発から、昭和二九年末には、国会法が改正され、これまで議員一人でも議員立法を提出できたことを改め、予算を伴う法律案の提出については衆議院五〇人、参議院二〇人の賛成者が、それ以外の法律案の提出については衆議院二〇人、参議院一〇人の賛成者が必要とされた。

この改正は、単にお土産法案的な内容の議員立法を制限するということではなく、国家権力に対する議会の役割という視点からみても重要な意味を持つものであり、その後の議員立法の在り方を大きく変え、政治体制にも少なからず影響を与えたといえるであろう。

その後の議員立法の数が安定している時期は、いわゆる五五年体制が続いた時期であって、制度、体制の変革期には議員立法が増加していることがわかる。

五　最近における議員立法

平成九年の通常国会である第一四〇回国会の立法活動は、議員立法の在り方を考える上において、大きな変化が生じた。衆議院議員が新たに提出した議員立法は四五法律案、参議院議員が新たに提出した議員立法は一一法律案であり、継続審査となっているものと併せて衆議院議員提出の五三法律案、参議院議員提出の一一法律案の議員立法と内閣提出の九五法律案が審議の対象になった。

それまでの過去一〇年間の通常国会における衆議院議員から新たに提出された議員立法の数は、昭和六三年一五本、平成元年一〇本、平成二年（特別国会）一六本、平成三年一八本、平成四年一二本、平成五年二六本、平成六年一三本、平成七年二〇本、平成八年一六本となっており、平成九年は四五本であった。平成九年の四五本は、これまでの二～三倍に増加しており、しかもその増加の背景には議員立法の機能に対する考え方についての変化を感じることができる。この傾向はその後も続き、平成一〇年の通常国会では四四本、平成一一年では三八本となっている。

それまでは議員立法が提出されても、与野党が一致してまとめたものはともかく、与野党の意見が一致しないものは、審議がされないまま廃案となることが多かったが、第一四〇回国会では、臓器移植法案やＮＰＯ法案のように、二あるいは三の議員立法が委員会で実質審議され、それぞれの提案者が、委員会での委員の質問に答えることが活発に行われた。また、平成一〇年の金融国会での立法活動において議員立法の果たした役割は、冒頭にも触れた通りである。

ここでは、特にその中から一四〇回国会に提案された臓器移植法と商法の一部改正法をとりあげて議員立法について考えてみたい。

(1) 臓器移植法

脳死に関する問題については、八五年に超党派の議員による「生命倫理研究議員連盟」において検討が始められ、その後、議員立法により政府に設置されたいわゆる脳死臨調や超党派の議員による各党協議会において検討されてきていた。しかし、個々人の倫理観、死生観に関わる問題であり、九二年に出された脳死臨調の最終答申においても一つの意見に集約することことは難しく、少数意見が併記されるような形がとられていた。

こうした検討を経て、「脳死は人の死とすることは社会的に受容され合意されている」とする立場と「脳死は人の死という社会的合意はない」とする立場からそれぞれ超党派で議員立法として法律案が提出され、それぞれ中山案、金田案というように提出者の名前を冠して呼ばれた。この問題での国会審議は、参議院では特別委員会が設置されるなど、ほとんどの審議に政府委員を入れない形が取られ、提案者に対する質問が繰り広げられた。参考人質疑や地方公聴会なども行われ、政府提出の重要法案にも匹敵する時間の審議がなされた。問題が人の死にかかわるものであったこともあり、マスコミも大きく取り上げ、脳死臨調がこの問題を検討している時点では、脳死に対する国民の理解も必ずしも十分ではなかったが、国会での審議が進むにつれて、脳死に対する認識も進み、人の死とすべきかどうか大きな議論を巻き起こした。法案の採決においても一部の党を除き、党議をもってその賛否を拘束すべきではないとされたことも議員立法ならではのことであろう。

結局、「脳死は人の死という社会的合意がある」という考え方を前提とするいわゆる中山案について、参議院において、少なくとも臓器移植のための臓器を摘出する脳死体については「脳死は人の死とする社会的合意がある」とし、一般的な脳死についての「脳死は人の死」かどうかの判断を先送りする形の修正がなされ、成立した。

この結果に対する評価はいろいろあろうが、異なった立場から法律案が提出され、これらが国会で議論されたことにより、マスコミを始め国民の間にも大きな議論を巻き起こし、「脳死した者の身体」からの臓器移植についての国民の意識が大いに深まったことは間違いない。国民の深い関心の中で法案が審議され、それに対して国会議員が態度を表明したことは意義深いものといえるだろう。

九七年七月三〇日の読売新聞の「内閣法制局実像と虚像五」という記事は、「脳死を人の死とする法案と、人の死としない法案の二つの臓器移植法が衆議院法制局のサポートによる議員立法で提出されたが、全く反対の二つの法案を作るという芸当は議院法制局でなければできない」としている。さらにこの記事は「立法技術に関するノウハウは内閣法制局にしかない。各省や、他の分野の法律との調整をする意思、能力は議院法制局にはない」という内閣法制局参事官経験者の言葉を紹介している。この点はまさに、議員立法の特徴を明確にあらわしている。政府立法は、政府として最も望ましいと思われる政策を政府部内で検討し、提案しているのであって、同時に二つの立場から法案を提出することはあり得ないし、様々な立場から、複数の方策が考えられる問題についても、その一つに調整し提案することとなるのである。こうして一つの政策に調整することは、政府立法の政府部内の意見調整の技術であって、立法技術と呼ばれるものではない。なぜ、国会議員が国民の意見を吸い上げ法律を作ろうとするときに、各省の考えを前提にして調整をする必要があるのだろうか。内閣法制局参事官経験者の言葉が、各省が不都合とする政策は実現できないということだとすれば、立法府と政府の関係、法律の機能ということをどのように考えておられるのか疑問に感ずる。法律ができれば、それに従がった行政が行われることとなり、現行の行政が新しい法律に触れるのであれば、当然、現行の行政は変更されなければならないということである。問題は、現行の他の法律の執行と抵触する場合である。こうしたことが起らないよう、他の分野の法律との調整は、法制度の整合性という観点から議員立法であっても当然行わなければならないことである。しかし、他の分野の法律との調整を行うことは、一つの政策しか実施できないということではない。国民の意見、それを受けての国会議員の立法活動が可能な限り実現するよう、現行の法制度の改正が必要であればそれも含めて、最大限の調整を図ることが必要である。

脳死・臓器移植といったような個々人の倫理観、死生観に関わる問題について、政府部内で検討し、調整して政策決定することができたであろうか。もし、仮に政府部内がまとまったとしても政府立法として提案がなされ、国会審議においてもこれまでの政府立法の質疑のように、いかにしてそれを成立させるかに勢力が注がれたとすれば、この問題に対する議論がこれほどまでに深まったであろうか。

臓器移植法は、全く異なった考え方からの二つの立場から政策が提案されているのであって、これを調整するのが国会の役割である。新聞記事が述べているように同じ事柄について異なった考え方からの複数の法律案の提案が可能となることが、まさに議員立法の最大の特徴であろう。政府も同じ事柄について異なった考え方を持ち、それに従がった行政を行うことが適当だと考えるのであれば、政府提案として法律案を提案すればいい。政府立法は、政府として最も望ましいと思われる政策を政府部内で検討し、提案しているのであって、同時に二つの立場から内閣が法律案を提出することはあり得ない。ここで重要なのは、内閣の提案は、あくまでも政府として適当なものを提案するのであって、すべての国民にとって一番適当かどうかは分からないということである。国民のために一番適当かどうか、政府の提案も様々な意見の一つとして検討し、決定するのが国会の役割である。

新聞記事で内閣法制局参事官経験者が指摘しておられるのは、一つの政策に調整しなければ法律案として成り立たないという政府立法の技術であって、そのようなノウハウは議院法制局には全く必要とされない。議院法制局の立法技術は、様々な立場からの提案、それが現行の法体系の考え方からかけ離れたものであっても、これを憲法や現行法体系との調整を図り、できる限り忠実に法律案として表すことである。こうした立法技術がなければ、国会の審議に国民の多様な意見を反映させることはできない。それが政策的に実現できるものかどうかという判断は、国会議員が国会の場で行うことが重要であろう。

(2) 商法の一部改正法

第一四〇回国会では、ストックオプション解禁に関する商法の一部改正法も議員立法によって提出された。ストックオプションの導入については、政府は今年の三月にまとめた規制緩和推進計画では、「九七年度中に検討し、九八年度の早期に導入」とされていた。これを九七年の通常国会に提出することに前倒しして、議員立法で提出したものである。これまでの手続であれば、与党が商法改正を提案する場合であれば、法制審議会で検討し、学者や弁護士会、経済団体の意見も聞き十分な調整を行った上で、政府が法律案を提出するものとされていた。

今回議員立法による改正が行われたことに対して、商法学者のグループが二二五名の連名でこうした動きを批判する声明を出している。その内容は、法案の内容が国会提出の直前まで一般に開示されなかった。それによって法学研究者、法曹実務家を始め全国民のオープンな議論の機会が奪われた。このような商法改正のやり方に反対する。というものである。この声明の呼びかけ人の奥島孝則早稲田大学総長は、「商法は民法や刑法などと並び、国の基本を定める六法の一つであるから、十分な時間をかけてあらゆる角度から審議されるべきなのは当然である。従来の商法改正が、例外なく法制審議会のイニシアチブのもとに、大学・弁護士会・中小企業団体などを含む経済団体に意見紹介を行った後に、政府提案として国会に提案されてきたことの長所を決して放棄してはならない」（朝日新聞一九九七年五月一四日）と、述べている。

これに対して、日経新聞（九七年五月一四日社説）は、「官僚支配のなごりで、国会に提出される法案のほとんどは、各省が審議会の審議を経て法案化したものであり、国会はそれをほぼ追認するのが実態である。これに対し、ストックオプションに関する議員立法は国会の本来のありかたに即したものである。大いに評価したい。」とする。更に商法学者の声明については「法制審議会に諮れば国民に開かれた議論になり、諮らなければ密室の議論だという論法は学者の独善である。」（五月一九日風見鶏）と批判的である。また、読売新聞も「短期間での成立は指摘の通りだ。だが、議員立法の過程を密室論議とばかりは決めつけられまい。国会審議は国民に開かれており、立法は国会本来の役割だ。審議会を経て官僚が作った法案を追認するだけの国会のほうが異常だろう」（一九九七年五月一九日社説）とする。

今回の商法改正の進め方のどこに問題があるのだろうか。それは議員立法であることに基因する問題なのであろうか。

政府立法により提案がされる場合は、政府が政府として関係者の意見を吸い上げ調整しているのであるが、法律案は、当然様々な手続を経て提案前に意見の調整を済ませて作り上げられなければならないという意見があるのではないか。これでは、様々な意見を戦わせ、調整するという国会が果たすべき役割は、全て法律案提案までに済ませておけということになってしまう。その背景には、政府が審議会での検討を経て、法律案をまとめ国会に提案したものを、国会はセレモニー的に審議し、成立させることが多いという実態がある。成立する法律案は、国会での検討より政府部内での検討が重要であり、不可欠であるというのであればおかしな話である。政府部内の検討は、選挙という国民の直接の審判の対象にもならない。国の基本を定める六法の一つであれば、国の唯一の立法機関である国会において十分な審議を行うことが求められるべきであって、重要な審議が法制審議会という場に移されていることこそが問題にされるべきではなかろうか。

新聞などの扱いをみても、政府部内において官僚主導で法律案が決定されると、その問題の政策決定がなされたかのごとく扱われる。政府提案の法律案の成立率が高いとはいっても、政府の考え方がまとまっただけであって、法律として成立したわけでもない。国会での審議によりそれが修正されることも少なくない。しかし、マスコミ報道においては、国会で対案としてどのようなものが示され、これらがどのように審議されたかということは、あまり関心が持たれない。業界団体などの関係者も政府がまとめる法律案にいかに自分たちの意見を反映させるかに精力が注がれ、政府案が決定されればそこで勝負があったと考えている。

こうした現状に対して、国会が本来の機能を発揮した審議を行うことを期待する声が高まっている。国家基本政策委員会の設置などもその一つの現われであろう。国会において基本的な問題や重要問題について、政府の政策の検討ということではなく、その政策決定の過程から議論しようということであろう。国会において十分な審議が行われるのであれば、学者や関係団体などをはじめ様々な国民の意見を反映させることができる。また、その議論が国民に伝えられることにより、その政策決定について選挙を通じて国民の判断を求めることができる。国会で議論され作り上げられる法律は、政府部内の審議会や、担当部局の検討のみで作り上げられていく法律案よりよほど国民に分かりやすい開かれたものになるであろう。

こうした国会審議の活性化は、議員立法にのみ求められるものではない。政府委員制度が廃止され、国会審議の場でも官僚による答弁が少なくなっているが、こうした政策決定の本質的な議論が政治家同士で行われることが求められているのではないか。その政治家の政策決定の参考になる関係者の意見については、参考人制度がもっと活用され、法制審議会でなされているような議論も政府においてではなく、国会の場で明らかにされ、政治家の決定に反映されることが望ましいのではないか。

今回の商法改正の声明の中にも、国会で十分な審議がなされるのであれば、問題は少ないことが述べられている。議員立法と政府立法の立案過程の違いから、政府立法の方が提案前の検討が十分になされているとしても、今後は国会審議の充実、活性化が図られ、政府立法による重要法案の改正が当然とされないような国会審議の在り方について検討されなければならないであろう。そのためにも、政治家主導の国会審議の活性化の重要な道具としての議員立法の役割をもっと重視すべきではなかろうか。

六　「立法」の概念

これまでみてきたように日本の立法は、旧憲法下においては政府がその中心的な機能を果たしていたが、日本国憲法が制定され、国会が国民を代表する国権の最高機関、唯一の立法機関として位置づけられ、国会が立法権を独占することとされた。国会中心の立法活動、議員の立法活動を考える上において、日本国憲法において国会の機能としてどのようなものが求められているのか、唯一の立法機関として、立法権を国会に独占させることとしたが、日本国憲法における「立法」とはどういう概念なのか考えてみたい。

まず、近代立憲主義がどのように生まれ、権力分立の考え方がどのように発展してきたのか考えることとする。

近代立憲主義は、「立憲制とは、制限された政府を意味する」（ハイエク）といわれるように、個人の権利・自由を確保するために国家権力を制限することを、目的としている。フランス一七八九年の人権宣言には、「法は、一般意思の表明である。市民は、すべて、直接にまたはその代表を通じて、その制定に協力する。法は保護を与える場合でも、処罰を加える場合でも、すべての者に同一でなければならない……」（六条）、「権利の保障が確保されず、権力の分立が定められていない社会は、すべて憲法をもつものではない」（一六条）と規定されており、国民代表制と権力分立制を導入している。立憲的意味の憲法は、この統治権力を制限し、広く国民の権利を保証するという立憲主義の思想に基づく規範ということである。この立憲主義の思想は、「法の支配」の原理と密接な繋がりをもつものである。

「法の支配」は、国家権力を法で拘束することによって、国民の権利・自由を擁護しようとすることを目的とするものであり、英米法の根幹として発達して来た基本原理である。この原理では、法律の内容は、国民自身が決定すること、法の内容は合理的でなければならないことが必要とされる。法で国家権力を制限する原理として戦前のドイツでは「法治主義」の原則があった。この「法治主義」の考え方は、国家権力を制限する法は、議会が定める形式的な法律ということであり、国家作用が行われる形式を示すという意味をもつものであり、「法の支配」の原理とは、内容的には全く異なるものである。

こうした立憲主義の思想は、一九世紀の自由国家の下でさらに発展していった。国家権力の国民に対する干渉は、社会の最小限度の秩序の維持と治安の確保に必要なものに限られるべきであるとされ、個人の自由と形式的な平等の保障が中心とされてきた。

権力分立制もこうした中で歴史的に形成されていった。フランスを初めとするヨーロッパ大陸諸国においては、君主の圧政及び君主に従属して権力を振るっていた裁判所に対する自由獲得の抗争、市民革命によって近代化が遂行された。そこでは君主主権の国家権力が否定され、国民代表による議会の立法権の確保が中心的に考えられた。立法、行政、司法の三権は同格ではなく議会を中心とする立法権優位のフランス型である。アメリカにおける権力分立の考え方は、これとは異なり、立法、行政、司法の三権を同格ものとするが、圧制的なイギリス議会の制定法や人権を侵害した州の法律に対する抗争を通じた立法権不信の考え方によって形成されたためである。国民代表としての議会が果たす役割、裁判所の違憲審査権についても当時の歴史的状況によってかなり異なったものになっている。

こうした立憲主義の考え方も、資本主義が発達し、富の偏在が起こり、労働条件は劣悪化し、資本主義の弊害が慢性化してくると、社会経済的強者の自由について制限し、社会的弱者に社会権を保障することが求められ、人間の自由と生存の確保のためには、これまで市民の自律に任せていた領域に国家が積極的に介入し調整を図ることが必要と考えられるようになってきた。こうした社会国家への対応は、行政権の役割が飛躍的に増大し、行政国家現象をもたらした。また、「現象的には、（イ）立法過程における実質的主導権の行政権への移転、（ロ）行政過程そのものの変質＝政治化、（ハ）行政の一部たる財政機能の政治的意義増大、（ニ）そして以上すべての収斂点としての計画化権力の行政部独占、という諸ルートを経て進行する」(15)ということになり、権力分立の在り方が大きく変わってきている。

杉原教授は、現代行政国家は、その政治においては即物性・専門性・機動性を求められ、立法府より行政府、行政内部においてはテクノクラート集団としての官僚制に政治の力点を移しがちになる。これに政党政治現象が加わって立法府の多数党と行政府の担当者が同一政党となり、立法府と行政府は事実上融合し、しかも後者が立法において主役を演じがちになる。議会は、かくして、事実上、行政府提出の法律案に機械的な承認を与える「登録院」に転落させられがちになると分析される[16]。

こうした現代国家における権力分立制は、「立法」の概念についても変化をもたらしている。

近代立憲主義においては、フランスのような市民革命によって近代化した諸国においては、執行について法律の全部留保を要求し、「立法」は、司法、行政の基準となる一般的抽象的法規範の定立と考えられていた。一九世紀のドイツでは、議会の勢力が弱く、国民の権利・自由に直接影響のあるものについて議会が制限することにとどまったという背景があり、「立法」は、一般的、抽象的な法規範のうちで国民の権利を制限しまたは義務を課す「法規」の定立と考えられていた。こうした「法規」概念も民主主義の憲法体制においては、広く一般的、抽象的法規範すべてを含むと考えることが適当とされてきている。また、現代国家の社会国家理念の導入によって、国家の積極的な介入が認められるようになってくると、その対象として規範が一般性、抽象性を失い、「立法」においても「処分的法律」が認められてくるようになった。

こうした処分的法律も認められるべきであるが、法規範の一般性、抽象性が不要になったと考えるのは、適当ではない。処分的法律についてもその基礎となる法律の理念には、一般性、抽象性が存在すると考えるべきであり、それが適用される事象が他に考えられないため、あるいは、一般的、抽象的規範としてその理念を表現したのでは何がその対象となり、どのような規範として定められているのか明確にならないために、一般的、抽象的な法規範としてではなく、処分的法律の形をとって規定されていると考えるべきである。少なくとも国民との関係では一般性・抽象性が必要と考えなければならないであろう。処分的法律については、権力分立の核心が侵され議会・政府の憲法上の関係が決定的に破壊されることなく、また、社会国家にふさわしい実質的・合理的な取扱いの違いを設定する趣旨のものであれば、権力分立ないし平等原則に直ちに違反するとみることはできないとするのがドイツの通説・判例の考え方であり、日本においても同様に考える説が有力に主張されている。

このように行政国家、政党国家現象が進んだ現代国家における権力分立は、伝統的な政府対議会から議会多数党対議会少数党という政党間の権力分立に変容しているという考え方がある。この考え方によれば、野党は与党を批判し、次の選挙で選挙民に判定を求めるということになる。そこでの議会の役割は、与党に対する野党の批判を国民の前に提示するということが重要になる。こうした点においても議会の活性化が求められる。

こうした現代国家においても権力分立は存在意義を失っていると考えるべきではなく、ものではなく、「立法は、国民を拘束する成文の一般的・抽象的法規範を定立する作用であるのに対し、司法及び行政は、ともに、立法によって定立された法規範を、個別的な事件に適用し、執行する作用である」[17]ことの再確認が必要であろう。最近における議会活性化の議論は、この議会主義の再生ということでもあるのではないか。国会における立法活動が、政府立法を中心に行われるにしても、議員立法を中心に行われるにしても、現代国家における議会の機能、「立法」の概念の変化、権力分立制の変容を把握し、その意義を十分認識しそれ応えていくことが重要であろう。

七　議員立法の立案過程

政治主導の政策決定、国会審議の活性化に議員立法の果たす役割は大きいとしても、政府立法においては、官僚組織がその立案に重要な役割を果たしている。議員立法の場合は、その官僚組織に代わる役割を、どこがどのように果たすべきであろうか。

議員立法の立案が実際どのように行われているのか、その場合の議員の立法活動に不可欠として設けられた補佐機関がどのような役割を果たしているのか。

よく議員立法を提案しようとしたときに、その補佐機関が大きな壁となって立ち塞がったと紹介されることがある。(18)

議員立法の補佐機関の役割は、一言で言えば、議員の立法活動に対する法律的専門知識からの補佐ということになるが、この補佐が、議員の立法活動に消極的になされるとすれば、議会の活性化など望めない。

わが国の憲法では、国会は、国民の代表機関、国権の最高機関及び唯一の立法機関と定められている。日本の法律は、すべて国会により定められているが、その国会には、前述のように、立法技術を持つ専門家の集団がその補佐機関として置かれている。この補佐機関の役割は、議員が立法活動を行うときに、その議員とともに考え、ともに検討し法律を作り上げて行くことにある。議員立法の補佐機関の役割は、議員立法の立案過程において極めて重要なものである。

議員立法は、政府提出立法と違って提案の前に関係団体や関係省庁との調整が行われることは必ずしも必要なものではない。国会議員がある事柄について、国民のために何らかの施策が必要だと考え、議員立法を作りたいと考えたときにはそのアイディアは議員立法の補佐機関に持ち込まれる。そこに持ち込まれる考えは、「こういう問題が起こっているので、何らかの対策が取りたい」というような漠然としたものから、政党のスタッフによる十分な検討や、事前の関係団体との調整がなされ、詳細で具体的な施策の要綱として持ち込まれるものまで、決して一様なものではない。

議員立法の補佐機関では、その持ち込まれたアイディアの政策意図を正確に把握し、その政策意図が何を問題にし、何をしようとしているのか、法律的に分析していく。その対象となっている立法事実はどのようなものか、その立法事実が社会においてどのように存在し、どのような問題を引き起しているのか、こうした問題に対処するための施策としてどのようなものを望んでいるのかなど、依頼者の国会議員と協議を重ねる。

こうしてその政策意図を明確にしていくとともに、その政策意図の実現のためにどのような法制度が必要となるのか、詳細に検討していく。

依頼議員の政策意図の実現に必要とされる法制度が、個人の権利・自由を保障する一般的抽象的法規範という法の役割に照らし適切なものなのか、法の役割に適さない事項であれば、法律として規定することは適当ではない。法規範として規定する必要性、つまり法律事項であるかどうか検討がなされなければならない。法規範として必要であるとしても、その一般的抽象的法規範は、どのような理念から導き出されるものなのか、また、検討により導き出された理念が、今回実現しようとしている政策では一貫しているか、憲法問題が考えられる場合は、憲法に適合する考えとしてどのようなものが考えられるか、現行の諸制度の理念と調和するかなど、依頼議員の政策意図の実現に向けた法制度を設計していく。

その法制度の理念は、法理念としての合理性、合目的性がなくてはならないし、政策としての合理性、合目的性がなければならない。また、憲法上の問題についても憲法上合憲の判断が得られるであろう説明がつくものでなくてはならない。新たに実現しようとしている法制度の理念が、現行制度の理念と共通する場合は、問題が少ないが、現行制度の理念に反する場合には、現行制度の理念と反しないように新たな法制度を仕組み直すか、現行の法制度についても一部改正を行うかいずれかが必要となる。

臓器移植法案のいわゆる金田案は、脳死状態の身体を生きていると扱い、一定の場合にはそこから臓器を取り出すことができる、という構想であるが、このような構想は、どのような理念に基づけば憲法上の問題をクリアできるかは極めて難しい問題である。憲法上の究極の目的は個人の権利・自由の保障であるが、それを上回って臓器の摘出をし、その者の生命を絶つという権利・自由の絶対的な侵害を許すのかということに結論が求められる。一つの理念が考え出されたとしてもそれが、安楽死、尊厳死といった他の問題に波及しないかなど慎重に検討されるのである。刑法の議論としては法律で定めれば違法性阻却事由となるという議論があろうが、これは違法性阻却事由としてそのようなことが定められるかという憲法上の問題なのである。これまでの憲法問題の判例の考え方などを詳細に検討し、どのような理念が打ち立てられるか綿密な検討がなされる。

こうした検討は、純粋な法律問題であり、議員の構想を実現するための法制度を考えていく上において最も重要なものであるが、時としてそれが、依頼者が当初行おうとしていた施策と全く異なったものを求めたり、依頼者が予定していなかった他の法制度の改正が必要となることもあるので、議員立法の補佐機関が議員立法を作る場合の障壁となるというような印象を与えることにもなっている。しかし、このような検討は、法律問題として不可欠なものであり、依頼議員と補佐機関とが協議を重ね、依頼議員の要望が最大限尊重できるよう最善の策を求めていくのである。

依頼議員の政策意図を実現するための法制度の設計ができあがると、法律案要綱の形にまとめられる。政策が法律案要綱にまとめられると、その要綱を使って依頼議員の所属する政党内部の手続きが行われたり、他の政党への呼びかけが行われる。そうした過程で様々な要望がでてくれば、その要望について、これまで行ってきた作業を繰り返し、法律案要綱をさらに練り直していく。

こうした検討と並行して法律案の条文化作業が行われる。立法は国民を拘束する一般的抽象的法規範の定立であり、司法、行政は、その定立した法規範を個別的・具体的な事件に適用し、執行する作用といわれている。法律は、国民の権利を制限し、義務を課すものである。国家権力を制限し、又は国家の積極的介入をコントロールするものである。個人の権利・自由を保障するためには、法律は、その表現が正確であることはもちろん、明確で分かりやすいことが求められている。

こうした要請から、一字一句を大切にし、緻密かつ厳格に条文を作成していく。さらに、法律案の提出者や提出賛成者の所属会派の法律案提出手続きが行われると、法律案として国会に提出されることになる。法律案が国会に提出されると委員会及び本会議で議員立法が審議される。この場合には、法律案を作成する過程において検討した知識、資料が重要となる。議員立法の審議に際して、質問の想定問答を作ったり、法律的な問題を提案者に事前に説明するなど、議員立法の補佐機関は、法律問題を中心に提案者を補佐する。

議員が法律を作ろうと思ったときから、法律として成立するまで、議員立法の補佐機関は、議員と一体となって補佐している。近年、法律制定の過程が「立法学」として話題になっているが、議員立法の補佐機関の作業は、まさにこの「立法学」の実践といえる。

議員立法の補佐機関では、以上のような立法活動の補佐が行われているが、法制度を考える場合において、常に「法」の機能、「立法」の概念が頭に置かれている。こうしたことを念頭に置いた上で、議員の政策意図を最大限に実現できる法制度及びそれを支える法理論を考えている。

このように議員立法の場合は、政策的な判断は、議員が行っており、その補佐機関が政策的な判断を行うことはない。補佐機関の法律的な検討から依頼議員の政策の変更が必要となる場合もあるが、その場合においてもその変更の判断を行うのは議員である。議員立法の場合は、議員の実現しようとする政策が、まずそこに存在するのである。

八　政府立法の立案過程

それでは、政府立法の立案過程は、どのように進められるのであろうか。議員立法と比較する意味で簡単に検証してみる。政府立法の場合は、その立案しようとする内容を所管する省庁の担当課が中心になって進められる。立法化しようとする事項ごとに、担当課のスタッフによって検討がなされる。現行法の執行上の問題点の洗い出し、実態の調査、資料の収集、関係業界などからの意見、要望の聴取など専門的に現行制度の問題点の調査分析が行われ、法律案にすべき政策の内容の検討が行われる。また、さらに関係の審議会に法律の改正についての諮問がなされる。こうして検討された政策は、担当課において同時に法律案の形に整理されていくのである。

内容が決定されていく過程で他の省庁に関係する内容の事項については関係省庁との協議が行われ、罰則については法務省との協議が行われる。また、関係業界や与党の関係部会や関係議員との十分な調整が行われる。こうして調整されていった法律案は、並行して法制的なチェック受けるために内閣法制局の審査に付される。内閣法制局の審査を終えた法律案は、閣議にかけられ、与党内の審査を経て、国会に提出される。

官僚組織が政策を検討する過程で、族議員の意見を十分に反映させたり、与党内での議論に付しその意見に基づき修正するが、官僚が中心になった政策決定が行われることは少なくない。重要な政策や、政治的な政策については政策の検討の過程から与党がその指針を決定し、官僚組織に指示することや、官僚組織の検討に先行して与党内での政策の検討が行われることも多いが、その場合でも政府と与党の十分な意見調整が行われ、官僚組織が中心となる政策決定が行われやすい仕組みとなっている。

九　議員立法の問題点

国会議員の政策を独自にそのまま反映できるという点は、議員立法の最大の特徴といえる。その提案まで、官僚組織が全くその内容を知らないということも少なくない。議員立法の活性化が政治主導の政策決定に重要な役割を果たす。

しかし、議員立法と政府立法の立案過程は、前述のように異なっており、多様な意見が反映できる反面、十分な政策の検討という面では課題も多い。

議員立法と政府立法を比較した場合に、まず問題にされなければならないのが、政策を検討する場合に触れることのできる情報量であろう。国会議員は、行政機関が保有する情報をすべて利用できる訳ではない。日々行政を行っている行政機関が保有する情報は膨大なものであり、行政の問題点を正しく把握する上には、それを知ることが極めて重要である。しかし、国会議員に対してもその公開も十分行われているとはいえない。まして、国会議員あるいは政党に自前でこれに匹敵しうる情報収集能力を期待することは不可能である。国会議員が行政の保有する情報を出来る限り広範に入手できる仕組みが考えられなければならないであろう。

次に問題とされなければならないのは、政策を検討するスタッフの違いであろう、政府立法においてはそれぞれの事項ごとに各省の担当課のその分野の専門的知識を有するスタッフによって検討が行われ、審議会にも諮問され、内閣法制局が法制的な審査をしている。巨大な官僚組織がその機能と権限を駆使し、時には与党の議員、スタッフと力を合わせて法律案を作り上げていくのである。これに比べて、議員立法の場合では、議員と公費で設けられた三人の秘書、政党の政策スタッフ、議院法制局の担当課が中心になって立案作業が行われている。政党の政策スタッフは、省庁ごとに一～二人程度である。議院法制局は委員会の所管事項ごとに課が設けられいるが、一つの課で四～五人のスタッフがいるに過ぎず、臓器移植法を立案した衆議院法制局の厚生委員会の担当を例にとれば、課長と課員四人で、医療保険、介護保険、年金、臓器移植、児童福祉、廃棄物などの厚生省の所管事項をすべて担当しており、これらの事項についてのすべての党からの依頼に応じている。

提案された議員立法が国会でどのように議論されるかということも重要な問題である。提案前の政策の検討は、商法の改正法案での商法学者の声明が指摘するように、政府立法の方が十分になされているともいえる。議員立法の場合は、これを国会での審議で補うことが必要である。そのための制度として参考人や公聴会などの制度が設けられている。こうした制度が十分に活用されることが必要であろう。

議員立法の場合は、政策決定の場合に触れることのできる情報量も政府立法の場合に比べ少なく、またその検討するスタッフも少ない。こうした検討は、法案の提案の段階で完璧に行われていることは必要ではない。法案の審議の段階で、豊富な情報からの批判を検討したり、専門家の意見を聴する事ができるのであれば、法案提案前の不都合は解消できる。法案が提出されたら、必ず実質審議がなされるということが確保されなければならないし、法案提出後の修正ということももっと活用されていいのではないか。

毎日新聞社特別取材班はその著書「国会は死んだか」（毎日新聞社）の中で、野党は、提出した議員立法について、委員会での実質審議を行ってもらうことにまず相当の精力を費やす。新進党が九五年に提案した租税特別措置法の一部改正法案は、自民党総裁選の公約に近い内容であったが、審議されないまま廃案となった、と国会審議の問題点を指摘する。

さらに、国会での審議の内容は、常に国民に伝えられることが重要である。日頃から国会での審議がもっと報道されてもいいのではないか。議員立法の内容が不適切であれば、その不適切な提案がされていることも国民に伝える必要があろう。こうした内容は、次の選挙での投票に反映される。議員立法について国会で十分な審議を行い、その審議を公開し、その批判を仰ぐことは重要なことであり、国会審議の一般へのテレビ放映なども重要な意義を持つものである。

十　まとめ

議員立法がどのようなものか、また、「立法」とはどういうことか、議員の立法活動の補佐はどのように行われているのか簡単に眺めてきた。

法は、国家権力から個人の権利・自由を保障するものであり、その役割は、近代立憲主義においては、国家権力を拘束することによって、個人の権利・自由を保障した。しかし、資本主義が発達してくると、個人の権利・自由が守られるためには、国家権力を制限するだけでなく、国家が積極的に介入しなければならないというように社会が変質してきた。自由国家から社会国家の時代になると、そこでは法は、国家の介入をいかに行うかの一般的抽象的な法規範としての役割を持つようになった。社会国家への変質は、行政国家、政党国家現象をもたらし、現代国家においては、近代立憲主義の権力分立制も変容する。議会の機能もそうした変化に対応したものとならなくてはならない。しかし、こうした現代国家においても権力分立はその意義を失うものではなく、議会主義の再生が求められている。

こうした現代国家において、国家権力の制限や国家の介入が恣意的に行われないためにも、法の役割が再認識され、法制度が憲法に適合した合理的な法理論に基いて構築されていることが重要である。立法に当たっては、法の役割と法理論の重要性が認識されていることがもっとも大切なのである。

議員の立法活動はこうした点を十分認識して、個人の権利・自由の保障に貢献することがもっとも求められているといえる。議会が本来の機能を発揮するためにも、議員立法についてその活性化を図ることが、重要なことなのではないか。

議員立法の活性化の動きは、これからもますます強まっていくことであろう。しかし、議員立法が活性化することは、政府立法が不要になることや政府立法の地位が低下することを意味するものではない。

政府立法は、政府の政策を国会に提案するという重要な役割がある。議員立法は、それに対して対案として異なった考え方からの政策を示し、問題点を明らかにし議論を深める役割を果たす。政府立法に対する修正も議員立法と考えていいであろう。また、政府が提案していない政策や政府が検討に手間取っている政策についても積極的に提案を行い、国民の多様な意見を機動的に立法活動に反映させるという重要な役割を果たす。

議院内閣制をとる以上、今後も内閣の重要な政策課題が政府立法として提案されるという姿は、変わることはないであろう。しかし、議員立法が活性化することによって、国民の代表である議員同士の議論を中心とした立法活動が展開され、それが選挙によって国民に適正に評価される。

宮澤喜一元首相は、二一世紀の提言、政治の役割という新聞記事の中に「先進欧米諸国に追いつき、追い越した後のリーダーシップがわが国にない。役人では目標を設定できません」「これからは政府の役割に対して、ノンガバメント、民の力がますます大きくなる」と述べている。政策も政府が主導で提案する時代から議員立法により国民の多様な意見を反映させて決定される時代に変わりつつあるといえるのではないだろうか。

一四〇回国会の衆議院内閣委員会でのＮＰＯ法案の審議での奥田敬和委員は「私は、みんなの生き生きした討議を聞いておりまして、この法案の成否は別として議員立法というものはやはり大事だな。やはり君たちの表情を見ていると、平生と違って生き生きしている。それと、国民が期待する国会審議も、やはりこれを望んでいるのだろうなと思っています」と議員立法の重要性を述べている。

国会の本来の機能に従った活性化とそのための議員立法の役割についてもう一度、考え、議員の立法活動の充実のための施策が講じられることが望まれる。議員の調査活動に対する支援など十分な政策情報を取得できる仕組み、官僚組織から独立した議員の立法活動の補佐機関の強化、政府立法と議員立法を区別しない国会での十分な審議が議員立法の活性化に必要不可欠なものとして考えられなければならない。

日本国憲法が施行されるときに、国会中心の立法を目指し、多くの真剣な議論がなされた。今、国会審議の活性化、政治主導の政策決定が求められている。国会審議の在り方とともに議員立法とその補佐機関の在り方についても、もう一度見直す時期にきているのではないか。

(1)　当時の民主党代表の菅直人は、野党案の成立に当たり「本法案は与野党の国会議員の白熱した討論を経て成立した立法であり、官僚主義が常識となっていた我が国の法案作成の在り方に根本的な変更を迫り、議会制民主主義に新しい可能性を拓く歴史的な法案と言えます」という談話を発表している。

(2)　自民党所属の国会議員数は、衆議院二六三（定数五〇〇）、参議院一〇三（定数二五二）であった。

(3)　議員立法の提出件数については、『議会制度百年史 資料編』議案提出、成立件数一覧表による。

(4)　佐藤功「いわゆる議員立法について」公法研究六号九二頁。

(5)　成立件数については、議会制度百年史資料編 議案提出、成立件数一覧表による。

(6)　当時の法律案立案の様子は、斎藤朔郎「転任随想」『裁判官随想』（有斐閣 昭和四一年）所収に述べられている。

(7)　佐藤功前掲九二頁。

(8)　川口頼好「立法手続」公法研究六号一〇二頁。

(9)　第九一回帝国議会衆議院本会議録第一二号一三六頁。

(10)　第九一回帝国議会国会法案委員会会議録。

(11) 制定当初の国会法の両院法規委員会に関する規定は次のとおりである。新立法の勧告や現行の法令についての勧告も行うなど、当時の国会の立法に対する考え方を知ることができるので、参考までにその全文を掲げることとする。

第九九条　両院法規委員会は、両議院及び内閣に対し、新立法の提案並びに現行法律及び政令に関して勧告し、且つ、国会関係法規を調査研究して、両議院に対し、その改正につき勧告する。

第一〇〇条　両院法規委員会は、衆議院から選挙された十人の委員及び参議院から選挙された五人の委員でこれを組織し、その委員長は、委員会でこれを互選する。

委員の任期は、議員としての任期による。

第一〇一条　両院法規委員会は、両議院において特に議決のない限り、閉会中は、これを開くことができない。

第一〇二条　両院法規委員会に関するその他の規定は、両議院の議決によりこれを定める。

この両院法規委員会は、その後昭和三〇年の国会法改正により廃止された。

(12) 第一〇回国会では住民登録法、土地収用法、民事調停法、森林法など三二本の法律が、第一三回国会では道路法など一五本の法律が、議員提出として依頼されている。

(13) 佐藤功前掲一〇〇頁。

(14) 川口頼好前掲一〇二頁。

(15) 手島孝『行政国家の法理』一六頁。

(16) 杉原泰雄『憲法Ⅰ』二五八頁。

(17) 清宮四郎『憲法Ⅰ〔第三版〕』三〇〇頁。

(18) 渋谷修『議会の時代』五八頁。

3　政治家と官僚

中村昭雄

一　はじめに

「政治家と官僚」（あるいは「政党と官僚」）という問題は、現代デモクラシーの基本的な問題となっているため、今日、現実の政治・行政に携わる者だけでなく、政治学・行政学研究者にとっても主要な関心事となっている。マックス・ウエーバーが指摘するように、政治家の役割と官僚の役割は、理論上は区別されている(1)。しかし、現代（行政）国家において、政治家と官僚の役割が相互にオーバーラップし、官僚が政策過程で大きな影響力を発揮しているというのが現状である。

ところで、「政治家と官僚」というテーマがそのまま本のタイトルになるというのは、どうも日本独特のようである。欧米でこれに類した本を探そうとしても、ほとんど見当らないというのが現状である(2)。ところが、わが国では昨今の政治不信に起因する政治改革、行政改革等が叫ばれるなか「政治家と官僚」という本を探すのは、それほど困難ではないようである。

この問題は、わが国では一九六七年度の日本政治学会の年報政治学の特集「現代日本の政党と官僚」で取り上げられた[3]。今から三〇年前に編集された『現代日本の政党と官僚』の中心的課題は、保守合同および高度成長後の政策決定過程全般の変化についてであった[4]。そこでの論点を「政治家と官僚」の視点から少し引用すると、以下の通りである。保守合同後については、「自民党および党議員は中央官庁の政策形成＝実施機能に多くを依存し、その微細にまで介入する。中央官庁は、技術と規制の独占的体系であることによって政策形成＝実施の中軸をなし、実際上自民党支配の柱石となる。官僚の政治的中立性のたてまえが、逆に官僚機構と自民党との結合を保障するのである」。また高度成長後については、「高度成長に関連する長期構想や経済計画は、その策定について専門技術が必要であるのみならず、その対象は経済全般に及ぶ。したがって、これを作成し実施する官庁エコノミストおよび経済関係官庁の役割は次第に増大した。それとともに、中央官庁相互の間に、政策や権限や主導権についてあたらしい紛争が生じた[5]」。

それから三〇年後の今日、政治状況は大きく変わった。すなわち一九九三年、三八年間続いた自民党の一党優位体制（五五年体制）が崩壊した。それ以後、細川、羽田、村山、橋本と連立政権内閣が続いている。連立政権の誕生は「政治の改革」への期待であったはずである。しかし、自民党一党支配の終焉後、日本の政治はその本質的な意味において、果たして大きく変化したのであろうか。日本政治の変化への期待は、どうも悲観的と言わざるをえない。一九九六年一〇月二〇日に行われた第四一回総選挙の投票率が五九・六五％で、戦後最低であったのは、国民の政治不信、非期待感の表れといえよう。

そして、「政治家と官僚」の関係では、今から三〇年前の指摘が今日でも、その基本的なところでは大部分当てはまるようである。それどころか、昨今の後を絶たない政治家、官僚の不祥事を見ると、むしろ状況は一層悪化しているようである。以下では、まずわが国の官僚制・官僚政治、次に政策過程の視点から政治家と官僚、最後に政策過程モデルについて、私見が展開されるはずである。

二　わが国の官僚制・官僚政治

近代日本は、官僚を軸にして急速な近代化を図ったので、早くから官僚優位の政治が行われるようになった。官僚の政治的役割は、フランスと並んで強大である。国家の重要な政策決定が官僚機構に大きく依存している場合を「官僚政治」というが、わが国はその一例をなしている。

戦後は、他の政治的指導者がＧＨＱ（連合国総指令部）の指令により公職追放にあうなか、官僚だけが当時の占領政策を遂行する必要上、追放を免れたのである。そして追放された政治家に代わって、多数の官僚出身者が政治家への転身をはかり、政治機構の中枢を占めることとなった(6)。それ以後、官僚が議員となっていくパターンが一般化し、官僚の政治的役割はさらに強化された(7)。官僚政治自体はわが国独特の現象ではないが、官僚が中央政治のみならず地方政治においても、政治・行政に影響力をもっている現象は、わが国独特のようである。

政策過程における官僚を考える場合、すでに述べたように、戦前において官僚の影響力が圧倒的に強かった。明治政府から戦後に至るまでのあらゆる政策は、強力な国家主導の下に展開されたが、その強力な担い手が官僚であった。戦前の官僚は「天皇の官吏」と位置付けられ、メリット・システムで独立性を保ちながら、議会の影響力が及ばない位置を温存してきた(8)。

戦後の官僚制は新憲法によって「国民全体の奉仕者」として位置付けられ、戦前と比べ政策過程で当然制約を受けるようになるかにみえた。しかし、前述したように、官僚制の影響力は温存された。戦後復興のための占領政策の遂行に、緊急性や実効性が求められたため、官僚に依拠して行われたためである。議会との関係でみるならば、それだけ政党政治（政治家）の影響力を制約することになった(9)。また、戦後もメリット・システムが継続されたため、官僚は政治家とは別の自律性を保った。アメリカのようにスポイルズ・システムの場合には、政治家の影響力が強まり、官僚独自の影響力は限定されるが、日本の場合はそうではないのである。

すでに述べたように、わが国で官僚が決定的な影響力を持ち政策形成を行ってきたことは、しばしば指摘され「官僚優位論」として知られている。(10)この官僚支配と、野党の影響力の弱さから、国会はほとんど機能していないという「国会無能論」さえ言われてきた。しかし、この考え方は六〇年代までは支配的だったが、最近では「党高官低」ということが言われはじめ、多元主義的な考え方にその地歩を譲りつつある。七〇年代以降は官僚の影響力は次第に低下し始め、政党（政権党）・政治家の役割が相対的に高まってきているとされる。(11)

しかしこのことは、官僚の影響力が全く低下したとか、政党・政治家が全てにおいて影響力を行使している、ということではない。今日の政策過程をみると、依然として官僚が予算編成や政策立案過程で重要な役割を発揮し、相対的な官僚優位が継続しており、それはさまざまなところで指摘されてきた。(12)予算編成でも基本的な枠組みを決定するのは官僚である。(13)

一九七〇年代後半から八〇年代にかけて、自民党政調会部会を中心とした「族現象」が注目されてきた。「族現象」とは官僚制の影響力の後退と自民党政治家の影響力の増大によって、官僚による政策決定権力の独占状態が崩れ、相対的に自民党政治家が政策決定に対して強い影響力を行使することが可能になった現象である。「党高政低」、「党高官低」とも言われるが、その中で中心的な役割を果たすのが「族議員」である。彼らは特定の政策分野について、政調会を主要舞台として、フォーマル、インフォーマルな方法で政策決定に強力な影響力を持つとされる。(14)

ところで、族議員の役割は必ずしもオールマイティではない。それは限定的であり、政策を立案し決定するというものではなく、調整役にすぎないのである。族議員が自らの行動や判断の材料とするさまざまな情報は、基本的には各省庁の官僚がコントロールしているのである。(15)高度情報社会における政策過程で、最新の情報にアクセスでき他を圧する情報力を有しているエリートは、官僚なのであり、政策立案や予算編成の各段階や局面で官僚主導になることは避けられないのが現状である[16]。詳細は次節で展開される。

三　政策過程における政治家と官僚

前節で述べたように、近代日本の政治は「官僚政治」という言葉で特徴づけられてきたが、戦後については学説が分かれている。

一つは、戦前の行政優位の政治が続いているとする継続説であり、戦前の政治制度が温存され、官僚制が権力の中心に位置しているという「官僚優位」の見方である。

これに対して、一九七〇年代になり権力の分散化の傾向を指摘する多元主義理論が提唱されている。この多元主義モデルでは、戦後改革や自民党の長期政権化などによって、次第に官僚制支配論では説明できない政策決定の事例が増えてきたと指摘される。官僚が依然として影響力を保ちながらも、政党・政治家が相対的に影響力を増すようになり、官僚の権力を相対的に理解しようとするものである[17]。

ところで、ある政策過程をどのアクター（人物、機関、組織）が最も影響力を行使するかという視点（アクター論）からのアプローチだけでは、過度の一般化に陥りやすく、政策過程の全体像を見失うことになりかねない。そこで筆者は、政策過程の全体像をとらえるためには、政策論的アプローチによって補完される必要があると考え、分析を試みた。このアプローチは、政策の性質、特徴、類型に応じて政策過程のパターン——つまり、政策過程に関与するアクターの種類や行動様式——が決まる、という考え方である。そして筆者は、政策論的アプローチから、実証的な事例研究を試み、一般的モデルを提唱した[18]。以下ではその概要を紹介したい[19]。

政策はさまざまな次元をもち、それらが一つの循環をなしている。それが政策過程である。そのそれぞれの政策次元を政策ステージとよび、そのそれぞれの政策ステージごとに政策過程を明らかにしていくものである。三つの政策ステージとは、①政策課題の形成ステージ、②政策作成（立案）ステージ、③政策決定ステージであり、それぞれ次のようなものである。

「政策課題の形成」ステージとは、社会次元で直面するさまざまな問題が社会的な問題として注目され、政府の対応を誘発するような政治上の争点にまで発展し、政策の誕生を準備する政策課題に編入される過程である。

「政策作成（立案）」ステージとは、その政策課題を解決するための行動や方策を考案するため関連情報を収集・分析し適切な政策原案を策定する過程である。

「政策決定」ステージとは、政策決定権者が政策原案を公式に審議し、その特定の解決策について採用・承認・修正・拒否等を決定する過程である。

もっとも、この三つの政策ステージはそれぞれ完全に独立しているわけではなく、現実は各ステージ間で相互に浸透現象がみられる。

筆者は、一〇の事例について、三つの政策ステージごとにその政策過程を分析した。本稿ではそれらの事例研究の詳細は省いて、そこから得られた知見を紹介することにする。

事例研究から以下のことが明らかになった。ある特定のステージによっては、どの事例でも特定のアクターのみが重要となっている。例えば、「政策作成」ステージでは、定数是正の事例を除いて、どの事例でも官僚主導である。このことは、政策作成の多くが政府立法（内閣提出法案）による場合が多いためであり、その場合には立案の通常の手続きは各省庁によるボトム・アップ方式によるので、従って主導権を握るのは官僚というのも当然なのである（表1）。

表1　法律案の提出と成立件数

	提出件数	成立件数	成立率%
閣　法	7,542	6,580	87.2
衆　法	2,643	964	36.5
参　法	916	156	17.0
合　計	11,102	7,700	69.4

出典：拙稿「政治制度」堀江湛，岡沢憲芙編『現代政治学　新版』法学書院，1997年，132頁

この表は，戦後第1回国会から平成8年の第136回までに提出された法律案の件数と成立件数である（閣法とは，内閣提出法案，衆法，参法とはそれぞれ議院提出法案をいう）。提出件数も成立件数も圧倒的に閣法が多いことが分かる。（両院議事部議案課調べ）

また「政策決定」ステージでは、アリーナが国会における政策過程（すなわち立法過程）に移るわけで、国会と国会を構成する政党、とりわけ与党の議員が主導権を握るようになるのである。

このように政策過程を政策ステージごとに分けてみるならば、三つの政策ステージ全てにおいて同一のアクターが存在しているのではなく、「政策課題の形成」ステージにおいてのみ、複数の強力なアクターが多元的に存在していることが分かる。

以上のことから、政策過程一般を官僚主導とか政党主導というように単純化してしまうことは、政策過程の実態を見失うことになりかねない。なぜなら、政策過程にはいくつかの次元、すなわち政策ステージがあり、官僚や政党、圧力団体などというアクターは、それぞれの政策類型と政策ステージによって異なるからである。[20]

以下では、既存の研究と関連づけて、政党・政治家と官僚ついて、それぞれのアクターの行動様式について、通説と異なる点があるので、その点にも留意して整理しておきたい。

《政党・族議員》

一九七〇年代後半から八〇年代にかけて「官僚優位論」に代わり、「政党優位論」が主張され、政策決定で「族議員」と呼ばれる自民党議員の影響力が注目されてきた。一般的に族議員は、特定の政策分野について強大な影響力を持ち、特定の省庁や業界の個別利益の擁護のために影響力を行使する、とされる。

ところが筆者の事例分析から、通説と異なる役割がみられた。すなわち、族議員は、個別利益の擁護だけではなく、むしろ利害調整役としての役割を果たしているということである。例えば、健康保険法改正における社労族の役割である。従来、社労族は医師会の立場に立ち、医師会の利益代表として厚生行政に強い影響力をもつ族とされてきた。自民党の多くの族が官庁の協力の下で形成されたのに対し、社労族は医師会という利益集団によって育成されてきた族であって、八〇年以前は、日本医師会の利益代表として、厚生省の政策に関与していた。しかし、一九八四年の健保法改正では社労族は、医師会側の立場と厚生省側の立場とに分裂し、社労族が日本医師会の利益代表としてだけではなく、利害調整役という形で逆に日本医師会に対して影響力を行使していた。社労族は「利益代表」から「利益調整」へと、その影響力のベクトルを変え、厚生省に対してだけでなく、医師会に対しても影響力を発揮したのである。

オイルショック以降の財政危機という状況の中で、族議員の行動パターンが単に利益集団のための利益代表だけでなく、利益集団の利益を抑える行動パターンが出てきた。このように族議員は「利益代表」と「利害調整」という相反する機能を担っているのである。(21)

《官　僚》

戦後の日本政治の通説の一つである官僚優位論では、政策過程における官僚の支配的な影響力が強調される。しかし、近年低成長下の政策過程の特徴として、「官僚優位論」にかわって「政党優位論」が主張され、官僚の影響力の低下も指摘されている。しかし、すべての政策過程をそのように説明するのは、政策過程の実態を見失う危険性がある。

例えば筆者が分析した事例の一つである健康保険法改正のケースは、政党主導には当てはまらず、官僚主導といえる。この改正案は予算関連法案で、予算と不可分であり、厚生省と大蔵省との関係が重要であった。大蔵省のバックアップで厚生省は改正を有利に導くことができた。医療保険制度の改革をめぐって、七〇年代には厚生省と大蔵省の見解は対立していたが、八〇年代にはむしろ大蔵省の支援を背景に、厚生省が積極的に改革を推し進めてきた。これも、財政再建、行政改革の基本方向で両者の利害が一致したからである。確かに八〇年代以降、多元主義モデルの登場によって、官僚制の地盤低下が指摘されているが、一部の事例を除いて、政策作成ステージではほとんどが官僚主導である。(22)

四　政策過程モデル

そこで筆者は事例研究を踏まえ、以下のような「政策過程モデル」を提唱した。

先ずは政策ステージとアクターとの関係である。事例研究から、アクターが多元的に存在するのは、三つの政策ステージのすべてにおいてではなく、「政策作成（立案）」と「政策決定」の二つのステージにおいて、ほぼ一定のアクターが主導権を握っていることがわかった。つまり、「政策作成（立案）」ステージで主導的なアクターは官僚であり、「政策決定」ステージで主導的なアクターは、政治家（政党）となっているのである。それは次の理由による。

「政策作成（立案）」ステージでは、専門的・技術的知識、能力、情報が要求されるので、それを備えている官僚が主導権を握るのも当然のことなのである。確かに政党、審議会、圧力団体等も政策作成過程で官僚に対し影響力の行使を試みるが、右の理由からして官僚が主導的となる。

また、「政策決定ステージ」では、国会を舞台とする過程であるので、アクターは議員、政党が主導的となる。

圧力団体や選挙過程も重要であり、また官僚（各省庁）も国会運営上、重要な地位にあることはいうまでもないが、この「政策決定ステージ」に至ると、政策実現の生殺与奪の権を握るのは、結局、政治家、政党ということになる。

このようにみてくると、アクターが多元的に存在するのは、「政策課題の形成」ステージということになる。そこで、筆者は政策過程は二つの変数によって規定されると考えた。第一の変数は「政策ステージ」の変数である。この政策ステージは三つに分けることができるが、モデルは理念型であるので、「政策課題の形成」、「政策作成（立案）」、「政策決定」の三つの政策ステージが截然と分かれているものではなく、相互にオーバーラップし、影響しあっていることはいうまでもない。第二の変数は「政策類型」の変数である。筆者は、これまでの分析から、政策類型は「ルーティン型」と「非ルーティン型」という二つの政策類型を立てるのが妥当だと考える。ここでいう筆者の政策類型の二分類は次のようになる。

まず「ルーティン型」は、通常の政策過程でみられる類型で、現状の政治・経済システムの維持、擁護、限定的修正を含める政策類型である。このタイプの政策は、政策課題の形成、政策作成のステージがいずれも各省庁における担当課から始まり、官僚主導のもとに行われる。政策作成ステージで、業界や圧力団体等との利害関係者と直接利害の調整を行うこともあれば、審議会を通じて行うこともある。また、与党（例えば、自民党政務調査会）や与党議員（族議員）を通じて利害調整を行うこともあるが、このステージにおける主体はあくまで官僚である。辻清明らの「官僚優位」モデルが妥当するのは、この政策類型についてである。「ルーティン型」の政策類型は、阻害要因の少ない政策過程でみられ、公共目的達成のために通常遂行される施策（規制、助成を含む）が多い。政策形成の方法は主にボトムアップ型である。

それに対して「非ルーティン型」は、現状の政治・経済システムの変革を指向する政策類型である。「ルーティン型」の修正の範囲や程度が現状のシステム維持の許容を越えると「非ルーティン型」となる。

表2　日本の政策過程モデル

政　策　類　型	政策課題の形成	政策作成（立案）	政策決定
「ルーティン型」 政治・経済システム 現状維持・修正型	官僚制 官僚主導	官僚制 官僚主導 政党（与党） 審議会 利益集団 （業界）	政党（与党） 族議員 利益集団 （業界） 選挙 与党（野党）
「非ルーティン型」 政治・経済システム 変革指向型	①総理主導 ②内閣主導 ③与党主導 ④審議会主導 ⑤裁判所主導		

出典：拙著『日本政治の政策過程』芦書房，1996年，223頁。

「非ルーティン型」は、政策課題の形成ステージでアクターが多元的に存在するのが特徴である。そのアクターによって、①総理主導、②内閣主導、③与党主導、④審議会主導、⑤裁判所主導の五つが考えられる。筆者のケーススタディでは、売上税は総理主導、電電法案、健保法改正、一九六四年の定数是正は審議会主導、一九八六年の定数是正は裁判所主導に当てはまる。もっともこの五つのサブ・タイプは暫定的なもので、理念型としてこのようなものが考えられるというものである。理念型である以上、もちろん実際の政策過程は複合型として説明されることもある。例えば、第二臨調答申によるケースは、審議会主導と総理主導の複合型とみることもできる。

この「非ルーティン型」においても政策作成ステージでは官僚主導で、政策決定ステージでは議員、政党が中核になるのである。「非ルーティン型」の政策類型は、通常の政策過程では阻害要因の多い政策過程でみられ、社会経済や政治の基本的システムの変革、新設に関わる政策が多い。政策形成の方法は主にトップダウン型である。

政策類型と政策の内容（機能）との関係については、次のことが重要である。ここでいう政策類型は、政策過程に注目してのものであり、例えば金融政策、防衛政策、農業政策、福祉政策といった、政策の内容や政策領域で一義的に分類されるものではない。例えば福祉という政策領域だから、ある特定の政策類型に分類されるというものではない。同じ政策領域でも、現状維持、修正の範疇に収まるものであれば、政策類型は「ルーティン型」となり、政策課題の形成は官僚主導になる。一方、修正の程度が変革を目指すものであり、修正の範疇を越えるものであれば、政策類型は「非ルーティン型」となり、政策課題の形成は、総理主導型とか審議会主導型になる。政策は、その政策が何を指向するのかによって類型化されるのである。

T・ローウィ流にいうならば、「政策ステージ」と「政策類型」が政治を決定するのである。これをまとめたのが筆者の政策過程モデルである（表2）。

政策論的アプローチも現実の政治の変化を反映し、その分析対象期間との関係でそれぞれの特徴を見せており、今までいくつか提唱されてきた。一九八〇年代から九〇年代にかけては、筆者の政策類型では、「非ルーティン型」が多いのが特徴である。すなわち、抜本的な制度改革や削減的、規制的な政策が増大してきたからである。また、従来の政策過程の研究も、筆者の分類でいうと、「非ルーティン」型にウェイトをおく研究が多かったようにみえる。しかし、現実の政策過程は圧倒的に「ルーティン」型が多いことにも留意しなければならない[23]。それぞれのタイプに属する研究から、わが国の政策過程の特徴が抽出されるのである。このような研究の積み重ねから、政治家と官僚の行動が理解され、政治家と官僚の最も望ましい関係が見いだされるべきであろう。

（1）　マックス・ウェーバー、脇圭平訳『職業としての政治』岩波文庫、一九八〇年、四〇－四二頁。

（2）　筆者は本論を執筆する時、在外研究のためトロント大学に籍を置いていた。北米でもトップクラスの規模を誇るトロント大学の図書館で検索したところ、「政治家と官僚」というタイトルの本はわずか一冊であった。Joel Aberbach, Robert Putnam and Burt Rockman, *Bureaucrats and Politician in Western Bureaucracies* (Harvard University Press, 1981)。尚、わが国で「政治家と官僚」という時の政治家は、特に断わりがない場合「与党（自民党）の政治家」を指すのであって、これも特有の使い方である。

(3)　日本政治学会編『現代日本の政党と官僚』(年報政治学　一九六七年度)岩波書店、一九六七年。
(4)　同、三－四頁。
(5)　同、一－二頁。
(6)　一九九六年一〇月に行われた第四一回総選挙で、官僚出身の候補者は一一五人、その内七四人が当選した(「朝日新聞」一九九六年、一〇月二一日、夕刊)。これは全衆議院議員の約一五％に当たる。戦後の総理大臣二四人のうち一〇人、四二％が官僚出身である。中央政治だけではなく、地方政治も同じ状況である。四七都道府県知事の約半数が官僚出身者で占められている。わが国の官僚支配、官僚政治は否定しがたく、これは日本特有の現象のようである。
(7)　加藤秀治郎・中村昭雄『増補スタンダード政治学』芦書房、一九九六年、一二二－一二三頁参照。
(8)　その代表は、辻清明『新版　日本官僚制の研究』東京大学出版会、一九六九年である。
(9)　村松岐夫『戦後日本の官僚制』東洋経済新報社、一九八一年、一三七－一六四頁。福岡政行、新川達郎「政策形成と行政指導」飯坂良明、中邨章編『管理とデモクラシー』学陽書房、一九八四年、三二頁。
(10)　福岡政行「政治過程と官僚」、福岡他『現代の政治過程』学陽書房、一九八二年、三四－四六頁。
(11)　福岡、新川前掲論文、三三－三四頁。
(12)　同、三五頁。
(13)　猪口孝、岩井奉信『「族議員」の研究』日本経済新聞社、一九八七年、二七六頁。
(14)　同、一九－二〇頁。
(15)　同、一四七－一四八頁。
(16)　拙著『日本政治の政策過程』芦書房、一九九六年、四五－四八頁。
(17)　同、一四頁。前掲、加藤・中村『増補スタンダード政治学』芦書房、一九九六年、一二四頁。
(18)　前掲『日本政治の政策過程』芦書房、一九九六年、一四－三九頁。
(19)　詳細は、前掲『日本政治の政策過程』芦書房、一九九六年を参照されたい。新しい政策過程モデルについては、二〇四－二二五頁を参照されたい。
(20)　政策類型については、前掲『日本政治の政策過程』、二二一－二二四頁を参照されたい。

(21) 前掲『日本政治の政策過程』芦書房、一九九六年、二一五—二一六頁。
(22) 同、二一五頁。
(23) 同、二三〇—二三五頁。

第四章

財政

1　国会における「予算」の議決

浅野善治

一　はじめに

日本国憲法では、第七章として一章設けて、財政について規定している。第七章の冒頭に、国の財政を処理する権限は、国会の議決に基づかなければならないこと（第八三条）を財政処理の基本原則として規定するとともに、課税は法律又は法律の定める条件によることを必要とすること（第八四条）、国費を支出し、又は国が債務を負担するには、国会の議決に基づくことを必要とすること（第八五条）を規定している。

財政に関する国会の権限についての基本原則として明らかにするとともに、課税についても国の支出についても国会の定める法律あるいは国会の議決によらなければならないこととしている。近代議会制民主主義は、この財政に対する議会のコントロールの確立の歴史といえる。

イギリスでは、一二一五年のマグナ・カルタ第一二条に、国王は、議会の同意なくして租税その他の徴収金を課することができないことを定めているし、一六二八年の権利請願についても課税の議会の同意について定めている。一六八九年の権利章典では、租税という収入面だけではなく、支出についても議会が監督し、承認することとされ、予算を議決するために毎年議会を開設することとされた。フランス革命においても財政問題に対する国民の不満が動機の一つとなり、一七八九年のフランス人権宣言第一四条には、すべての市民は、自身でまたはその代表者により公の租税の必要性を確認し、これを自由に承認し、その使徒を追及し、かつその数額・基礎・徴収および存続期間を規定する権利を有すると規定している。

明治憲法においても、財政処理の権限については第六章「会計」として一章設け、規定している。美濃部達吉博士は、これは「行政作用の中にも独り財政のことに関しては、直接に国民の金銭上の負担に関係し議会の議決を要するものが多い為に、財政に関してのみ特に本章を設けて行政作用に関する規定を為して居るのである」(1)と説明している。明治憲法の制定時においてすでに、財政運営の在り方は、国民の生活に直接かつ多大な影響を及ぼすものと考えられており、財政の議会による統制については、特別の章を設けて規定することが適当であると考えられていた。

しかし、明治憲法における議会の財政統制は、ドイツ・プロイセン憲法の影響を受けたものであり、財政議決主義に対して多くの例外措置が設けられているものであった。

日本国憲法は、国の収支の両面を例外のない監督のもとに置くこととして、財政についての国会の権限を定めている。これを単に法治主義の財政面での現れとして理解するのは適当でない。財政についての議会の決定権限としての国会の財政統制機能の意義について、予算に関する国会の権限を考えてみたい。

二　明治憲法制定時の議論

日本における財政面での立憲主義は、明治憲法において初めて採用された。その財政に関する規定は、制限が多く不十分なものであるが、財政面における立憲主義を確立したのは、何といっても明治憲法の功績といわなければならないと評価されている。(2)

明治憲法の制定時には、財政に関する議会の統制について、どのように考えられていたのであろうか。ここでは特に租税法律主義及び予算制度についての規定を中心に考えてみたい。

明治憲法では、次のような規定を設けて、租税法律主義及び予算制度について定めている。

「新ニ租税ヲ課シ及税率ヲ変更スルハ法律ヲ以テ之ヲ定ムヘシ」（第六二条第一項）

「国債ヲ起シ及予算ニ定メタルモノヲ除ク外国庫ノ負担トナルヘキ契約ヲ為スハ帝国議会ノ協賛ヲ経ヘシ」（第六二条第三項）

「国家ノ歳出歳入ハ毎年予算ヲ以テ帝国議会ノ協賛ヲ経ヘシ」（第六三条）。

第六二条第一項の規定の意義は、①租税については、議会の協賛を要するという原則を定めたこと、②租税について法律をもって定めるとしており、永久税主義を取ることとしたことにある。

こうした規定が設けられたことについては、「西洋諸国に於ける議会制度の発達に於いて、議会の任務は、初には一般の立法に与るよりも寧ろ租税に承諾を与えることを主眼としたもので、国民自身の同意を得た租税でなければ、之を国民に要求することが出来ぬとすることが、議会制度の起こった主たる原因である」(3)とされている。明治憲法の制定に当り、近代立憲主義の成立過程で大きな意義を持った「代表なくして租税なし」の原則をまず明確に規定することとし、議会による租税の決定を規定したものである。

また、一年税主義を採用していないことについては、「租税は毎年議会の同意を要し、一年限りのみ効力を有するものと為すことは、西洋の多くの諸国に共通の制度である。それは租税の承諾を拒否することは政府の財源を枯渇せしめ其の死命を制する所以であるから毎年租税の承諾を要すとすることは、政府をして完全に議会の勢力の下に立たしむる所以であることに基いて居る」[4]とされている。一年単位で課税が行われることとなれば、政府の活動を議会が完全に統制することになり、こうしたことを避ける必要から永久税主義を採用したことが理由としてあげられている。

このように明治憲法における議会の財政統制は、財政立憲主義の原則を取り入れ、議会に統制のための権限は与えるが、実質的には議会の権限が極力強くならないよう制限するという考え方によるものであった。同様の考え方は、予算による支出統制においても現れている。

第六二条第三項、第六四条第一項は、議会による歳出歳入の協賛、すなわち予算制度について定めているが、この議会の協賛の性格については、「歳出に付いての議会の協賛は、政府が当該会計年度において一定の目的の為に一定の金額を支出し得べきことを承認する行為[5]」であるとしている。そして、予算の発案権は、政府の専権であるとし議会から発案はできないことを「立法が議会の議決と天皇の裁可とに依って成立する国家の意思表示であるのに反して、予算は必要なる国の経費の支出に付き承認を与ふる行為である。此の性質の差異に基き、立法に関しては議会からも法律案を提出し得ることが認められて居るに反して、予算は政府のみが其の提出権を有し、議会各院からは全く其の発案を為し得ないものとされて居る。それは、経費の支出は政府が其の権能を有するもので、予算は政府の為し得べき支出の限度に付いて議会の承認を求むる手段に外ならぬのであるから、政府からの要求に基づかないで、議会から進んで承認を与ふべき理由は無いからである[6]」として予算と法律は全く異なるもので、予算は議会が政府からの要求に承認を与えるものに過ぎないものであるとしている。

明治憲法においては、議会の財政権限を政府の行為に対する議会の承認と考えており、財政決定については本来、行政権として政府に属する権限であるが、財政決定という行政権の行使の一定の場合については議会の承認が必要となると考えているということである。議会の財政統制の本質は、租税により得た財源の使途をみずからが決定することではなく、租税についてはその賦課についてみずからが決定するが、その使途については、政府の決定に任せ、それが適当かどうかの審査をすることにあるということであろう。

財政決定についてこのような考え方を取れば、予算の発案権も政府しか持ち得ないのは当然のことであり、議会は行政を統制する権限の一つとして財政に関する権限が付与されているということになる。もし、財政決定が立法と考えられるのであれば、立法の属する事項の予算の発案について政府が権限を有することについての合理的理由が必要となる。政府の権限だとしても、それは議会の側からの提案を排除する理由にはならない。政府の専権とするためには、さらにその発案権を政府のみが有するとする合理的理由も考えられなければならないであろう。予算の発案権が政府の専権とすることと財政決定を行政行為とすることとの間には密接な関係があるのである。

また、明治憲法下では、この議会の議決権は立法の場合のように自由なものではなく、ある程度まで議会はこれを協賛しなければならないという拘束を受けるものであることが大きな特色であるとしている。(7) その理由として立法は新たな国家意思を構成する行為であり、新に国家意思を構成するについては、議会は当然、何が国家に必要であるかをみずから認定する権能が無ければならないから、立法に関しては議会はその修正又は否決に付いて完全なる自由を有し、これに対する協賛義務を有するものではないのに対し、予算は、新なる国家の意思でなく、現行法規を前提として、その下に必要なる経費を承認する行為であるから、予算をもって現行法規を改廃することはできない。予算は常に現行法を基礎としなければならないのであって、現行法規の執行に必要な経費は、議会は当然にこれを承認しなければならない義務を負う(8)とする。

予算が行政行為であれば、それは当然法律に従ってなされるべきであるから、法律を執行するための予算は、議会も協賛しなければならないと考えるのである。こうした考えは、予算の確定が行政行為ということを前提とするものであり、予算を法律と考える立場からは取り得ないものとなる。

明治憲法の議会の財政統制についての考え方の最大の特徴は、財政決定（予算）は行政行為であるということを当然の前提と考えていることであろう。

明治憲法の議会の財政統制は、予算について「帝国議会ニ於テ予算ヲ議定セス又ハ予算成立ニ至ラサルトキハ政府ハ前年度ノ予算ヲ施行スヘシ」（第七一条）としており、また、「皇室経費ハ現在ノ定額ニ依リ毎年国庫ヨリ之ヲ支出シ将来増額ヲ要スル場合ヲ除ク外帝国議会ノ協賛ヲ要セス」（六六条）とし、「憲法上ノ大権ニ基ツケル既定ノ歳出及法律ノ結果ニ由リ又ハ法律上ノ義務ニ属スル歳出ハ政府ノ同意ナクシテ帝国議会之ヲ廃除シ又ハ削減スルコトヲ得ス」（第六七条）として、帝国議会の予算議決権に制限が加えられている。さらに「公共ノ安全ヲ保持スル為緊急ノ需用アル場合ニ於テ内外ノ情形ニ因リ政府ハ帝国議会ヲ召集スルコト能ハサルトキハ勅令ニ依リ財政上必要ノ処分ヲ為スコトヲ得」（第七〇条）と規定し、この場合には次の会期に帝国議会の承認を得ることとしているが、財政上の緊急処分の制度も設けられている。明治憲法における議会の統制権は、このように大きく制限されたものであった。

明治憲法においては、このように財政議決主義に対して例外措置が大きく設けられているものであり、ドイツ・プロイセン憲法の影響を受けたものということができるが、明治憲法の起草に当たり、関係者は、当初からこのような制度を考えていたわけではない。当初は、予算も法律として議決すべきと考えていた。しかし、ドイツ人の法律顧問ロエスレルの教示もあり、予算と法律は異なるものというように考え方が変わっていく。

この変化について、小島「財政」日本国憲法体系第六巻一四九頁以下に記述されているので、少し長くなるがその部分を紹介しておきたい(9)。

憲法起草に先立ち、井上毅は大蔵省に会計関係法規の参考提案を求めてやり取りを行っているが、そこでは、「歳入歳出予算ノ額ハ総テ之ヲ予算法案ニ掲載ス」

「歳出ノ予算法案ハ之ヲ款項ニ分チ各款ニ就テ決議ス」

とされている。

また、井上毅の明治二〇年一月のドイツ人の法律顧問のロエスレルに対する質問のなかにも次のような記述がある。

「予算ハ一部ノ全表トナシ議院ニ付シ、議決ヲ経ルニ後ハ一部ノ法律トナル者ナリ」

「議院ハ予算ノ全部ヲ議決シテ一ノ法律トナス者」

これらは、予算は法律とされることが前提となっており、予算法案は一括して議決するのではなく、各款毎に決議し効力を持つと考えている。当初、井上毅は予算については、ドイツ型のものではなく、むしろイギリスやフランスに近いものを考え、これについての問題点を検討している。

しかし、井上が「必予算ノ限界ヲ確守シテ緊密ニ其節目ヲ履践セントスルトキハ、此レガ為ニ行政ノ便宜ト活発ヲ失ヒ実際ニ国民ノ不幸ヲナスコト少小ニ非ザル」、「政府ト議院和熟セザルトキハ議院ハ政府ノ必要ナル歳費ニ充ツベキ税入ヲ否決シテ、故意ニ政府ノ行政ヲ困難渋滞ナラシメ、以テ内閣ノ更迭ヲ促サントスルコト往々歴史上ニ見ル所ナリ」として議会の権限が強すぎることに関して懸念を持ち、ロエスレルに当否を問うたのに対して、ロエスレルは、一月一三日付教示で次のような回答をする。

「政府ニ必要ナル費用ヲ安全ナラシムル為、以上掲ゲタル各種ノ手段ハ悉ク誤解ノ主義ヨリ出ル所ノ結果ヲ僅ニ減削スルニ過ギザル窮策ナリ。此誤解ノ主義トハ国会ハ国君ニ対シ政府ノ費用ヲ随意ニ許否スルコトヲ得ルト云フ立憲ノ論理是ナリ。」

「政府ハ租税ニ関シ…其必要トスル費途ニ関シ法律上ノ請求権ヲ有スルヲ得ベシ。如何ニシテ其請求権ヲ得ベキヤニ至テハ蓋会計予算ハ即チ法律ナルガ故ニ議院ノ承諾ヲ得ルニ非ザレバ効力ヲ有セズト云ヘル議院争論ノ説ヲ排棄スルコト、又会計予算ニ於ケル議院ノ参与ヲ以テ自由ナル承諾権ト解釈セザルコト是ナリ。」

「夫レ会計予算ハ一モ普通ノ規準ヲ有セザルガ故ニ、固ヨリ法律ニ非ズ。却テ或ル収入支出ノ全権ヲ与フルモノナリ。此全権ノ随意ニ之ヲ付与シ又ハ之ヲ許否シ得ベキモノニ非ズ。何トナレバ若シ之ヲ拒否スルトキハ政府ノ運動ヲ阻止シ、国家ノ命脈ヲ危クスルニ至レバナリ。」

さらに、次のような条文案を提示する。

「政府ハ一切ノ収入支出ハ毎年予定シテ会計予算ヲ製シ、政府ハ之ヲ議院ニ呈示シ、其承諾ヲ経テ確定ス。現行ノ法律又ハ其他ノ権利上ノ名義ニ基キタル徴収及現行ノ法律、又ハ政府ノ法律上ノ義務ニ基ク支出、又は皇帝ノ憲法上ノ権利ニ拠ル所ノ支出及之ニ充ツル為必要ナル費目ハ之ヲ拒ムコトヲ得ズ。

会計予算ノ確定ニ関シ叶議調ハザルトキハ内閣ノ責任ヲ以ツテ之ヲ裁決ス。」

そして、このような提案の説明として

「一般ノ立法権ト同一ナル独立ノ議税権即承諾権ハ是認スベカラザル者ナリ。会計予算ハ法律ニ非ズ。行政権ニ属スルモノナリ。而シテ其大部ハ現行ノ収税法及其余ノ法律ヲ執行スルノ要ヲナス。且、財政ヲ整頓明瞭ニシ、殊ニ収入ト支出ノ平均ヲ保ツガ為ニ製スルモノナリ。然レドモ国会ニ承諾ノ権ヲ与フル所以ハ、沿習ノ立憲主義ニ戻ラズ、且会計予算ニ関スル責任及監督ノ一部ヲ国会ニ任センガ為ナリ。但此承諾権ヲ制限シテ現行ノ法律及国君ノ憲法上ノ権利ヲ妨害セシメザラシムベキノミ。故ニ国会ノ議税権ハ一層下等ノ権トシテ現行ノ法律及国君ノ憲法上ノ行政権ニ従属セシムベク、語ヲ更ヘテ之ヲ言ヘバ、議税権ハ法律ヲ蔑視セズ、現行ノ憲法ヲ顛覆スル為ニ濫用セザル程度ニ於テ之ヲ与フベキナリ。」

と述べている。

このロエスレルの提案はその後の検討に大きな影響を与え、このような考え方で起草が進められ、前述のような明治憲法の会計の章の規定が制定された。明治憲法の公式の解説書ともいうべき伊藤博文の「憲法義解」には、「弁明ヲ要スル者ハ各国ニ於テ予算ヲ以テ一ノ法律ト認メタルコト是ナリ抑々予算ハ単ニ一年ニ向テ行政官ノ遵守スヘキ準縄ヲ定ムル者ナルニ過キス故ニ予算ハ特別ノ性質ニ因リ議会ノ協賛ヲ要スル者ニシテ本然ノ法律ニ非サルナリ唯然リ故ニ法律ハ以テ予算ノ上ニ前定ノ効力ヲ有スヘク而シテ予算ハ以テ法律ヲ変更スルノ作用ヲ為スコトヲ得ス」(一〇六頁)と記述されている。

予算についての議会の議決の法的性格を立法とみるか、行政行為に対する承認と見るかは、明治憲法の制定時においで政府と議会の関係という問題としてすでに議論されている。結論は、予算について法律ではないとして、明治憲法上の規定を定めているが、予算を本質的に行政行為と考えていたのではない。当初は、予算は法律であるとして構成していたのであるが、政府と議会の関係が議会優位に過ぎることから、法律ではないとして構成し直したのであり、そこでは、議会による支出統制の在り方が、議会と政府との力関係を決定する重大な問題だということが十分認識されているのである。

三　日本国憲法制定時の議論

日本国憲法においては国会中心財政主義を採用し、収入支出両面において国会による徹底的な監督を及ぼそうとしている。そうした考え方の中において予算について、どのような理解をすべきか、日本国憲法の制定過程に目を向けてみたい。

明治憲法の財政規定は、ドイツ、プロイセンの考え方に強く影響されたものであったが、このような明治憲法を全面的に改め、新たに日本国憲法が制定された。日本国憲法は、その全体に貫かれている法律思想は明治憲法とは全く異なるものである。その全体は強くアメリカの民主主義の影響をうけたものということができる。財政の章についてのそれまでのドイツ、プロイセンの考え方はどのように変化し、又は変化しなかったのか。

一九四六年（昭和二一年）一月にアメリカの国務、陸軍、海軍三軍協同委員会（ＳＷＮＣＣ）は、「日本の統治体制の改革」についての基本方針として、次の事項を最高司令官が日本政府に指示すべきとしていた。[10]

「立法部は選挙民を完全に代表するものであり、予算の項目を削減し、増加し、または削除し、あるいは新項目を提案する完全なる権限を有するものであること。

予算は、立法部の明示的な同意なくしては成立しえない。

立法部は、財政上の措置に関して専権（sole authority）を有すること。」

そこには、財政統制について明治憲法の考え方とは全く異なった考え方をとり、立法部の決定によるものとしようとすることがはっきり示されている。

日本国憲法の起草については、政府は一九四六年（昭和二一年）二月八日に「憲法改正要綱」いわゆる松本私案を総司令部に提出している。しかし、この松本私案では、財政については、予備費の支出や緊急財政処分についての議会の関与、予算不成立の場合の暫定予算の作成など議会の権限は強化されたところもあったが、明治憲法の規定をそのまま維持しているところも多かった。皇室経費のうち内廷費については将来増額をする場合以外は、帝国議会の協賛は要らないこととした明治憲法の第六六条の原則、法律の結果による歳出、法律上政府の義務に属する歳出は政府の同意なくして帝国議会が廃除、削減できないとした明治憲法第六七条の原則も明治憲法のまま維持されていた。松本私案においては、財政については、明治憲法の考え方を大きく改めることは考えられておらず、できるだけ明治憲法の考え方を踏襲しようとしていることがうかがえる。

総司令部側は、明治憲法の財政についての考え方を改め、議会に強力な財政統制権限を与えようとしていたのに対し、政府は明治憲法の考え方を維持しようと考えており、両者のこの考え方をいかに条文に調整していくかという交渉が行われることとなる。

二月一三日、総司令部は、松本私案を拒否し「総司令部案」いわゆるマッカーサー草案を交付してこれを最大限尊重して新草案を作るよう求めた。

それに先立ち、二月一日に松本私案が新聞にスクープされ、マッカーサーはホイットニー民政局長に松本私案を拒否する解答書の作成を命じた。二月三日にマッカーサーは態度を変え、基本的と考える諸原則を具体化した憲法草案を総司令部で作り、日本側に提示することとし、草案の作成をホイットニーに命じている。

その草案の作成においては、マッカーサー三原則といわれる三原則を考慮すべきこととしている。その原則は、天皇、戦争、封建制度などについての原則を示したものであるが、その中に「予算の形は、英国制度にならうこと」という内容が含まれていた。この三原則は、タイプされた文書で示されたが、その後ペン書きの二原則が渡されたとされている。その追加された項目は、国会は一院制でなければならないということと、予算はイギリス式のものでなければならないというものであったといわれている。予算はイギリス型にという点は、最初の三原則にも含まれているので、一院制と三原則というマッカーサーの考え方が示されたとされている。[11] 財政統制に関しては、イギリスを参考にすべきと考えており、こうした考え方を踏まえマッカーサー草案が作成された。

政府に交付されたマッカーサー草案は、次のようなものである。（　）内は外務省の訳。

第七六条　The power to levy taxes , borrow money, appropriate funds, issue and regulate the value of coins and currency shall as the Diet may prescribe.

（租税ヲ徴シ金銭ヲ借入レ資金ヲ使用シ並ニ硬貨及通貨ヲ発行シ及其ノ価格ヲ規整スル権限ハ国会ヲ通シテ行使セラルヘシ）

第七七条　No new tax shall be imposed or existing ones modified expect by action of the Diet or under such conditions as the Diet may prescribe.
All taxes in effect at the time this constitution is promulgated shall continue to be collected under existing regulations until changed or modified by the Diet.
（国会ノ行為ニ依リ又ハ国会ノ定ムル条件ニ依ルニアラサレハ新タニ租税ヲ課シ又ハ現行ノ租税ヲ変更スルコトヲ得ス
此ノ憲法発布ノ時ニ於テ効力ヲ有スル一切ノ租税ハ現行ノ規則カ国会ニ依リ変更セラルルマテ引キ続キ現行ノ規則ニ従ヒ徴集セラルヘシ）
第七八条　No contract shall be entered into in the absence of an appropriation therefor, nor shall the credit of the State be pledged expect as authorized by the Diet.
（充当スヘキ特別予算無クシテ契約ヲ締結スヘカラス又国会ノ承認ヲ得ルニアラサレハ国家ノ資産ヲ貸与スヘカラス）
第七九条　The Cabinet shall prepare and submit to the Diet an annual budget setting forth the complete government fiscal program for the next ensuing fiscal year, including all proposed expenditures, anticipated revenues and borrowings.
（内閣ハ一切ノ支出計画並ニ歳入及借入予想ヲ含ム次期会計年度ノ全財政計画ヲ示ス年次予算ヲ作成シ之ヲ国会ニ提出スヘシ）
第八〇条　The Diet may disapprove, reduce, increase or any item in the budget or add new items.
The Diet shall appropriate no money for any fiscal year in excess of the anticipated income for that period, including the proceeds of any borrowings.
（国会ハ予算ノ項目ヲ不承認、減額、増額若ハ却下シ又ハ新タナル項目ヲ追加スルコトヲ得

国会ハ如何ナル会計年度ニ於テモ借入金額ヲ含ム同年度ノ予想歳入ヲ超過スル金銭ヲ支出スヘカラス）

第八一条　In order to provide for unforeseen deficiencies in the budget a reserve fund may be authorized to be expended under the direct supervision of the Cabinet. …

（予期セサル予算ノ不足ニ備フル為内閣ノ直接監督ノ下ニ支出スヘキ予備費ヲ設クルコトヲ許スコトヲ得…）

第八二条　All property of the Imperial Household, order than the hereditary estates, shall belong to the nation. The income from all Imperial properties shall be paid into the national treasury, and allowances and expenses of the Imperial Household, as defined by law, shall be appropriated by the Diet in the annual budget.

（世襲財産ヲ除クノ外皇室ノ一切ノ財産ハ国民ニ帰属スヘシ一切ノ皇室財産ヨリ生スル収入ハ国庫ニ納入スヘシ而シテ法律ノ規定スル皇室ノ手当及費用ハ国会ニ依リ年次予算ニ於テ支弁セラルヘシ）

現在の日本国憲法の財政の規定と比べるとかなり詳細な規定である。特に第七六条や第八〇条などマッカーサー草案では、マッカーサー三原則にあったようにイギリス型の予算制度を規定したものであり、そこにはドイツ型の明治憲法の考え方を改めなければならないという強い考え方を読み取るのが自然であろう。

こうして示されたマッカーサー草案に対して政府は次のような対案を作成して示すことになる。いわゆる三月二日案といわれるものである。

第九一条　租税ヲ課シ又ハ現行ノ租税ヲ変更スルハ法律ヲ以テスルコトヲ要ス。

現行ノ租税ハ更ニ法律ヲ以テ之ヲ改メザル限ハ旧ニ依リ之ヲ徴収ス。

第九二条　国債ヲ起シ及予算ニ定メタルモノヲ除クノ外、国庫ノ負担ト為ルベキ契約ヲ為スハ国会ノ協賛ヲ経ベシ。

第九三条　通貨ノ価値ノ決定及通貨ノ発行ニ関スル事項ハ法律ヲ以テ之ヲ定ム。

第九四条　国ノ歳出歳入ハ毎年予算ヲ以テ国会ノ協賛ヲ経ベシ。

その対案では、現行の第八五条に相当する国費の支出が国会の権限であるとする規定が削除されている。これは予算が支出統制の形式とされた明治憲法の制度を普遍的なものと考え、予算を国会に議決せしむべき規定をおく以上、国会の支出統制権を規定する必要はないと考えたとされている。(12)明治憲法と同様の規定を置き、同様の解釈をすることで乗り切ろうとしたものと思われる。

このような考え方からマッカーサー草案にあった予算増額修正権などは「国ノ歳出歳入ハ毎年予算ヲ以テ国会ノ協賛ヲ経ベシ」と明治憲法第六四条とほぼ同様の規定に改められている。

当時の内閣法制局第一部長、次長であった佐藤達夫は、その交渉経過について「第八〇条……この条文についても、第一項、第二項いずれも当然のことだとして、その除外を要求した。先方は、国会の減額修正権に重点をおいているらしく、これまで予算が削られたことはないのではないか、などといった。これに対し、戦時中は別として、その前には予算の削減された場合は少なくない、これは協賛権の当然の結果だと説明した。その結果この条文は入れないことに同意を得たが、先方は、その代わりに前条に、for its consideration を入れて、その趣旨をあらわしてもらいたいというのでこれに応じた。私の手記では、この点に関し「(先方ハ増額修正権モ考へ居ルカモ知レズ)」と付記している。」と記述している。(13)

ドイツ・プロイセンの考え方の影響を受けた明治憲法とイギリス型の財政統制を考えたマッカーサー草案とでは、その基本となる考え方は、全く異なっている。イギリス型に改めようとする総司令部側の考え方に対して、明治憲法の考え方でも大きな違いはないとして説明しているわけであり、両者の隔たりは大きいものであった。

小嶋和司教授は、マッカーサー草案七九条、第八〇条の「budget」は、内閣から国会に提出される段階の文書の意味である。第七九条は国会の審議の参考とすべきものの提出を内閣に義務づけたものであり、完全な政府財政計画の叙述でなくてはならず、第八〇条は当然のことを訓示的に規定したものとする。第八一条以下の「budget」は国会議決後の文書を指しており、議決の形式を指して使われるのではなく、国会による議決対象を総括的に指示しているとする。そして、三月二日案では、この「budget」が誤って把握されたとする。[14]これによれば、マッカーサー草案は、アメリカの予算制度を念頭に置いたものであったが、三月二日案は、これを明治憲法の考え方に改めたということになる。

その後、総司令部と政府で最終案を作成する共同研究会が設けられ、検討が加えられ、再び総司令部案の方向に大きく修正されていく。つまりドイツ・プロイセン型の考え方からイギリス型の考え方へと押し戻されていったのであるが、予算の増額修正については明示的に規定されることはなかった。両者諒解案は次のようなものである。

第七九条　The power to administer national finance shall be exercised as the Diet shall determine.

（国ノ財政ヲ処理スル権限ノ行使ハ国会ノ議決ニ基クコトヲ要スルコト）

第八〇条　No new taxes shall be imposed or existing ones modified except by action of the Diet or under such conditions as the Diet may prescribe.

All taxes in effect at the time this constitution is promulgated shall continue to be collected under existing regulations until changed or modified by the Diet.

（新ニ租税ヲ課シ又ハ現行ノ租税ヲ変更スルハ国会ノ協賛又ハ国会ノ定ムル条件ニ依ルニ非ザレバ之ヲ為スコトヲ得ザルコト

此ノ憲法施行ノ際現ニ行ハルル租税ハ国会ガ変更スルニ至ル迄ハ現行ノ法令ニ従ヒ之ヲ徴収スルコト）

第八一条　No money shall be expended, nor shall be the State obligate itself, except as authorized by the Diet.

（国費ヲ支出シ又ハ国ニ於テ債務ヲ負担スルハ国会ノ議決ニ基クニ非ザレバ之ヲ為スコトヲ得ザルコト）

第八二条　The Cabinet shall prepare and submit to the Diet for its consideration and decision a budget for each fiscal year.

（内閣ハ毎会計年度ノ予算ヲ調製シ国会ニ提出シテ其ノ審議及協賛ヲ受クベキコト）

この諒解案になると、支出統制についての国会の議決が復活する。また、第八二条には、「budget」についてその提出目的を示す「for its consideration and decision」が加えられたが、小嶋教授は、この「its」が「国会」ではなく「予算」を指すものと理解されたとされる。この「its」を「国会」とする読み方によれば、「内閣は、国会の審議と決定のために、毎会計年度の予算（budget）を作成（prepare）し、国会に提出しなければならない。」ということになり[15]、内閣は国会の審議の参考資料として予算（budget）を作成して国会に提出するということになる。アメリカの予算制度と同様の考え方によるものということになる。

明治憲法の予算についての考え方をイギリス型・アメリカ型に改めるものとして、総司令部案は起草され、それに対して政府はその規定の解釈においても明治憲法の考え方をできるだけ生かそうとしている。しかし、日本国憲法の財政に関する規定全体を通しての考え方は、当初のマッカーサー原則にある「予算の型は、英国制度にならうこと」にあると考えるべきである。日本国憲法第八三条は、「国の財政を処理する権限は、国会の議決に基づいてこれを行使しなければならない」ことを明確に打ち出している。また、支出統制についても明治憲法と同様の考えの予算（行政行為に対する国会の承認）による統制ではなく、第八五条により「国会の議決に基くことを必要とする」ことを明確に打ち出している。このように国会中心財政主義が明確に規定されているのは、国民代表機関である議会が国の財政に関与し、これを統制するという近代憲法の財政一般原則である財政立憲主義をより徹底した形で確立しようとするものであり、その根底にあるのは、徹底した財政の民主化の実現である。そのための国会の機能が重視されなくてはならない。

明治憲法の考え方は、ここで大きく改められたと見るべきであろう。

日本国憲法の財政に関する国会の権限は、単に法治主義の一般原則の財政についての現れというように捉えるべきではなく、さらに立法機関としての役割を超えた財政の統制機能としての国会の権能として捉えるべきではないか。主権の存する国民を直接に代表する者が組織する国会が国の財政を決定し、それに基づかない財政処理を許さないという国会の権能は、日本国憲法第四一条に「国会は、国権の最高機関であつて……」と定める国会の国権の最高機関性から導き出されるものとして捉えるべきではないか。

日本国憲法第八六条の英文を直訳すると、「内閣は、毎年のその審議、議決のために、予算を準備し、国会に提出しなければならない。」ということである。

国の支出、国の債務について定める第八五条は「国費を支出し、又は国が債務を負担するには、国会の議決に基づくことを必要とする」と規定しているだけであって、その「国会の議決」の形式については全く規定していない。明治憲法においては「国家ノ歳出歳入ハ毎年予算ヲ以テ帝国議会ノ協賛ヲ経ヘシ」（第六三条）と規定し、国家の歳出歳入は予算を以って議決しなければならないこととされていた。日本国憲法の第八五条の規定では、国会の議決がなければ国の支出ができないとされるが、明治憲法のようにそれを予算という形式で定めるということはこの規定からは出てこない。

現実の運営は、第八五条の国会の議決は予算の形式によることとされている。日本国憲法において予算の法的性格はどのように理解すべきであろうか。予算の確定について行政行為と考えるか、立法行為と考えるかは、国会の財政統制に極めて大きな差異をもたらす。

日本国憲法における予算の法的性格について詳しく検討することとしたい。

四　予算の法的性質

日本国憲法では、予算について国会の章で衆議院先議と衆議院の優越について規定を設けているほか、内閣の章では、内閣の事務として予算を作成して国会に提出することを規定している。また、財政の章では、内閣は、毎会計年度の予算を作成し、国会に提出し、その審議を受け議決を経なければならないことを規定している。

この予算の法的性質については、予算は承認案件であるとする見解、予算は法律であるとする見解、予算は法律とは異なる予算という形式の一つの法規範であるとする見解に分かれる。この法的性質は、予算の修正の限界や、予算と法律の不一致などの問題として議論されることが多いが、国会と内閣、財政に対する議会のコントロールの問題として捉えられなければならない。

(1)　承認説

承認説は、予算は議会が政府の一年間の支出を承認する意思表示とする。「法律は国家と人民との間に効力を有し両者の相互の関係に於いて双方の行為を規律するものであるのに反して、予算は、国民の権利義務には直接に関係がなく、専ら国の財政運営に関し国費の支出及び国の債務負担に付き政府の権限を拘束するものである」[16]とし、実質的な意味での法律ではないとする。

法律は、国家と国民との間にその効力を有し、国民の権利を制限し、義務を課すものであるのに対し、予算は政府と議会との間で効力を有し、議会が政府を拘束するものである。法律は永続性をもつが、予算は一年限りしか効力を持たない。法律は、これまでの法律を変更するが、予算を持って法律を変更することはできない。予算のもつ拘束力は、法律のもつ法的拘束力とは異なるものであり、法規範としての効力を否定する。議会が予算により政府の支出を承認することにより政府の政治責任をあらかじめ解除するという効果をもつものとしている。

旧憲法下における予算の法的性質についてはこの承認説が有力に主張されていた。旧憲法下においてこの承認説が有力の唱えられていたのは、明治憲法の制定の経緯のところでも述べたように、予算が本質的に行政行為だと考えたわけではなく、議会が予算あるいは課税について強い権限を持つことを警戒したためであって、そのためには、予算を行政権に属するものとして捉え、法律に従った範囲あるいは天皇の憲法上の権利を妨害しない範囲で、会計予算に関する監督及び責任の一端を議会に持たせたものと考えたからである。

また、法律とはいえないとする理由は、法律とは一般的、抽象的な法規範のうち、国民の権利を制限し、義務を課するものとした伝統的、古典的な「法規」の概念にしたがったものであり、民主主義の憲法体制においては、実質的意味の法律は、もっと広く考えられるべきであろう。国民の権利義務に直接関係がないから法律とはいえないというのは妥当ではない。

承認説は、憲法の規定が、「法律」と異なる「予算」の表現を用いていること、「予算」は内閣が作成するものと規定していること、「法律」とは異なる国会の審議手続が定められていること、予算について公布が必要とされていないことなども承認説を裏付けるとしている。

承認説では、予算の発案権は、当然内閣のみが持つことになる。議会による予算の修正については、増額修正はできないし、減額修正についても義務費、法律費には及び得ないとする見解(17)と承認説の立場であっても国会を財政処理の最高機関とする憲法の精神からみて、一般に、国会の増額修正は理論上可能であり、減額修正も一切制限がないとする見解(18)がある。

予算の性格についての判例として、京都地裁の昭和二八年一一月二一日の判決がある。（行例集四巻一一号二七九四頁）これによると、「国の予算は、国会が政府に対し一年度間の財政計画を承認する意思表示であって、もっぱら国会と政府との間に効力を有するにとどまり、国民の権利義務は、具体的には税法によって定めるもので、国会の予算の議決によって左右されるものではないのであるから、昭和二七年度予算中軍事費に該当する分については原告を含む日本国民において納税の義務なきことの確認を求めるというような訴えは、法律上の利益を欠く」と判示している。これは、予算を政府の財政計画の承認として捉えており承認説を取るものである。政府の財政計画の承認という考え方が、日本国憲法の財政に関する規定の趣旨に合致するものかどうか、もう一歩踏み込んだ検討があってもよかったのではないか。

(2)　法規範説

予算の法的性格を特別の法規範だとする考え方は、予算は、一会計年度の国の財政行為の準則として国会の議決により定立される法規範であるとし、法律とは異なる特殊の法形式であるとする。予算は単なる見積表ではなく、政府の行為を拘束するものであり、この点においては法的拘束力のある法規範という性格を持つとする。この説によれば、予算は国会の議決があってはじめて成立することとなる。予算が法律と異なる特殊の法形式とされる理由としては、政府を拘束するのみで、一般国民を直接拘束しないこと、その効力が一会計年度に限られること、予算の効力に関する憲法の規定が、「法律」と異なる「予算」の表現を用いていること、「予算」は内閣が作成するものと規定していること、「法律」とは異なる国会の審議手続が定められていること、予算について公布が必要とされていないことなどをあげ、法律とは異なるものとする。現在における多くの学者は、この説をとっている。

「予算は、いわば、国家内部的に、国家機関の行為のみを規律し、しかも、一会計年度内の具体的の行為を規律するという点で、一般国民の行為を一般的に規律する法令と区別される。計数をもってなされても、それは広義の法規範性をもった計数であることを見のがしてはならない[19]」とか、「その効力が一会計年度におけるものであるということ、および直接に一般国民の権利義務を対象としそれに対して法的拘束力をもつものではなく（直接に国家と国民との間の関係を規律するものではない）、国家機関の財政行為を規律するものである点で、一般の法律（国法）とは異なる。したがって、この点に重点を置いて、形式的に、予算を法律と区別する制度をとることにも理由がある[20]。」などと説明している。

また、「予算が法規範たる性質をもつかどうかという問題と、予算が法律の形式で定められるものとするかどうかという制度的・形式上の問題とは別である[21]」とする。

この説では予算の増額修正については、予算の発案権を内閣のみが持っていることにかんがみ、予算の同一性をそこなうような増額修正は行い得ないとする。

また、予算と法律に不一致があった場合は、予算の裏付けを欠く法律を誠実に執行しなければならない政府は、そのための予算を作成して提出する義務を負い、予算が成立し、それを執行するための法律がない場合には、予算の支出の根拠となる法律の制定がされるまで執行できない。この場合に国会がその法律の制定義務を負うのかという問題となる。

(3)　法律説

予算は、法規範としての性格を持つとともに、形式的にも法律と同等の特別の法形式であるとする。こうした考え方は、近代憲法より当然のこととされており、予算と法律とは全く同じ物であるとする。

法規範である以上、内閣に対する拘束力が憲法上明らかにされていなければならないが、法律とすれば内閣に対する拘束力が説明できるとする。予算についても制定手続は、憲法第五九条第一項が適用されることになる。法規範説が「法律」と「予算」を区別する理由としてあげる点については、内閣のみに提出権が認められるとされていることは、憲法第八六条や第七三条第五号に、「法律」とは異なる審議手続が定められていることは、憲法第六〇条によって、特別な手続が定められているのであって、それは憲法第五九条の「この憲法に特別の定のある場合」であるとする。また、予算について公布が定められていないのは、法律だからであって予算について定められていないことは当然のこととする。国民を直接拘束していないとする点についても多くの行政組織法は国民を拘束するものではなく、また、限時法の場合は、法律であっても効力は一年に限定されることがあり、このことをもって法律ではないとはできないとする。

法律説は、増額修正や予算と法律の不一致については、明確である。これは法律一般の問題であり、予算修正権には限界はなく、予算と法律の不一致についても法律と法律の問題として解決すればよいということになる。

予算の法的性質については、承認説、法規範説、法律説があるが、予算の確定を議会の行う法規範の定立と考えるか、行政が行うべき行政行為と考えるかに大きく分かれる。この考え方の違いが、財政に関する議会のコントロールがいかになされるのかに極めて重要な意味をもつ。

国会の議決がなければ、国費の支出はできないことについては両者の考え方により異なることはないとしても、その国会の議決は、前者の立場からは、議会が法律あるいは国法の一形式の法規範として予算を定めるということになるし、後者の立場からは予算は、政府が編成した見積もりについて議会が承認を与えるということになる。

杉村章三郎は、予算と法律の不一致の問題に関して、「問題は、法律の執行について内閣の予算に対する発案権がどの程度拘束されるかにある。通常法律と予算との関係として論議される問題の中心は、むしろここに存するわけであり、この問題は究極のところ国会と政府との関係、立法権と行政権との間の意思の優劣の関係に対する憲法の規定なり、論者の考え方によってその解答が異なるものといえよう」[22]とする。

五　国会の財政統制としての「予算」について

(1)「予算」と「予算案」

日本国憲法では、「予算」という言葉は、第六〇条、第七三条第五号、第八六条、第八七条第一項、第八八条に使われている。

「予算は、さきに衆議院に提出しなければならない。
予算について、参議院で衆議院と異なつた議決をした場合に、法律の定めるところにより、両議院の協議会を開いても意見が一致しないとき、又は参議院が、衆議院の可決した予算を受け取った後、国会休会中の期間を除いて三十日以内に、議決しないときは、衆議院の議決を国会の議決とする。」（第六〇条）

「内閣は、他の一般行政事務の外、左の事務を行ふ。
五　予算を作成して国会に提出すること。」（第七三条第五号）

「内閣は、毎会計年度の予算を作成し、国会に提出して、その審議を受け議決を経なければならない。」（第八六条）

「予見し難い予算の不足に充てるため、国会の議決に基いて予備費を設け、内閣の責任でこれを支出することができる。」（第八七条第一項）

「すべて皇室財産は、国に属する。すべて皇室の費用は、予算に計上して国会の議決を経なければならない。」

（第八八条）

これらの「予算」の用語の使い方は、第五九条の「法律」の用語の使い方とは異なる。「法律案は、この憲法に特別の定のある場合を除いては、両議院で可決したとき法律となる。」（第五九条）

法律の場合は、「法律案」と「法律」と用語が使い分けられている。予算については「予算」という用語は「予算案」の意味に解すべきだとされるが、[23] 前述の日本国憲法の制定の経緯を考えれば、「予算」とは「予算案」の意味とは簡単には考えられない。

小嶋教授は、マッカーサー草案では「budget」は内閣が国会の審議と決定のために提出される参考文書として考えられていたと分析される。[24] これはアメリカでは「budget」とは大統領が議会へ提出する参考文書であり、議案の意味に用いられていないことと共通のものであるが、マッカーサー草案、あるいは憲法第八六条の英文の解釈としてはともかく、憲法第八六条の解釈としては無理がある。憲法第八六条を素直に読めば、少なくとも「予算」について議決を経なければならないとしか読めない。

しかし、憲法第八六条は、明治憲法の六四条のように「予算ヲ以テ」議決されなければならないと規定しているものでもない。議決形式については、日本国憲法では、何も定めていないというべきであろう。どのような議決形式によるかは、「憲法典の他の規定など諸種の考慮によって決定されなければならない」[25] ということになろう。

内閣が作成して国会に提出するものは憲法上の用語は「予算案」ではなく「予算」であり、国会が審議し議決するものも「予算」という用語が使われている。法律については、憲法五九条第一項では、国会に提出されるものは「法律案」とされ、国会の両議院で可決されて「法律」となることを明確にしている。また、憲法第七二条では、「内閣総理大臣は、内閣を代表して議案を国会に提出し、…」と規定しているとともに、八六条では「内閣は、毎会計年度の予算を作成し、国会に提出して、その審議を受け議決を経なければならない」と規定している。内閣は、毎会計年度の「予算」を作成して、その作成した「予算」を議案として国会に提出することとしてわけである。

予算の提出は、次のような提出文が付けられている（平成一一年度一般会計予算の例）。

右

平成十一年度一般会計予算

国会に提出する。

平成十一年一月十九日

内閣総理大臣　小渕恵三

また、衆議院が予算を可決し、参議院に送付するときには、次のような送付文が付けられている（平成一〇年度一般会計予算の例）。

平成十年度一般会計予算

右は本院において可決した。

よって国会法第八十三条により送付する。

平成十年三月二十日

衆議院議長　伊藤宗一郎㊞

参議院議長　斎藤十朗殿

衆議院事務総長　谷福丸㊞

これらからも解るように、現在の国会での扱いは、予算案が内閣から提出され、国会で可決されるとそれが予算となるという法律と同様の扱いがなされていわけではない。法律の審議、議決の場合は、法律案が議案であり、両議院で可決されそれが法律となる。予算は、予算案が議案なのではなく、予算そのものが議案であり、国会の議決により、内閣提出の予算案が予算となると規定されているのではない。

憲法第八六条は、「内閣は、毎会計年度の予算を作成し、国会に提出して、その審議を受け議決を経なければならない」と規定しているが、日本国憲法においての八六条の解釈もこの規定により予算の形式をもって国会の議決を経ることを定めたと解す考え方がある。(26)

しかし、憲法第五九条も第六〇条も「予算について議決」という表現が使われている。憲法の規定を文字どおり読めば、「予算」は、内閣において作成され、「予算」として国会に提出され、国会ではそれを議案として審議し、議決するということになる。現に国会での取り扱いも議案として掲げられているのは「平成一一年度一般会計予算」であって「予算案」ではない、委員会に置いても本会議においても「予算案」ではなく「予算」について審議が行われている。

安澤「予算制度の憲法学的研究」二三九頁は、同様の趣旨を「第七三条は、内閣の権限として、「予算を作成して国会に提出すること」と規定しており、また第八六条は「内閣は、毎会計年度の予算を作成し、国会に提出して、その審議を受け議決を経なければならない」と規定している。この規定によれば、内閣が作成したときに、既に予算は出来上がっている。しかし、国会に提出して、その審議を受け議決を経なければ、予算としての効力は、発生しないと解釈すべきであろう」と述べている。

「予算」は、「予算」として国会に提出され、審議され、この議案について国会の議決がなされる。憲法八五条は、「国費を支出し、又は国が債務を負担するには、国会の議決に基づくことを必要とする」と規定しており、内閣が

「予算」を作成したとしてもそれに基づく支出を行うことはできない。この「予算」についての国会の議決が必要であり、この国会の議決があればその議決に基づいて支出することができる。

政府を拘束しているのは、「予算」ではなく「予算」についてなされる国会の議決である。この国会の議決は、議案としての内閣が作成した「予算」についてなされることが必要とされるが、この点を除けば国会が自由に審議し、決定できるものである。

このように考えれば、国会の予算の増額修正は、予算の提案権により影響を受けるものではなく、当然可能となる。法律案の場合を考えてみれば、ある議員から法律案が提案され、それが審議の過程で大幅に修正されることがあっても、その議員の提案権が侵害されたとは考えていない。予算の作成権、提案権というのは、「予算」という議案を提出できる権利と考えるべきであって、それが国会の審議によって大幅に変更されたからといってその権利が侵害されたと考えるのは正しくない。

(2)　予算の提案権

問題は、こうした「予算」の提案権が内閣にのみ認められているのかどうかということである。小林直樹教授は、「予算の発案権は、内閣にある（憲七三条五号、八六条）。議員にも発案権があるかどうかは、規定のうえでは明らかでない(27)」とした上で「多数説も先例も消極に解する。すなわち発案権は、内閣のみに専属すると解される。」とする、さらに「佐々木・宮沢・清宮・佐藤功・和田・橋本等、通説といえる。これは、憲法が予算の作成をとくに内閣の権限と指示したこと、予算の性格上、行政の具体性に応じた具体的・個別的たるべきこと、および財政需要の全体にわたる総合的調製を必要とする、という要請に照らして、妥当な解釈だといえよう。」とされる。

確かに憲法第八六条は、「内閣は、毎会計年度の予算を作成し、国会に提出して、その審議を受け議決を経なければならない」と規定し、第七三条第五号は、内閣の事務として「予算を作成して国会に提出すること」を定めている。これらの条文から国会での予算の審議は、内閣から提出される「予算」について審議をすることが必要であること。その意味では、国会の予算の審議は、内閣から予算の提出がなければ行うことはできないこと。つまり内閣は予算提案権を有すること、及びこの内閣の予算提案を待たずに国会が予算の審議ができないことについては明確に定められている。しかし、これらの規定は、予算の提案権は内閣の専権ということを当然に導き出すものではない。

内閣が予算を提出し、国会の予算審議が始まったのちに野党が対案として予算を提出することができるのかどうか、予算の審議が長引き緊急の必要から議員が暫定予算を提出できるのかどうか、憲法上は明確な規定がない。内閣提出の予算を否決し、野党提出の予算を可決し、それに基く支出が行われても憲法上の規定に明確に反するものではない。予算提案権が内閣の専権であるかどうかについては、簡単に結論は下せない。

小林教授が、予算提案権が内閣に専権であることの理由として挙げておられるのは次の点である。まずは、憲法が予算の作成を内閣に指示したことであり、次に、予算の性格上、行政の具体性に応じた具体的・個別的たるべきこと、財政需要の全体にわたる総合調整を必要とすることである(28)。

内閣の専権の理由として挙げられている前者の点は、後者で挙げられる理由から、まず、内閣に予算を編成させ、それを参考にして、財政を決定することとしたと理解することが可能である。まさに、アメリカの予算教書の考え方といえる。これらの点から内閣の一次的な予算提案権は導き出されるとしても、予算提案権の内閣専権ということまでは出てこない。

内閣の予算提案権の専権の問題は、国の財政を国会が決定するのか、承認するのかという問題と捉える見解もある。「両院の議員には、その発議権はない。これは予算の性質から来る当然の原則である。けだし、予算は政府のなすべき支出等につき政府の要求に対し国会が、これに承認を与える手段だからである」[29]という見解がある。国会が予算を承認するのであるから、自らの要求はなしえないとする。国会が財政を決定するのであれば、政府と異なった内容を提案し決定することもできなければならないということであろう。

この見解の反対解釈としては、予算を承認説ではなく法律説と考えるのであれば、議員に予算の提案権も認められるかのようであるが、議員に予算の提案権がないという点については、学説においてもほとんど異論はない。

憲法第八六条が予算の性格上、まず内閣に毎会計年度の予算提出を義務づけていること、これを待って毎会計年度の予算審議を始めることを定めており、毎会計年度の予算が議題となれば、そこで修正を行うことが可能であることを前提に考えれば、議員に予算の提出権はなく、内閣にのみそれを認めるという解釈が妥当といえるであろう。

この解釈は、予算について国会が自由に修正を行うことができることが前提とされなければならない。内閣の提出した予算の内容が妥当でないと判断したときには、制限のない修正が認められるか、別の議案の提出が認められなければ、国会の予算統制は、内閣の提出する予算の承認ということになってしまう。

(3)　予算の修正権

この問題は、予算の提案権としてではなく、予算の修正権の問題として現れてくる。

予算の修正権については、承認説を取る立場からは、「国会に発案権の無い結果として其の修正権も当然限定せられ、政府提出の原案よりも支出金額を増加し又は新たなる款項を追加する修正は之を発議することを得ない」[30]とする見解と「法律費及び義務費については、すでに歳出の根拠となる法律の制定について国会が同意しているものであるから、その法律の変更なき限り、それに従うべきことは当然であつて、その限りで国会の予算議定権が制限されるという解釈も有力に成立しうる。しかし、財政について国会中心主義を徹底的に採用している新憲法のもとにおいては、国会は、これらの一切の制限なく予算の廃除削減の権限を有するにいたつたものと解すべきではないか」「国会を財政処理の最高機関とする新憲法の精神からみて、一般に、国会の増額修正は理論上は可能であると解すべきである(31)」とする見解がある。後者の見解は、承認説に立ったうえで、国会の財政決定権限を認めようとするものであるが、内容を大きく改めた承認は、原案の承認とはいえないであろう。

法規範説によると予算の修正については、「国会を財政処理の最高議決機関とする憲法の精神からみて、ある程度の国会の増額修正は可能のものとみなされる。しかし、国会の増額修正は、無制限ではあり得ない。憲法は、他方において、予算発案権を内閣に専属せしめているのであるから、この建前を根本からくつがえし、予算の同一性をそこなうような大修正は許さないものと解しなければならない(32)」とする見解と、法規範説に立ったうえで、「内閣の予算提案権を侵害するような増額修正は認められないとし、そこに国会の増額修正の法的な限界を理由づけることは正当でないと思われる。すなわち、この見解は、旧憲法の下においてとなえられた「発案権なきところに修正権なし」とする考え方に通ずるものであり、また、国会は予算全体を否決する権限すらゆうしているにかかわらず、一つの費目（款項）に属する小額の増額修正すら、予算提案権が内閣にあることのみを理由として、なしえないとすることは不合理であるというべきである。したがって、もしも増額修正権の限界を主張しようとするには、提案権の所属のみではなく、さらに別の理由が要求されるといわなければならない。」「国会の予算修正権に対する法的限界について、それを理由づけようとする見解はいずれも成立しないように思われる(33)。」とする見解がある。

予算の法的性格は法規範として位置づけるとしても、国会の財政統制権限を、政府の財政支出の承認と見るのか、国会による財政の決定と見るのかという考え方の違いが修正の問題として現れているものといえる。

法律説の立場からは、予算と法律は同一のものであり、その修正の限界はないということになる。国会が、憲法

第四一条により「唯一の立法機関」とされていることから、法律の内容は、形式的にも実質的にも国会が決定されなければならない。予算の修正に限界がないことは当然のことである。

この問題は、国会でも議論されており、政府は昭和五二年二月八日の衆議院予算委員会で真田内閣法制局長官が統一見解を答弁している。これは、予算について「項」の新設の増額修正ができるかどうかについて問題なったときものであるが、このときに答弁された政府の見解は次のようなものである。

一　予算については、憲法上内閣のみに提案権が与えられており、一方、国会はこれを審議し、議決する権限を有する。

二　国会の予算修正については、増額修正を含めて可能と考えるが、それがどの範囲で行い得るかは、内閣の予算提案権と国会の審議権との調製の問題であって、前記のような憲法の規定から見て、国会の予算修正は、内閣の予算提案権を侵害しない範囲内において可能と考えられる。

三　御指摘の「項」の新設の問題については、「項」が予算の議決科目の単位であり、政府の施策がこれによって表現されるものであることを考えると、一般的に言って、内閣の予算提案権との関係からむずかしかろうと考える。

また、仮に、「項」の新設でなくても、既存の「項」の内容が全く変わってしまうような修正であれば、同様の趣旨から問題がある。

しかし、具体的にどのような修正が予算提案権を侵害することになるかは、個々のケースに即して判断すべき問題であると考える。

政府見解は、このようなものであり、国会のよる予算の修正については、予算提案権と国会の審議権の調製の問題としている。国会の審議権が、なぜ、内閣の予算提案権によって制限されるのか、この見解は、全く答えていない。

承認説は、予算が行政行為の承認であることによるものとしているが、この見解では、予算提案権が内閣に専権であることから国会の審議権が制限されることを導こうとしている。

内閣の予算編成は、国会の定める法律に従ってなされなければならない。そこで、法律費、義務費については、法律に従って予算が作成され、提案されているのであるから、国会においてもその修正は、行い得ないとする見解であれば、理解はできるとしても、内閣の予算提案権が如何なる場合に侵害されるのか、全く不明である。

内閣の予算提案権を害することができないとすれば、国会は、予算を全面的に組み替えて提出すべきとする予算組み替え動議は、予算提案権を害したことにならないのか。また、予算を否決することは、いかに考えるべきかということになろう。

内閣提出の予算の同一性を害するような、全面的な予算の組み替え動議や予算の否決を認めるのであれば、仮に、国会と内閣の意思が一致せず、何度も予算の組み替えが繰り返されるような場合、あるいは新年度直前のような予算の決定の緊急性を有する場合には、内閣の予算に賛成するか、予算を議決しないかのいずれかを迫ることとなる。国会は、自らの意思でその内容を確定する手段を持たないことになってしまう。国会は、内閣が作成した予算を承認する権限しか持っていないということになろう。

議院内閣制をとる以上このような事態は、憲法の想定するところではないという意見があるかもしれないが、憲法において内閣不信任案の可決を想定している以上、そのような場合も想定できないということはない。

政府見解では、この場合においては、内閣は、国会が可決できる予算案を作成して提出する義務があるとでもいうのであろうか。もし、そのようなことがいえるのであれば、内閣は、その提出した予算を国会が修正して議決することを受認する義務があるということとしても何ら変わるところはない。

予算の修正については、国会においても議論され、両院法規委員会において議決されその見解が示されている。

両院法規委員会というのは、新憲法の施行から昭和三〇年まで国会に置かれていた両議院からの委員一五人で構成する委員会で、両議院及び内閣に対し、新立法の提案並びに現行法令に関して勧告し、国会関係法規を調査研究して、両議院に対し、その改正について勧告するものであったが、第二回国会の昭和二三年二月二六日に予算の増額修正権について次のような勧告を議決している。（第二回国会両院法規委員会会議録第六号一頁）

要　旨

予算についての国会の増額修正権に関する憲法の解釈は、左のごとく決定するよう両議院に処置されたい。

記

国会は予算の増減または予算費目の追加もしくは削除等すべての内閣の提出した予算に関して最終かつ完全な権限を有する。

その後四月三日の両院法規委員会でこの勧告について、衆議院法制部長三浦義男が「予算の増額修正権に関する問題でありまするが、この問題については一応勧告して、その後大蔵省等にもこれが一応移されたように聞いておりますが、これについては事務的にも大蔵省とのいろいろの折衝もまだ行われておりませんので、どういう結末になつておりますか、私どもとして存じていない次第であります」と報告している。

この国会の議決の問題がなぜ、大蔵省との折衝が必要であるとして処理されなければならないのか。国会として、国会の予算の増額修正権についてこのような解釈をとることを宣言している以上、このような解釈で議事運営を行えばいいのではないか。

予算の増額修正については、内閣から提出されるものは、国会の審議の対象となる議案としての「予算」であり、それを審議し議決して決定するのは、国会の権限である。これは、憲法第八三条、第八五条、第八六条から導き出されるのであって、そこには国会の審議を制限する考え方は読みとれない。政府見解は、憲法第八六条、第七三条第五号により、予算提案権が内閣の専権と定められていることを理由に、国会の審議権の制限を導き出しているが、第八六条の規定「内閣は、毎会計年度の予算を作成し、国会に提出して、その審議を経なければならない」を素直に読めば、それは「予算」という議案の提出権ということではなく、「予算」という議案を作成し、提出する義務を政府に課し、この義務を規定していることから、国会には内閣の予算の提出を待って予算の審議を始めなければならない義務を課していると考えるべきである。

国会は、内閣の予算要求を全く参考にせずに、予算審議をしてはならないということが規定されていると考えるべきであって、国会の予算審議が内閣の予算提案権をもって制限されるという解釈は、国会の両院法規委員会の議決も考えあわせると取り得ないというべきであろう。

「予算」に対して国会でどの程度の修正が可能かという問題は、「予算」という議案に対し、国会審議において国会がどこまで修正できるかという問題として考えるべきであり、「予算」に特有の問題として考える必要はなく、法律案の場合と同様、その議案と同一の審議対象の範囲であれば制限はないこととなる。「予算」について考えるのであれば、暫定予算の審議中にそれを一般会計予算に修正することはできないが、その年度の一般会計予算の審議であれば、その年度の国の歳入歳出の予定的見積全般が審議の対象となっており、その範囲であれば、増額修正であっても何の制限もなくできるということになろう。

財源の必要なものについて、その手当をせずに、増額修正を行うことができないのは、当然のことであるが、それは、内閣の予算提案権の問題ではなく、予算そのものの性質上の問題であって、国会もその予算の性質に反した議決をなすことができないというだけのことである。

(4) 財政構造改革法

内閣の予算提案権と国会の関係については、平成九年に成立した財政構造改革の推進に関する特別措置法いわゆる財政構造改革法を問題にしなければならないであろう。

この法律は、財政収支が著しく不均衡だとして集中改革期間（平成一〇年度から平成一二年度まで）における一般会計予算の主要な経費の量的縮減目標を規定している。内閣が提出する予算については、この法律に従った作成を義務づけているわけであり、内閣の予算提案権について法律で制限を設けたものといえる。

国会では、この法律が、内閣から提出されたものであったため、内閣の予算提案権を制限するという議論はなされず、この法律は、その後の国会での予算審議を制約するかという問題が議論された。

しかし、この法律は、内閣の予算提案権を法律により制限ができるかという問題としてとらえなければならない。憲法第八六条、第七三条第五号により、内閣に予算の作成、提出の義務を課しているが、どのような内容の予算を作成するのかは、法律に従わなければならないものの、それ以外は内閣の専権と考えるべきである。この内閣の専権とされている予算提案権について、法律がその内容を一部拘束をすることになる。

予算提案権が内閣の専権であることの理由として、「予算の性格上、行政の具体性に応じた具体的・個別的たるべきこと、および財政需要全体にわたる総合調整を必要とすること」を理由としてあげた小林教授の見解を紹介した。このような理由からその内容の決定を内閣に任せているのであって、この行政に応じた具体的・個別的な判断についての財政需要全体にわたる総合調整を財政構造改革法では法律をもって規定しているのである。

議員に予算提案権が認められないとすれば、このような法律は適当ではないことになる。

現行の法制度に従った、財政運営を内閣の責任で要求させ、それを国会が審議し決定するという憲法の考え方を大きく変革するものといえる。野党の構想した大胆な財政運営の指針が法律として可決成立した場合などは、どのように考えるのであろうか。国会は、法律を定めるだけではなく、財政運営の基本的指針についても決定することになり、内閣はそれに従った予算の作成が義務づけられる。その基本的指針に従って作成された予算を国会が審議し、議決するということになる。

内閣が第七三条第五号により作成する予算は、内閣が現行法律に従って、その専権によりその内容を決定すべきである。予算の作成権に制限をもうける法律は、現行法律の執行としてどのような財政運営を行うかという財政需要全体の総合調整という行政の権限を直接規制するものである。このような規制の仕方が、国会の無制限の予算修正よりも問題が少ないという考えはとても取り得ない。国会は、事前にこういう予算を作れという法律を可決することにより、修正の実現どころか、予算提出権すら実質的に手に入れることができるのである。

(5)　「予算」の法規範性

「予算」の法規範性は、「予算は国家機関に対し法的拘束力を有するものではあるが、それは予算のうち歳出予算に関してである。歳入予算は単に収入の見積であって、歳出に対する財源を指示するに止まり、国が収入そのものを獲得する権限は法令によって与えられる(34)」とされる。

予算を法規範とするのであれば、歳入についても何らかの政府に対する拘束が考えられなければならない。歳入については単に収入の見積とするのではなく、この部分に収入法としての性格がなぜないのかということに答えなければならない。

予算も法律であるという法律説を徹底すれば、歳出部分は予算法として、歳入部分は収入法としての租税法として議決すべきということになる。

この点について北野弘久教授は法律説に立ったうえで、「歳出予算については法律としての規範的拘束力を持つ。歳入予算については毎年「予算」の成立することによって別に存在する各種の税法の規定などが毎年効力（具体的に歳入徴収をなしうる効力）をもつに至る。このように歳入予算についても法的効力が伴う[35]」とされる。しかし、具体的に歳入予算に計上された額までの歳入徴収権限が具体的に付与されるものであり、その権限がなければ歳入徴収がなしえないと考えることは現実的ではない。

昭和六二年度予算は、売上税の導入を見越して当初予算の歳入として売上税収が計上されており、物品税その他の売上税の導入により廃止される税については計上されていなかった。歳入予算は、単に収入の見積であってこれでも予算の執行ができないことはないとされたが、北野教授の見解からは、物品税その他については、「予算（法）」に反する違法な課税がなされたことになる。

予算全体を法律として捕らえるのであれば、歳入予算についても法的拘束力を説明する必要があろう。

「予算」を法律とは異なる国法の一形式とする法規範説では、「予算が内閣に対し拘束力をもつことは第八三条が国の財政処理は国会の議決に基づかなければならないと規定していることから説明する[36]」としているが、この説においても歳入予算が政府をどのように拘束しているのか説明が必要となろう。

第八六条の解釈を「予算」という議案についての国会の議決と考えれば、この国会の議決が法規範として効力を持つのは、憲法第八五条が「国費を支出し、又は国が債務を負担するには、国会の議決に基くことを必要とする」ことから、国費の支出について拘束力を持つということであり、歳出予算に関して拘束力を持つことが説明できる。

憲法第八五条がなぜ、国会の議決にこのような強い拘束力を認めているのかということであるが、予算法律説の立場は、予算を法律として説明しなければ、政府に対する拘束力を説明できないとするが、憲法第四一条の「国会は、国権の最高機関であつて、国の唯一の立法機関である」と規定している「国権の最高機関」という趣旨、また憲法第八三条の「国の財政を処理する権限は、国会の議決に基いて、これを行使しなければならない。」という国の財政処理の基本原則における国会の機能から、第八六条の国会の議決が法律と同等の拘束力を持つことが導き出されるのではないか。

憲法が、財政として特に一章を設けている意味、財政に関する議会統制が近代憲法に果たした意義を考えるのであれば、国会が財政を決定するという財政国会中心主義を重視した解釈がなされるべきであろう。

国会による財政統制は、議会による執政権のコントロールの問題であり、国会優位の解釈は、国権の最高機関にかなったものといえるであろう。

六　おわりに

国会と財政ということで、国会の財政統制に関する権限、特にそのうちの予算による支出統制について、国会と行政の関係を考えるうえにおいて必要となる事項について、まとめてみたつもりである。

日本国憲法は、国会財政中心主義を採用し、国民の代表機関である国会に広範な財政統制権限を与えた。

日本国憲法における財政規定は、国会の財政統制権限の制限という点で明治憲法とは全く異なるものである。明治憲法においても財政立憲主義が採用され、租税法律主義、予算制度の導入など一定の評価を受けている。しかし、国会と財政、国会の財政統制機能という面では、明治憲法にはいかに議会の財政統制権限を制限し、政府の都合のよいものにするかという考え方が読み取れるのに対し、日本国憲法にはできるだけ広範な国会による財政統制の実現という考え方が読み取れる。

予算と法律の不一致の問題について杉村章三郎は、「問題は、法律の執行について内閣の予算の発案権がどの程度拘束されるかにある。通常法律と予算との関係として議論される問題の中心は、むしろここに存するわけであり、この問題は究極のところ国会と政府との関係、立法権と行政権との間の意思の優劣の関係に対する憲法の規定なり、論者の考え方によってその解答が異るものといえよう[37]」と指摘している。

近代議会制民主主義の発展の歴史においても、財政統制に関する議会の権限は、議会制民主主義は議会による財政統制権限の確立の歴史といわれるほどに不可分のものであった。近代議会制民主主義の発達の歴史の中で、議会と執政権の力関係を常に反映しながら、議会の財政統制権限が形成され、確立されていった。諸外国の財政統制権限は、こうした各国の議会と執政権の関係をよく表している。

日本においても、明治憲法により財政立憲主義が導入され、さらにそれが日本国憲法に発展していったが、その過程においては議会と政府の力関係が反映されている。

財政統制権限は、立法権と行政権の関係がもっとも顕著に表われてくる問題といえる。明治憲法における考え方は、この問題は議会と行政との間の意思の優劣が行政優位にあったことを示すものともいえる。日本国憲法においては、この国会と行政との間の意思の優劣については、憲法第四一条により「国会は、国権の最高機関」であると示すことによって国会優位の考え方を打ち出している。

日本国憲法制定時における、議会の財政統制権限をいかに強化するかという考え方と、明治憲法下の財政統制における議会と執政権の関係をいかに維持するかという考え方の対立が、現行憲法においてどのように解決されているのか。この解釈の違いが、予算の増額修正に関する国会の両院法規委員会の議決と内閣の統一見解に現れているといえるだろう。

日本国憲法の解釈としては、財政の処理の基本原則を定めた憲法第八三条の規定が設けられていること、支出統制に関する第八五条が設けられていることはもっと重視されてもいいのではないか。また、これに加えて、憲法第四一条が国会を国権の最高機関として立法、司法、行政を同列の国家機関として位置づけながらも優位においていることは、憲法全体の規定の解釈運用において重視されなければならない。

この考え方の違いは、予算の法的性格において最もよく現れてくる。それは、国会の支出統制についてどのように考えるかという問題であり、行政権に対する立法権の関係として捉えなければならない。この問題を考えるにあっては、行政とはどういうものか、立法とはどういうものかということが重要となる。法律による行政ということ、特に資金交付行政と法律ということについて、議会の財政統制とどう調和させて理解するかということが重要であろう。

以上のことを踏まえて、国会の財政統制権限について解釈するのであれば、予算を法律として捉えなくても予算に対する国会の議決についての拘束力を定める憲法第八五条を中心にした解釈が可能であろうし、憲法第八六条、第七三条第五号から内閣の予算提案権の専権を導く出すところまではともかく、それを侵す国会修正が許されないという解釈は成り立たないことになるであろう。

政府の統一見解は、国会の予算増額修正は認められるが、内閣の予算提案権を侵害しない範囲においてのみ行えるとして、これとは違った解釈をしている。国会の財政統制については、立法権と行政権との意思の優劣の問題と考えられるのであり、政府としては、できるだけ行政権を制限しない方向での解釈がなされるのは当然のことであろう。こうした政府の解釈をそのまま受け入れるのではなく、立法権と行政権との意思の優劣の問題としてこの問題を捉え、その上でどのように考えるのか検討する必要がある。政府の考え方を疑問を持って捉えることも重要であろう。

社会国家現象が進行し、行政権の役割が飛躍的に増大してくると、社会権として国家の国民生活の介入が進んできた。こうした現代国家においては、権力分立の在り方も変容してきている。こうした権力分立の変容は、立法の概念にも変化をもたらし、議会の役割もそれに応じたものに変わってきている。

こうした中で、議会主義の活性化が叫ばれている。行政も給付行政、資金交付行政の比重が増してきており、国会が国民代表機関として、国権の最高機関としてその機能を十全に果たすことができるよう財政統制権限の行使が求められている。

国会の財政統制機能がどのように果たされ、いかにあるべきかという問題は、財政が国民生活に与える影響を認識し、社会権の保障としての国家の介入、それに対する国民代表機関の役割について、日本国憲法における行政権と国権の最高機関としての国会との関係として、どのようなものが求められるかという問題であり、「国権の最高機関」として国会にどのような機能を求めているのかという問題ともいえるのではないだろうか。

(1) 美濃部達吉『逐条憲法精義』六二一頁。
(2) 杉村章三郎『財政法』一〇頁。
(3) 美濃部達吉『逐条憲法精義』六二一頁。
(4) 美濃部前掲六二一頁。
(5) 美濃部前掲六四四頁。
(6) 美濃部前掲六八七頁。
(7) 美濃部前掲六九一頁。
(8) 美濃部前掲六九〇頁。
(9) なお、伊藤博文『憲法資料』上巻二六三頁、杉原泰雄『憲法Ⅰ』三四三頁以下参照。
(10) この「日本の統治体制の改革」については、小嶋和司「財政」日本国憲法体系第六巻一六二頁、連合国最高司令部「日本の新憲法」(小嶋—芦部—久保田訳) 国家学会雑誌六五巻一号参照。
(11) 安澤喜一郎『予算制度の憲法学的研究』二一〇頁。

(12) 小嶋和司前掲一六六頁。
(13) 佐藤達夫『日本国憲法成立史』第三巻一四四頁。
(14) 小嶋前掲一六四頁以下。
(15) 小嶋前掲一六七頁。
(16) 美濃部達吉『日本国憲法原論』三九〇頁。
(17) 美濃部前掲三九一頁。
(18) 法学協会『註解日本国憲法』下巻（二）一三〇三頁、一三〇四頁。
(19) 清宮四郎『憲法Ⅰ〔第三版〕』二七〇頁。
(20) 佐藤功『憲法（下）〔新版〕』一一二三頁。
(21) 佐藤前掲一一二三頁。
(22) 杉村章三郎『財政法』六九頁。
(23) 佐藤功『憲法（下）〔新版〕』一一三一頁。
(24) 小嶋前出注6参照。
(25) 小嶋和司『憲法概説』五一七頁。
(26) 吉田善明『日本国憲法論〔新版〕』一七五頁。
(27) 小林直樹『憲法講義 下』四二一頁。
(28) 小林前出注27。
(29) 法学協会『註解日本国憲法』下巻（二）一二九七頁。
(30) 美濃部達吉『日本国憲法原論』三九一頁。
(31) 法学協会前掲一三〇三頁、一三〇四頁。
(32) 清宮四郎『憲法Ⅰ〔第三版〕』二七五頁。
(33) 佐藤前掲一一三九頁、一一四一頁。
(34) 佐藤前掲一一二四頁。

(35)　北野弘久『新判例コンメンタール日本国憲法三』一六〇頁。
(36)　佐藤前掲一一二七頁。
(37)　杉村章三郎『財政法』六九頁。

2　租税と議員立法

浅野善治

一　はじめに

最近、議会の機能強化、国会の改革が叫ばれ、国会改革の中心的な課題として、議員の立法活動の活性化による国会の立法機能の充実が問題とされている(1)。憲法四一条において「国会は、国権の最高機関であって、国の唯一の立法機関である」と規定されているが、この憲法の考え方、精神から現実が乖離してしまっているのではないかという問題点の指摘である。

法律は、国会が唯一の立法機関であり、そのすべては国会で可決され制定されているが、その法律案の提出権は、国会議員と内閣が有するものとされている。内閣の法律案提出権については、異議を唱える考えもないではないが多数説はこれを認めているし(2)、現状は、重要な政策のほとんどは、内閣提出の法律すなわち政府立法によって制定されている。政策決定の過程においても官僚が重要な役割を果たし、国会の立法機能が、国会議員主導ではなく、官僚主導で進められ、国会が本来の機能を果たしていないとの指摘も聞かれる(3)。税法を中心に議員立法と内閣立法の立法過程を比較し、その問題点を探ることとしたい。

二　平成八年及び平成九年の通常国会における立法活動

(1)　第一三六回国会

平成八年の通常国会である第一三六回通常国会では、衆議院議員提出の五法律案、参議院議員提出の二九法律案と内閣提出の九九法律案が審議の対象となった。

そのうち、議員提出の法律案は、衆議院議員提出の一〇法律案と参議院議員提出の一法律案が可決成立し法律となったが、衆議院議員提出の二法律案、参議院議員提出の一法律案は継続審査となり、衆議院議員提出の一七法律案、参議院議員提出の三法律案は審査未了で廃案となった。内閣提出の法律案は、九九の全法律案が可決成立し法律となった。

法律案の成立率は、議員立法では二八・九%、内閣立法では一〇〇%となっている。成立率が大きく異なることは議院内閣制を採用しており、やむを得ないとも考えられるが、野党が提案した議員立法の中には、実質審議が全く行われないままに廃案になるものが多いということに注意しなければならない。(4)

税法関係の法律案は、議員立法としては、衆議院では、大蔵委員長から提出された(5)米の生産調整により稲作転換を行った農業者に交付された補助金に対する税負担を軽減する措置を定めた「平成七年度の水田営農活性化助成補助金についての所得税及び法人税の臨時特例に関する法律案」が成立したほか、新進党から提出されたＮＰＯについての税制を整備し寄付金について優遇措置を定める「法人税法等の一部を改正する法律案」、「地方税法の一部を改正する法律案」が審査未了で廃案になっている。参議院では、議員提出の税法関係の法律案はなかった。

政府立法としては、平成八年度の税制改正を内容とする「租税特別措置法の一部を改正する法律案」、「地方税法等の一部を改正する法律案」の二法律案が成立した。

(2)　第一四〇回国会

平成九年の通常国会である第一四〇回通常国会では衆議院議員が新たに提出した議員立法は四五法律案[6]、参議院議員が新たに提出した議員立法は一一法律案であり、継続審査となっているものと併せて衆議院議員提出の五三法律案、参議院議員提出の一一法律案と内閣提出の九五法律案が審議の対象となった。

そのうち、議員提出の法律案は、衆議院議員提出の一一法律案と参議院議員提出の三法律案が可決成立し法律となったが、衆議院議員提出の七法律案、参議院議員提出の二法律案は継続審査となり、衆議院議員提出の五法律案は否決され、衆議院議員提出の二八法律案、参議院議員提出の六法律案は審査未了で廃案となった[7]。内閣提出の法律案は九〇法律案が可決成立し法律となり、五法律案が継続審査となった。

法律案の成立率は、議員立法では二一・九%、内閣立法では九四・七%となっている。議員立法の成立率は、平成八年の第一三六回国会に劣っているが、第一四〇回通常国会では、これまでとは違った最近の議員立法の活性化に向けた動きが現れて来ている。ストックオプション制度の解禁を定める商法改正法案[8]、選択性夫婦別姓を定める民法改正法案、NPO法案、サッカーくじ法案や臓器移植法案など重要な内容の議員立法が数多く提案された。また、委員会において、これらの議員立法に関する質疑が活発に行われたことも注目される[9]。

第一四〇回国会では税法関係についても野党が積極的に法律案を提出している。税制関係の議員立法としては、衆議院では、大蔵委員長から例年提出されている米の生産調整により稲作転換を行った農業者に交付された補助金に対する税負担を軽減する措置を定めた「平成八年度の新生産調整推進助成補助金等についての所得税及び法人税の臨時特例に関する法律案」が成立したほか、新進党から最近の社会情勢に対応した緊急の税制措置を提案した「経済の活性化及び経済構造の改革に資するために緊急に講ずべき税制上の措置に関する法律案」[10]が提案された。その後この法律案は、野党共同提案をねらって撤回され、減税部分のみ切り離して太陽党との共同で「平成九年分所得税の特別減税のための臨時措置法案」として提案されたが審査未了廃案となった。共産党も使途秘匿金の法人税課税の強化について独自の「租税特別措置法の一部を改正する法律案」を提案したが、審査未了廃案となっている。また、新進党のＮＰＯ関連税制改正案である「法人税法等の一部を改正する法律案」、「地方税法の一部を改正する法律案」が再提案されたが、審査未了廃案になっている。参議院では、議員提出の税法関係の法律案はなかった。

政府立法としては、世界貿易機関の勧告に対応するための「酒税法の一部を改正する法律案」、平成九年度の税制改正を内容とする「租税特別措置法及び阪神・淡路大震災の被災者等に係る国税関係法律の臨時特例に関する法律の一部を改正する法律案」及び「地方税法及び国有資産等所在市町村交付金法の一部を改正する法律案」の三法律案が成立している。

三　議員立法と政府立法

一九四七年（昭和二二年）五月の第一回国会から第一四〇回国会までの法律案の提出件数と成立件数、成立率を調べてみると、衆議院議員提出の法律案は二七〇八件、そのうち成立したものは九七五件、参議院議員提出の法律案は九二九件、そのうち成立したものは一五九件、内閣提出の法律案は七六四五件、そのうち成立したものは六六七九件となっており、成立率は、議員立法は三一・二％、内閣立法は八七・四％となっている。[11]法律案で比較すればこのようになるが、内閣立法であっても、政党、国会議員が修正案という形で内閣の政策の全部又は一部に反対の意思を表明していることも少なくない。

衆議院議員提出の税法関係の議員立法は第一回国会から第一四〇回国会までで一六二法律案あり、そのうち成立したものは五七法律案である。（資料参照）

税に関する法律は、与野党が一致して大蔵委員長が提出するものを除けば、議員立法が少なく、税理士法、納税貯蓄組合法は議員立法であるが、所得税法、法人税法、消費税法、地方税法などの恒久的な各種税法は、すべて内閣立法により制定されている。また、毎年三月に制定される税制の年度改正も内閣立法で行われている。

税法関係の議員立法は、制度全体を定めているものは少なく、ある特定の適用対象の税負担の軽減などの特例を定めるものが多いが、野党から提案されたものの中には、夜勤手当の非課税、寒冷地控除、労働組合費控除や法人税の累進税率など新しい措置を定めるもの、国税審査庁を設置する国税審判法案（昭和四四年、社会党提出）、土地増価税法案（昭和五一年、社会党・公明党提出）、各種控除額の物価スライドを定める所得税の物価調整制度に関する法律案（昭和五六年、社会党）など新しい制度を提案しているものや、消費税法を廃止する法律案（平成元年、社会党・公明党・民社党・進民連提出）、税制再改革基本法案（同）など大胆な改革構想を打ち出したものもある。

特に最近では、政府がなかなか決定しない有価証券取引税の廃止や、平成九年の所得減税など独自の税制に関する政策を打ち出すものも多くなっている。税制についても野党が積極的に議員立法として法律案を提出する動きが出てきており、野党提案のこれらの法律案は、成立こそしなかったものの、税制に対する議論を深めるという点で極めて重要な意味を持つものといえる。

四　租税と議会

租税については、憲法では三〇条と八四条の二つの規定を設けている。三〇条は「国民は、法律の定めるところにより、納税の義務を負ふ。」として国民の納税の義務について規定している。国家の存立維持のためには、費用が必要であり、その費用は国民がその能力に応じて負担しなければならないが、納税義務の具体的内容は、法律の定めるところによることを明確にしている。これは租税法律主義の原則を示すものであるが、この原則については、国の財政に対する国会の権限という面から八四条に「あらたに租税を課し、又は現行の租税を変更するには、法律又は法律の定める条件によることを必要とする。」と定められている。これらは、財政における民主主義の表れである。

近代議会民主主義は、財政に対する国民の統制を確立するための戦いであったともいえる。一二一五年のイギリスのマグナ・カルタには国会の同意なくして国王は租税その他の徴収金を課することができないとする原則（一四条）が定められているし、フランス革命においても財政問題に対する国民の不満が動機の一つとなり、一七八九年のフランス人権宣言には「すべての市民は、自身でまたはその代表者により公の租税の必要性を確認し、これを自由に承認し、その使途を追及し、かつその数額・基礎・徴収および存続期間を規定する権利を有する」（一四条）と規定されている。

憲法の規定としての租税の意義は、国民がその代表者によって自らに課す租税の内容を決定し、その課税が適正に行われていないときは、これを是正する権利を有しているということであろう。

憲法では財政民主主義について定めており、主権者たる国民が直接に財政運営の監視や個々の政策形成に関与しなければならないということに意味をもつ[12]。特に租税については、租税法律主義を明確に定め、国民の代表者によって適正に租税の要件を決定することが重要となってくる[13]。

　こうした観点から税法については、国会がもっと積極的にその制定に関与すべきであって、国会主導、議員主導による税制の決定が重要視されなければならないであろう。

　なぜ、議員立法による税法の制定が少ないのか、その問題点を考えることとする。

五　議員による税法の立案

　国会議員による法律案の提出[14]は、まず議員本人や議員の所属する政党、その政策スタッフがその内容の立法化をしようとする考えを持つことから始まる。このような考えを持つに至る過程においては、議員や政党の支持者、市民団体などからの要望や、議員個人の勉強会などにおける学識経験者からの意見などが契機とされることも少なくない。ここでは立法の端緒となる情報にいかに幅広く接することができるか、そしてこれらの情報が的確に分析することできるかが重要となる。

　特に税法の場合は、どのような所得階層の人がどの程度の税を課せられているのか、サラリーマン、自営業者、農業所得者などの様々な区分ごとの詳細な情報が必要になる。また、納税者の要望としてどのようなものがあるのか、どのような課税逃れの実態があるのかなどの税務執行の実態なども必要不可欠な情報である。こうした情報は、行政情報として日々集められている情報であるが、個人の課税情報であり、行政機関外に公開されることが適当とされない情報も少なくない。

　国会議員が税に関する法制度を提案しようと思っても、このような情報が必ずしも十分には集められない。税率の所得区分を動かした場合や税率を一％動かした場合にどの範囲にどの程度の影響が出るのかということは、政府であれば簡単に知り得る情報であるが、議員はこうしたことすら容易には知り得ないのである。

議員立法を立案する場合に、立法の端緒となる情報が政府立法の場合に比べて劣っていることは、税法の限られることではないが、税法の場合には、税制度を考える場合に必要不可欠となる重要情報のほとんどが、課税当局の内部の情報であり、守秘義務の対象となる情報も多く、大きな問題となっている。

議員によりまとめられた考えは法律案の案文にする作業に移され、立案依頼として議院法制局(15)に持ち込まれる。政党の政策スタッフによりかなり具体的にその考えが示されることもあるが、抽象的な考えが簡単に口頭で伝えられることもある。議院法制局では、議員から示された考えをできるだけ忠実な形で法律案の形式に整理して行く作業が行われる。

まず、検討されるのが、このような考えが憲法の考え方と抵触していないかという点である。議員から示される考えは、現行の法体系との整合性について調整がなされたうえ構想されているものは少ない。こうした考えがその制度全体にどのような影響があるのか、類似の制度など関係する制度の考え方と調和がとれたものであるのかなど、関係のある法制度全体との整合性についての検討が行われる。

税法の場合も税体系にどのような影響を及ぼすのか、既存の税理論との整合性が取れるものか。まったく新しい理論によるものであれば、その理論が成り立つのかの検討が行われる。こうした考えは、一つの法制度改正として打ち出すのであるから、考えられる反対意見のうち法制的なものについては、それに対応した説明ができるものでなくてはならない。その構想に法制的な見地からどのような問題点があるのかの検討がなされる。

税理論の検討は、不適切な課税の排除という観点からも極めて重要なものである。税理論として成り立たないものは、法制的に問題がある制度として再検討され、不適切な立法の大きな歯止めとなっている。

こうした角度からの検討・協議が議員あるいは政党の政策担当職員と議院法制局の間で行われる。問題点を協議して行く中で、その政策の手直しが行われることも少なくないが、議員立法の基本は、政党、議員の政策をなるべく忠実に法律案の形に整理することにあるのである。

政策が法律案の形に整理されると、これが各党の党内手続きで了承され国会に提出される。各党内の手続きについては、いろいろなケースがある。政策を作り上げて行く過程が党内の機関によってなされる場合もあり、ある議員が政策を打ち出し、法案の形の整理まで済ませ、党の機関にかけられる場合もある。税制については、党内に専門的に審議する機関を設けていることも多い。

六　政府による税法の立案

政府提出の法律案の作成[16]は、その内容を所管する省庁の担当課が中心になって進められる。まず、現行法の執行上の問題点洗い出し、実態の調査、資料の収集、関係業界からの意見、要望の聴取などにより、専門的な見地から現行制度の問題点の調査分析が行われ、法律案にすべき内容の検討が行われる。その政策の内容を関係業界や与党のいわゆる族議員といわれる議員と調整を図りながら、法律案の形でまとめていく。その過程では、担当課は局内の審査・調整、省内の審査・調整を進め、他の省庁に関係する政策については、各省協議が行われる。予算関連の法律案の場合は大蔵省とも協議が行われ、罰則は法務省と協議が行われる。政策としての合理性や、現行法制度との調整などについても十分検討され、調整されていく。こうして調整されていった法律案は、法制的なチェックを受けるために内閣法制局の審査に付される。

内閣法制局の審査を終えた法律案は閣議にかけられ、国会に提出されるが、内閣から提出される法律案は国会提出の前に、与党の審査に付される。与党内の審査が円滑に進むよう法律案を取りまとめていく段階から関係議員との調整、根回しが十分行われている場合が多い。

税法の場合については、(17)課税庁の豊富な情報を背景に検討が出来るという面で議員立法に比べて十分な政策検討が可能である。また、税制の検討には、政府税制調査会と自民党の税制調査会などの与党の税制審議機関が極めて重要な役割を果たす。政府税制調査会では首相の諮問を受けて、財政経済、税制に関し専門的知識をもつ学識経験者が現行税制の問題点について検討を行うし、それと並行して、与党の税制審議機関でも業界団体からの要望や現行税制の問題点についての検討が行われる。大蔵省主税局もこれらの検討に資料の提供、現状の問題点の整理や意見の取りまとめなど深くかかわる。政府税制調査会、与党税制審議機関の改正大綱の取りまとめ、大蔵省主税局の法文化作業、法律案の与党審査などで政府、与党内の十分な調整をへて、税制改正法案が国会に提出されるのである。

豊富な情報と、税理論についての専門的知識を有する集団での検討が制度として確保されているのである。

七　国会での審議

議院に提出された法律案は、議長が所管の委員会に付託し、審査されることになる。しかし、委員会の審査に先立って、その内容を全議員に徹底させることが必要であるとされたものは、本会議でその趣旨説明が行われる。この本会議での趣旨説明は、対決法案の審議を遅らせる手段の一つとして利用されることも多い。

委員会での審査は、まず趣旨説明の聴取が行われる。その後、質疑が行われ、質疑が終局すると討論が行われ、採決に付される。法律案に対して、その一部を修正したいという考えがあれば、修正案を作成して、討論の前までに、修正動議という形で提案される。税法などでは、内閣提出の法律案の一部について野党が反対することも多く、修正案が提出されることも多い。

修正案の作成過程は法律案の場合とほとんど同じであるが、法律案の場合に比べて、作成に費やす時間が少ない場合が多い。法律案採決の前日に、政党が修正の方針を決め、作成依頼がなされるといったことも珍しいことではない。

委員会での審査が終わると、法律案は本会議の審議に付される。委員長からの報告を聴取し、討論、採決が行われる。可決した法律案は、もう一方の議院に送付され、両院で可決されたものが法律となる。

内閣立法は、国会への提出までに専門的知識を有する学識経験者の十分な検討もなされ、関係業界との調整も終え、与党との間でも十分な審査を済ませており(18)、国会での審議においても政府与党は修正をしないでそのまま成立させることに力を注ぐ。そこで、野党からいろいろな反対意見が出されても、政策の違いとしてそれ対して原案の考え方の答弁が繰り返されることになる。野党の提出する議員立法は、政府の各省庁間や業界団体との調整も十分に行われているものではないので、政府与党はできるだけ審議をしないで廃案とすることを目指す。そこで、提出はされても、全く実質審査に入れず廃案になることも多くなっている(19)。

八　議員による税法立案の問題点

議員立法と内閣立法を比較すると、まず、その政策の検討における情報量の違いがある。内閣立法の場合は、日々の行政において集められた情報や、業界団体などの要望を十分に検討することができる。議員立法の場合は、行政情報の公開も十分に行われていない現状では、その情報量は格段に少ないといえる。特に税法については、どの階層にどの位の納税者がいるのかなどの情報は、行政側しか知り得ないものであり、議員立法の場合には政策の効果の測定も十分に行うことができない。政党や議員の考えが法律案の形に整えられて行く過程において、資料やデータの収集など、国会図書館の調査立法考査局や議院の委員会調査室[20]が利用されることも多いが、行政のもつ情報量に比べれば十分なものが得られているとは到底いえないのが実情である。

次に、立法の契機となる情報や考えを検討するスタッフの違いがあげられる。内閣立法では、その情報の検討も、各省庁のその事項を専門的に担当する担当課において十分に行われ、さらに場合によっては、審議会でその分野の専門的知識を有する学識経験者などにより十分な検討が行われる。これに対し議員立法では、省庁別に一人又は二人程度の限られた数の政党の政策スタッフ、議員、政策秘書などが中心になって政党の政策審議機関により検討が行われる、学者の意見や業界の要望を聞くこともないとはいえないが、行政の担当課が権限を背景に調査、検討する場合のように十分に検討できるわけではない。議員立法の補佐をする法制局のスタッフも衆議院の場合で大蔵関係は課長一名、課員三名の四名の構成であり、この四名で税制をはじめ財政、証券、金融、共済など大蔵委員会にかかる法律案すべてを担当することになっている。

税法で比較すれば、内閣立法では、行政が日々接している情報や行政に対する要望として業界などから集まってきた情報を税目毎に大蔵省主税局の担当課が分析、検討し、また、政府税制調査会の専門的知識を有する学識経験者が十分に検討し、議論を重ね立案している。さらに与党の税制審議機関などと十分に調整も行い、内閣法制局の法令審査も受ける。議員立法では、限られた情報をもとに政党の政策スタッフと議院法制局の数人のスタッフが協議して立案し、その政党の党内手続きで承認を受ける。

国会での審議における問題も指摘しておかなければならない。現在の国会審議は、内閣立法が中心になり、野党の提出する議員立法は、全く実質審査が行われずに廃案になることも多い。これは、政府与党が一体になっての国会運営によるところが大きい。憲法では、議院内閣制を採用することを規定しており、与党と政府の連携による政治、議会運営が期待されているとも考えることができる。内閣立法のこうした仕組みは、市民の考え、要望と官僚の考え、政策目標とが一致しているときは、非常に効率のよいシステムとして機能する。しかし、市民の考えや要望と官僚の考えが離れていったときや、市民が多様な価値観をもったときは、官僚の考え方を強引に推し進めるシステムとして機能してしまう。官僚により発案され、政府、与党の調整が十分行われた法案に対して、これを批判し、その内容を変えて行くことができるのは、一つは、その政策の内容に賛同しない国民の声であり、もう一つは、法理論としての問題点の指摘ではないかと思う。そしてそれを国会で取り上げる仕組み、すなわち、政府の政策がおかしいと思ったときにそれに対抗して行くもっとも強力かつ有効な手段が、議員立法や内閣立法に対する修正案ではないだろうか。議員立法や修正案は、選挙の仕組みを通じて、国民によって評価される。常に国民の側にたった議員立法がなされるのであれば、国の政策に国民の考えが反映され、その役割を果たす政党は選挙でも支持を得る。そのためには、国民が適正な評価できるように、議員立法や修正案が国会で十分な審議がなされることが極めて重要なのである。

九　おわりに

これから予想される高齢化社会に向けて、税負担の在り方が大きな問題となっている。全体としての財政資金をどのように負担するか、税制はどうあるべきか、自分の負担のことが中心であるが、国民からの要望、意見も多くなっている。その意見は決して一様ではない。こうした意見を反映させるため、議員立法としても、もっと将来の税制の提案が活発に行われていいのではないか。このときに恣意的な課税やある特定集団だけに利益を及ぼす課税が行われないように十分注意しなければならない。これを防ぐ重要な働きをもつのが租税理論ではないだろうか。提案しようとする税制の考えについて、租税理論からの検討、評価を十分行うことが重要である。

提案された税制が実現しなくても、国会で税制についての様々な意見からの審議が活発に行われることは意義深いことである。政府の考え方が納得が行かないというようなことがあれば、対案、修正案などで、その問題について徹底的に議論すべきであろう。税法については、こうして議論が行われることによって、一つの考え方からの税制の押し付けを防ぐことができ、国民の多様な考え方をうまく調整した適正な課税を行うことができる。

そのためには国会議員が行政情報を十分取得できる仕組み、議員立法の立案スタッフの強化、議員立法の国会での十分な審議、これがもっと民主主義の重要な仕組みとして考えられなくてはならない。

議員が活発な立法活動を行うためにも、税法の専門家も租税理論からの批判や評論などを積極的に行い、立法論としての提言、提案を積極的に行うことが重要である。また、現行の税制や将来の税制について、国民一人一人が自分のこととして考えることができるよう、その租税理論を分かりやすい形で広く紹介していくことも必要なことではなかろうか。税は特別のものではなく、専門的な一部の者が議論すればいいというものではない。幅広い国民の税制に対する意見を反映した国会での議論が活発に行われることが重要なのでないだろうか。

（1）　議員立法の活性化については、平成八年六月に衆議院正副議長が「議員立法の活性化について」という提言を行い、同年一二月の参議院制度改革検討会報告書の中でも「議員立法の充実について」という項目を設けて報告しているなどさまざまな動きがある。

（2）　樋口陽一「注釈　日本国憲法（下）」樋口陽一・中村睦男・浦部法穂（青林書院、一九八八年）八四六頁参照。

（3）　岩井奉信「立法過程」（東京大学出版会、一九八八年）一二四頁は、「国会は官僚制が立案する政策に対して、正当性という判を押す「ラバースタンプ」化している」と指摘する。

(4)　議員立法と内閣立法とを比較する場合によくその成立率が問題にされる。「議員立法に有意義・重要なものが少なくないとはいえ、政府法案の成立件数が圧倒的に優位であることは明らかである。内閣立法に比べて議員立法の成立率が低いことについては、「このことは、「国会優越」制度の趣旨に反するようにみえる。けれども、議院内閣制において政府が多数与党に支持されている以上、自然の帰結といえなくもない」(深瀬忠一「議員立法の研究」中村睦男編（信山社、一九九三年）一四頁)。

(5)　与野党が一致して法律案を提出する場合に、関係委員会の提出とされることが多い。この場合は、委員長が提出者となり、委員会での質疑も行われない。

(6)　昭和六三年から平成九年までの過去一〇年間の通常国会に衆議院に新たに提出された議員立法の数は、昭和六三年一五本、平成元年一〇本、平成二年（特別国会）一六本、平成三年一八本、平成四年一二本、平成五年二六本、平成六年一三本、平成七年二〇本、平成八年一六本、平成九年四五本となっており、平成九年はこれまで二～三倍に増加している。

(7)　提出された法律案は、可決される場合、否決される場合、その院で継続審査となる場合のほかに、対案関係にある法律案が可決されることによって議決不要となる場合がある。

(8)　法制審議会抜きでこの法律案が作られたことについて、商法学者グループが二二五名の連名で「開かれた場での議論がなく、経済界の要望通りに作業が進んだ」と批判する声明を発表した。その声明の呼びかけ人の奥島孝康早大総長は、「商法は民法や刑法などと並び、国の基本を定める六法の一つであるから、十分な時間をかけてあらゆる角度から審議されるべきなのは当然である。従来の商法改正が、例外なく法制審議会のイニシアチブのもとに、大学・弁護士会・中小企業団体などを含む経済団体に意見照会を行った後に、政府提案として国会に提案されてきたことの長所を決して放棄してはならない。」(朝日新聞平成九年五月一四日）とする。これに対して、平成九年五月一九日読売新聞社説は、「短期間での成立は指摘の通りだ、だが、議員立法の過程を密室論議とばかりは決めつけられまい。国会審議は国民に開かれており、立法は国会本来の役割だ。審議会を経て官僚が作った法案を追認するだけの国会のほうが異常だろう」としている。

(9)　こうした動きについて「官僚たちは、「特定の業界や団体の利害を代弁しがち」「支持者の意向で安易び作る危うさがある」と、異口同音に議員立法の危うさを指摘する」（毎日新聞平九年七月三日夕刊）。

(10) 平成九年分の所得税、地方住民税の特別減税、有価証券取引税及び取引所税の廃止、平成九年、一〇年の地価税の非課税、法人の長期所有土地等の譲渡益に対する特別課税の二年間不適用などを内容とする。

(11) 議員立法の成立率が低いことについては、注5。

(12) 畠山武道「国の財政に関する国会の権限」雄川一郎・塩野宏・園部逸夫編現代行政法大系（一〇）財政一八頁［一九八四年］。

(13) 北野教授は「日本国憲法の規定は租税法律主義の自由権的権利保障の機能の現代的意義の憲法的確認を意味するものとしてとらえられる」としたうえで「二〇世紀の現代憲法論として重要なことは、むしろ立法過程での権力の濫用をチェックするための租税法律主義の構成である」とし、さらに「立法過程においても納税者の人権を積極的に擁護する基本的な実践的道具概念として租税法律主義を構成しよう」とされる（北野弘久「税法学原論」（青林書院新社、一九八四年）七九頁以下）。

(14) 議員立法の立案過程については、田口迪「議員提出法律案の立案過程」ジュリスト八〇五号三四頁［一九八四年］、橘幸信「法律ができるまでの流れ」法学セミナー四九九号二七頁［一九九六年］参照。

(15) 議院法制局については、浅野一郎編著「国会事典（第三版）」（有斐閣、一九九七年）二〇八頁、五十嵐敬喜「議員立法」（三省堂、一九九四年）一一〇頁参照。

(16) 内閣立法の立案過程については、関守「内閣提出法律案の立法過程」ジュリスト八〇五号二五頁［一九八四年］参照。

(17) 租税の立法過程、政府税制調査会の果たす役割については、北野弘久「税法学原論」（青林書院新社、一九八四年）一二四頁以下参照。

(18) 深瀬忠一「日本の立法過程の特色」、中村睦男編・議員立法の研究（信山社、一九九三年）一四頁。

(19) 野党は、提出した議員立法について、委員会での実質審査を行ってもらうことにまず相当の勢力を費やす。新進党平成七年に提案した租税特別措置法の一部改正法案は、自民党総裁選の公約に近い内容であったが、審議されないまま廃案となった。（毎日新聞社特別取材班「国会は死んだか」（毎日新聞社、一九九六年）一五二頁）。

(20)　国会図書館調査立法考査局、議院の委員会調査室などの立法補佐機構については、浅野一郎編著『国会事典（第三版補訂版）』（有斐閣、一九九九年）二〇六頁、清水睦「議会における立法過程の比較法的研究」比較立法過程研究会編（勁草書房、一九八〇年）二八七頁参照。

《資料》

衆議院議員提出の税法の議員立法（第一回～第一四〇回国会）（●印は成立した法律案）

◎第二回国会

●農業協同組合又は農業協同組合連合会が市町村農業会、都道府県農業会又は全国農業会から財産の移転を受ける場合における課税の特例に関する法律案（国民協同党・社会党・民自党・民主党）

昭二三・六・四提出　昭二三法六二号

◎第五回国会

○地方税法の一部を改正する法律案（民自党・社会党・民主党）

昭二四・五・二〇提出未了

◎第七回国会

●地方税法の一部を改正する法律案（地方行政委員長）

昭二五・二・二五提出　昭二五法二号

●相続税法の一部を改正する法律案（自由党）

昭二五・四・二九提出　昭二五法一九一号

◎第一〇回国会

●納税貯蓄組合法案（自由党）

昭二六・三・三〇提出　昭二六法一四五号
●税理士法案（自由党・国民党・社会党）
昭二六・三・三〇提出　昭二六法二三七号
◎第一三回国会
●物品税法の一部を改正する法律案（自由党・改進党）
昭二七・三・二二提出　昭二七法五六号
●昭和二六年産米穀の超過供出等についての奨励金に対する所得税の臨時特例に関する法律案（自由党・改進党・社会党（右・左））・共産党・第三倶楽部）
昭二七・六・一九提出　昭二七法二二七号
◎第一五回国会
●昭和二七年産米穀についての超過供出奨励金等に対する所得税の臨時特例に関する法律案（自由党）
昭二七・一一・二八提出　昭二七法三五一号
○米穀の売渡代金に対する所得税の特例に関する法律案（社会党（右））
昭二七・一二・五提出　撤回
○米穀の売渡代金に対する所得税の特例に関する法律案（改新党・社会党（右・左））昭二七・一二・一二提出　未了
◎第一六回国会
○積雪寒冷単作地帯における麦類又は菜種の収穫に因る農業所得に対する所得税の臨時特例に関する法律案　（社会党（右））
昭二八・七・三提出　未了
●昭和二八年産米穀についての超過供出奨励金等に対する所得税の臨時特例に関する法律案（改新党・自由党・社会党（左・右））・自由党（分）・小会派クラブ）

昭二八・七・二三提出　昭二八年一七七号
○米穀の売渡代金に対する所得税の特例に関する法律案（自由党（分）・改新党・社会党（左・右）・小会派クラブ）
昭二八・七・三一提出　未了
◎第一七回国会
○昭和二八年における冷害等による被害農業者及び被害農業協同組合等に対する所得税及び法人税の臨時特例に関する法律案（改新党・社会党（左・右）・自由党（分）・小会派クラブ）
昭二八・一一・六提出　未了
◎第一九回国会
○昭和二八年の年末の賞与に対する所得税の臨時特例に関する法律案（社会党（右・左）・改新党）昭二八・一二・一〇提出　未了
◎第二〇回国会
●租税特別措置法の一部を改正する法律案（日本民主党・自由党・社会党（左・右））昭二九・一二・三提出　昭二九年法二一九号
○昭和二九年の年末の賞与に対する所得税の臨時特例に関する法律案（社会党（左・右））昭二九・一二・三提出　未了
●昭和二九年産米穀についての超過供出奨励金等に対する所得税の臨時特例に関する法律案（日本民主党・自由党・社会党（左・右））
昭二九・一二・四提出　昭二九年法二二〇号
◎第二一回国会
○昭和二九年の年末の賞与に対する所得税の臨時特例に関する法律案（社会党（右・左））昭二九・一二・一三提出　否決
◎第二二回国会

○昭和三〇年の夏期の賞与に対する所得税の臨時特例に関する法律案（社会党（左・右））昭三〇・五・二八提出　未了

○所得税法の一部を改正する法律案（社会党（左・右））

昭三〇・六・九提出　未了

●租税特別措置法の一部を改正する法律案（大蔵委員長）

昭三〇・六・九提出　昭三〇法三三号

●登録税法の一部を改正する法律案（大蔵委員長）

昭三〇・六・九提出　昭三〇法六二号

●農業協同組合中央会が不動産に関する権利を取得する場合における登録税の臨時特例に関する法律案（大蔵委員長）

昭三〇・六・九提出　昭三〇法六七号

○酒税法の一部を改正する法律案（社会党（右・左））

昭三〇・六・二四提出　未了

◎第二三回国会

○昭和三〇年の年末の賞与等に対する所得税の臨時特例に関する法律案（社会党）

昭三〇・一二・八提出　未了

◎第二四回国会

●所得税法の一部を改正する法律案（大蔵委員長）

昭三一・三・六提出　昭三一年法五五号

○物品法を廃止する法律案（社会党）

昭三一・三・七提出　撤回

○酒税法の一部を改正する法律案（社会党）

昭三一・三・七提出　撤回

○北海道に在勤する者に支給される石炭手当等に対する所得税の特例に関する法律案（社会党）
昭三一・五・一〇提出　未了
○昭和三一年産米穀についての所得税の臨時特例に関する法律案（社会党）
昭三一・五・一六提出　撤回
◎第二五回国会
○昭和三一年の年末の賞与等に対する所得税の臨時特例に関する法律案（社会党）
昭三一・一一・二八提出　未了
◎第二六回国会
○物品法を廃止する法律案（社会党）
昭三二・三・一二提出　未了
○酒税法の一部を改正する法律案（社会党）
昭三二・三・一二提出　撤回
○法人税法の一部を改正する法律案（社会党）
昭三二・三・一四提出　未了
●入場税法の一部を改正する法律案（大蔵委員長）
昭三二・三・二八提出　昭三三年法九一号
○租税特別措置法の一部を改正する法律案（社会党）
昭三二・五・一六提出　未了
◎第二七回国会
○昭和三二年の年末の賞与等に対する所得税の臨時特例に関する法律案（社会党）
昭三二・一一・六提出　未了

◎第二八回国会
○租税特別措置法の一部を改正する法律案（社会党）
昭三三・三・五提出　未了
○酒税の保全及び酒類業組合等に関する法律の一部を改正する法律案（社会党）
昭三三・三・一三提出　未了
◎第二九回国会
○臨時税制調査会設置法案（社会党）
昭三三・六・二五提出　未了
○所得税法の一部を改正する法律案（社会党）
昭三三・六・二六提出　未了
○昭和三三年の夏季の賞与に対する所得税の臨時特例に関する法律案（社会党）
昭三三・六・二六提出　未了
◎第三一回国会
○所得税法の一部を改正する法律案（社会党）
昭三三・一二・一一提出　未了
○所得税法の一部を改正する法律案（社会党）
昭三四・三・二四提出　未了
◎第三二回国会
○昭和三四年産米穀についての所得税の臨時特例に関する法律案（社会党）
昭三四・六・二三提出　撤回
◎第三四回国会

○地方税法の一部を改正する法律案（社会党）
昭三五・三・二二提出　未了
◎第三九回国会
○昭和三六年産米穀についての所得税の臨時特例に関する法律案（社会党）
昭三六・一〇・一七提出　撤回
◎第四一回国会
○昭和三七年度分の都道府県民税等の減額に関する臨時特例法案（社会党）
昭三七・八・二三提出　未了
◎第四三回国会
○砂糖消費税法を廃止する法律案（社会党）
昭三八・六・四提出　撤回
◎第四五回国会
○砂糖消費税法を廃止する法律案（社会党）
昭三八・一二・一二提出　未了
◎第四六回国会
○酒税法の一部を改正する法律案（社会党）
昭三九・三・一八提出　未了
○入場税法の一部を改正する法律案（社会党）
昭三九・三・一八提出　未了
◎第五三回国会
●昭和四一年産米穀についての所得税及び法人税の臨時特例に関する法律案（大蔵委員長）

昭四一・一二・一九提出　昭四一法一四八号

◎第五八回国会

○国税審判法案（社会党）

昭四三・四・二三提出　未了

◎第六一回国会

○国税審判法案（社会党）

昭四四・二・八提出　未了

●昭和四三年産米穀についての所得税及び法人税の臨時特例に関する法律案（大蔵委員長）

昭四四・二・二八提出　昭四四法一号

○地方税法等の一部を改正する法律案（社会党）

昭四四・三・二三提出　未了

◎第六三回国会

○地方税法の一部を改正する法律案（社会党）

昭四五・三・二〇提出　未了

◎第六五回国会

●昭和四五年度の米生産調整奨励補助金についての所得税及び法人税の臨時特例に関する法律案（大蔵委員長）

昭四六・二・五提出　昭四六法三号

○地方税法の一部を改正する法律案（社会党）

昭四六・二・一九提出　未了

◎第六八回国会

●昭和四六年度の米生産調整奨励補助金等についての所得税及び法人税の臨時特例に関する法律案（大蔵委員長）

昭四七・二・三提出　昭四七法四号

○地方税法の一部を改正する法律案（社会党）

昭四七・三・一五提出　未了

○地方税法の一部を改正する法律案（自民党）

昭四七・三・一八提出　撤回

●地方税法の一部を改正する法律案（地方行政委員長）

昭四七・三・三〇提出　昭四七法一二号

◎第七一回国会

●昭和四七年度の米生産調整奨励補助金等についての所得税及び法人税の臨時特例に関する法律案（大蔵委員長）

昭四八・二・一三提出　昭四八法一号

○地方税法の一部を改正する法律案（社会党）

昭四八・三・一三提出　未了

◎第七二回国会

○昭和四八年分の所得税の臨時特例に関する法律案（社会党・共産党・公明党・民社党）昭四九・一・二六提出　未了

●昭和四八年度の米生産調整奨励補助金等についての所得税及び法人税の臨時特例に関する法律案（大蔵委員長）

昭四九・二・一三提出昭四九法一号

○昭和四九年分の所得税の臨時特例に関する法律案（社会党・共産党・公明党・民社党）昭四九・三・一九提出　撤回

○所得税法の一部を改正する法律案（社会党・公明党・民社党）

昭四九・三・二〇提出　未了

○会社臨時特別税法案（社会党）

昭四九・三・二六提出議決不要

●会社臨時特別税法案（自民党）

昭四九・三・二六提出　昭四九法一一号

○臨時超過利得税法案（共産党）

昭四九・三・二六提出　議決不要

○臨時超過利得税法案（公明党）

昭四九・三・二七提出　議決不要

○臨時資産税法案（共産党）

昭四九・三・二七提出　未了

◎第七四回国会

○昭和四九年分の所得税の臨時特例に関する法律案（社会党・共産党・公明党・民社党）昭四九・一二・二〇提出　未了

◎第七五回国会

●昭和四九年度の稲作転換奨励補助金等についての所得税及び法人税の臨時特例に関する法律案（大蔵委員長）

昭五〇・二・七提出　昭五〇法二号

○昭和五〇年分の所得税の臨時特例に関する法律案（社会党・公明党）

昭五〇・三・一八提出　未了

○所得税法の一部を改正する法律案（社会党・公明党）

昭五〇・三・一八提出　未了

○法人税法の一部を改正する法律案（社会党・公明党）

昭五〇・三・一八提出　未了

○租税特別措置法の一部を改正する法律案（社会党・公明党）

昭五〇・三・一八提出　未了

◎第七七回国会

●昭和五〇年度の稲作転換奨励補助金等についての所得税及び法人税の臨時特例に関する法律案（大蔵委員長）

昭五一・二・一〇提出　昭五一法四号

○昭和五一年分の所得税の臨時特例に関する法律案（社会党・公明党・民社党）

昭五一・四・三〇提出　未了

○所得税法の一部を改正する法律案（社会党・公明党・民社党）

昭五一・四・三〇提出　未了

○有価証券取引税法の一部を改正する法律案（社会党・公明党・民社党）

昭五一・四・三〇提出　未了

○法人税法の一部を改正する法律案（社会党・公明党・民社党）

昭五一・四・三〇提出　未了

○租税特別措置法の一部を改正する法律案（社会党・公明党・民社党）

昭五一・四・三〇提出　未了

○土地増価税法案（社会党・公明党）

昭五一・四・三〇提出　未了

◎第八〇回国会

●昭和五一年度の水田総合利用奨励補助金についての所得税及び法人税の臨時特例に関する法律案（大蔵委員長）

昭五二・二・一六提出　昭五二法三号

○有価証券取引税法の一部を改正する法律案（社会党）

昭五二・三・二三提出　撤回

○法人税法の一部を改正する法律案（社会党）

昭五二・三・二三提出　未了
○租税特別措置法の一部を改正する法律案（社会党）
昭五二・三・二三提出　未了
○土地増価税法案（社会党）
昭五二・三・二三提出　未了
○所得税法及び有価証券取引税法の一部を改正する法律案（公明党）
昭五二・三・二三提出　未了
○法人税法の一部を改正する法律案（公明党）
昭五二・三・二三提出　未了
○租税特別措置法の一部を改正する法律案（公明党）
昭五二・三・二三提出　未了
●昭和五一年分所得税の特別減税のための臨時措置法案（大蔵委員長）
昭五二・四・二〇提出　昭五二法三四号
◎第八四回国会
●昭和五二年度の水田総合利用奨励補助金についての所得税及び法人税の臨時特例に関する法律案（大蔵委員長）
昭五三・二・八提出　昭五三法三号
○租税特別措置法の一部を改正する法律案（社会党）
昭五三・三・一四提出　未了
○所得税法の一部を改正する法律案（社会党）
昭五三・四・一八提出　未了
○国税通則法の一部を改正する法律案（社会党）

昭五三・四・一八提出　未了
●昭和五二年分所得税の特別減税のための臨時措置法案（大蔵委員長）
昭五三・五・九提出　昭五三法四五号
●租税特別措置法の一部を改正する法律案（大蔵委員長）
昭五三・五・九提出　昭五三法五一号
◎第八七回国会
●昭和五三年度の水田利用再編奨励補助金についての所得税及び法人税の臨時特例に関する法律案（大蔵委員長）
昭五四・二・二提出　昭五四法一号
○法人税法の一部を改正する法律案（社会党）
昭五四・九・三提出　未了
○土地増価税法案（社会党）
昭五四・九・三提出　未了
○租税特別措置法の一部を改正する法律案（社会党）
昭五四・九・三提出　未了
○所得税法の一部を改正する法律案（社会党）
昭五四・九・三提出　未了
○国税通則法の一部を改正する法律案（社会党）
昭五四・九・三提出　未了
◎第九一回国会
●昭和五四年度の水田利用再編奨励補助金についての所得税及び法人税の臨時特例に関する法律案（大蔵委員長）
昭五五・二・五提出　昭五五法二号

○土地増価税法案（社会党）
　昭五五・四・二四提出　未了
○国税通則法の一部を改正する法律案（社会党）
　昭五五・四・二四提出　未了
◎第九四回国会
●昭和五五年度の水田利用再編奨励補助金についての所得税及び法人税の臨時特例に関する法律案（大蔵委員長）
　昭五六・二・一〇提出　昭五六法二号
○国税通則法の一部を改正する法律案（社会党）
　昭五六・三・一八提出　未了
○法人税法の一部を改正する法律案（社会党）
　昭五六・三・一八提出　未了
○租税特別措置法の一部を改正する法律案（社会党）
　昭五六・三・一八提出　未了
○所得税法の一部を改正する法律案（社会党）
　昭五六・三・二〇提出　未了
◎第九五回国会
●昭和五六年分所得税の特別減税のための臨時措置法案（大蔵委員長）
　昭五六・一一・一〇提出　昭五六法九〇号
◎第九六回国会
○所得税の物価調整制度に関する法律案（社会党）
　昭五六・一二・二三提出　未了

●昭和五六年度の水田利用再編奨励補助金についての所得税及び法人税の臨時特例に関する法律案（大蔵委員長）
昭五七・二・一〇提出　昭五七法三号
○所得税法の一部を改正する法律等の一部を改正する法律案（自民党）
昭五七・八・一七提出　未了
◎第九八回国会
●昭和五七年度の水田利用再編奨励補助金についての所得税及び法人税の臨時特例に関する法律案（大蔵委員長）
昭五八・二・八提出　昭五八法三号
◎第一〇一回国会
●昭和五八年度の水田利用再編奨励補助金についての所得税及び法人税の臨時特例に関する法律案（大蔵委員長）
昭五九・二・八提出　昭五九法一号
●租税特別措置法の一部を改正する法律案（大蔵委員長）
昭五九・七・一一提出　昭五九法六〇号
●租税特別措置法の一部を改正する法律案（大蔵委員長）
昭五九・八・一提出　昭五九法七四号
◎第一〇二回国会
●昭和五九年度の水田利用再編奨励補助金についての所得税及び法人税の臨時特例に関する法律案（大蔵委員長）
昭六〇・二・八提出　昭六〇法一号
◎第一〇三回国会
●租税特別措置法の一部を改正する法律案（大蔵委員長）
昭六〇・一二・三提出　昭六〇法九四号
◎第一〇四回国会

●昭和六〇年度の水田利用再編奨励補助金についての所得税及び法人税の臨時特例に関する法律案（大蔵委員長）
昭六一・二・五提出　昭六一法一号
◎第一〇七回国会
●昭和六二年分の所得税に係る配偶者控除の臨時特例に関する法律案（大蔵委員長）
昭六一・一二・一九提出　昭六一法一〇八号
◎第一〇八回国会
●昭和六一年度の水田利用再編奨励補助金についての所得税及び法人税の臨時特例に関する法律案（大蔵委員長）
昭六二・二・一八提出　昭六二法一号
●地方税法の一部を改正する法律案（地方行政委員長）
昭六二・三・二四提出　昭六二法一五号
◎第一一二回国会
●昭和六二年度の水田農業確立助成補助金についての所得税及び法人税の臨時特例に関する法律案（大蔵委員長）
昭六三・二・一六提出　昭六三法一号
◎第一一三回国会
●昭和六三年分の所得税の臨時特例に関する法律案（大蔵委員長）
昭六三・七・二七提出　昭六三法八五号
◎第一一四回国会
●昭和六三年度の水田農業確立助成補助金についての所得税及び法人税の臨時特例に関する法律案（大蔵委員長）
平元・二・一七提出　平元法三号
◎第一一八回国会
○消費税法を廃止する法律案（社会党・公明党・民社党・進民連）

平二・四・一九提出　否決

○税制再改革基本法案（社会党・公明党・民社党・進民連）

平二・四・一九提出　否決

◎第一二〇回国会

●平成二年度の水田農業確立助成補助金についての所得税及び法人税の臨時特例に関する法律案（大蔵委員長）

平三・二・六提出　平三法一号

●消費税法の一部を改正する法律案（自民党・社会党・公明党・民社党・進民連）

平三・五・一提出　平三法七三号

◎第一二三回国会

●平成三年度の水田農業確立助成補助金についての所得税及び法人税の臨時特例に関する法律案（大蔵委員長）

平四・二・四提出　平四法一号

◎第一二六回国会

●平成四年度の水田農業確立助成補助金についての所得税及び法人税の臨時特例に関する法律案（大蔵委員長）

平五・二・二提出　平五法一号

◎第一二九回国会

●平成五年度の水田営農活性化助成補助金についての所得税及び法人税の臨時特例に関する法律案（大蔵委員長）

平六・二・九提出　平六法六号

◎第一三二回国会

●平成六年度の水田営農活性化助成補助金についての所得税及び法人税の臨時特例に関する法律案（大蔵委員長）

平七・二・七提出　平七法八号

◎第一三四回国会

○租税特別措置法の一部を改正する法律案（新進党）
　平七・一〇・五提出　未了
○地方税法の一部を改正する法律の一部を改正する法律案（新進党）
　平七・一〇・五提出　未了
◎第一三六回国会
●平成七年度の水田営農活性化助成補助金についての所得税及び法人税の臨時特例に関する法律案（大蔵委員長）
　平八・二・一三提出　平八法一号
○法人税法等の一部を改正する法律案（新進党）
　平八・五・三一提出　未了
○地方税法の一部を改正する法律案（新進党）
　平八・五・三一提出　未了
◎第一三七回国会
○所得税法及び消費税法の一部を改正する法律の一部を改正する法律案（新進党）
　平八・九・二七提出　未了
○地方税法の一部を改正する法律及び地方財政法の一部を改正する法律案（新進党）
　平八・九・二七提出　未了
◎第一三九回国会
○所得税法及び消費税法の一部を改正する法律の一部を改正する法律案（新進党）
　平八・一一・二九提出　否決
○地方税法の一部を改正する法律及び地方財政法の一部を改正する法律案（新進党）
　平八・一一・二九提出　否決

○法人税法等の一部を改正する法律案（新進党）
平八・一一・二九提出　未了
○地方税法の一部を改正する法律案（新進党）
平八・一一・二九提出　未了
○租税特別措置法の一部を改正する法律案（共産党）
平八・一二・一二提出　未了
◎第一四〇回国会
●平成八年度の新生産調整推進助成補助金等についての所得税及び法人税の臨時特例に関する法律案（大蔵委員長）
平九・二・四提出　平九年法二号
○租税特別措置法の一部を改正する法律案（共産党）
平九・二・七提出　未了
○経済の活性化及び経済構造の改革に資するために緊急に講ずべき税制上の措置に関する法律案（新進党）
平九・二・二四提出　撤回
○平成九年分所得税の特別減税のための臨時措置法案（新進党・太陽党）
平九・二・二八提出　未了
○地方税法の一部を改正する法律案（新進党・太陽党）
平九・二・二八提出　未了
○阪神・淡路大震災の被災者等に係る国税関係法律の臨時特例に関する法律の一部を改正する法律案（新進党・民主党・太陽党）
平九・六・三提出　未了
一六二法律案　うち成立五七法律案

第五章

選　挙

1　連座制に関する一考察

前田　寛

一　はじめに

現行の公職選挙法（以下、「公選法」という）における連座制とは、選挙において、公職の候補者等（候補者又は立候補予定者）と一定の関係にある者が選挙運動において買収・供応等の悪質な選挙犯罪を犯し、有罪判決を受けた場合には、たとえ候補者等がその行為に関わっていなくても、候補者等本人について、当選無効及び立候補制限の効果を生じさせる制度である。(1)

我が国では、大正一四年（一九二五年）に普通選挙制が導入された際に、既に連座制（当選無効）が採用されていた。この制度の基本的な趣旨は、昭和二五年（一九五〇年）制定の公選法に引き継がれ、その後も、選挙腐敗の防止（選挙浄化）のため、数次にわたり少しずつ拡大・強化されてきたが、現実に連座制が適用されることは稀であり、選挙腐敗の防止に十分役立っているとは言えなかった。(2)

そこで、平成六年（一九九四年）二月と一一月、二度の公選法の改正により、連座制の大幅な拡大・強化が行われた。

二月の改正では、連座制の効果について、これ迄の当選無効のほか、新たに五年間の立候補制限が加わり、一一月の改正では、連座対象の範囲を組織的選挙運動管理者等の犯した選挙犯罪にまで拡大した（以上、詳しくは後述する）。

この様な連座制の拡大・強化は、確かに、選挙腐敗を防止する（選挙浄化を徹底する）ためには有効であるが、連座制は、候補者等以外の選挙犯罪を理由として、候補者本人に当選無効及び五年間の立候補制限などの厳しい制裁を科すものであり、殊に、連座対象の範囲を組織的選挙運動管理者等の犯した選挙犯罪にまで拡大し、連座制の効果としては同右の規定を設けている現行の公選法の規定は、選挙運動（政治活動）の自由や被選挙権・立候補の自由——被選挙権（立候補の自由）もまた、「憲法一五条一項の保障する重要な基本的人権の一つ」[3]であると解されている。——などの自由（権利）を制限するものであるだけに、これを正当化する実質的根拠と合憲性が問題となる[4]。

そこで、本稿は、これらの問題に的を絞り、若干の考察を試みることとする。

二　連座制（平成六年改正前、改正後の従来型連座制、新連座制）

連座制は、選挙腐敗防止の効果を挙げるために、現在に至るまで、その規定がどのように拡大・強化され、また、係争の当該規定に対して、裁判所（最高裁）がどのような判断を示しているのかを一瞥するためにも、規定内容の変化を概観しておこう。

連座制は、大正一四年の衆議院議員選挙法において、既に採用されており、選挙事務長が一定の選挙犯罪を犯し刑に処せられたときにも、その当選を無効とすると定めた（同法一三六条）。ただし、「選挙事務長ノ選任及監督ニ付相当ノ注意ヲ為シタルトキハ此ノ限ニ在ラス」との免責規定が設けられていた（同条但書）。この制度の趣旨は、昭和二五年制定の公選法に引き継がれ、選挙運動を総括主宰した者又は出納責任者が買収及び利害誘導罪等の罪を犯し刑に処せられたときも当選を無効とすると定めた（同法二五一条一項）。ただし、「当選人が選挙運動を総括主宰した者の選任及び監督につき相当の注意をしたとき若しくは選挙運動を総括主宰した者であることを知らなかったとき又はその者が当選人の制止にかかわらず選挙運動を総括主宰した者であるときは、この限りでない。」とし、また、出納責任者が報告書提出の義務違反の罪を犯し刑に処せられたときも、同旨の免責規定が設けられていた（同二項但書）。

次いで、昭和二九年の公選法改正で、二五一条の二を新設し、免責事由を、総括主宰者又は出納責任者の選挙犯罪行為がいわゆる「おとり」又は「寝返り」により誘発された場合に限定し、連座制を強化した。

その後、昭和三七年（一九六二年）の公選法改正で、免責規定を全面的に削除し、連座の対象を総括主宰者及び出納責任者の選挙犯罪のほか、選挙区の三分の一以上の地域の選挙運動を総括主宰した者の選挙犯罪、及び同居の親族の選挙犯罪にまで拡大し、更に、二五一条の三を新設し、公務員等の地位利用についても連座制により規制し、公務員等であった者が国会議員の選挙において当選人となった場合、その職務関係者が当選人の指示又は要請を受けて一定の選挙犯罪を犯し刑に処せられたときは、その当選を無効とすると定めた。

その後、昭和五六年（一九八一年）の公選法改正で、同居していない親族の場合にも連座制を拡大した。

以上のように、連座制は、その対象者が事実上選挙運動を総括主宰した者に拡大されるなど、徐々に拡大・強化されてきた。結局、平成六年の公選法改正前の従来型連座制（以下、「改正前の従来型連座制」という）の基本的な内容は、総括主宰者、出納責任者、地域主宰者、及び候補者の親族が一定の選挙犯罪を犯して禁錮以上の刑に処せられた場合に、候補者の当選を無効とするものであった(5)が、前述したように、選挙腐敗の防止の実効性に乏しいものであった。

そこで、政治改革の一環として、選挙腐敗を一掃するために、平成六年に二度にわたる公選法の改正が行われた。

まず、平成六年二月の改正（以下、「改正後の従来型連座制」という）の主な内容は、次の通りである。

ア　連座の対象者に立候補予定者の一定の親族や候補者等の秘書も新たに加えられた（同法二五一条の二第一項四号、五号）。

イ　従来、候補者等の親族が買収等の選挙犯罪を犯して禁錮以上の刑に処せられても執行猶予となった場合には、連座制が適用されなかったものを、執行猶予となった場合でも連座制が適用されることとなった（同法二五一条の二第一項）。

ウ　連座制の効果について、五年間の立候補制限が設けられ、それは、当選者だけでなく落選者にも適用されることとなった（同法二五一条の二第一項。なお、平成七年八月二九日仙台高裁判決　判時一五四九号三頁、同九年九月二四日東京高裁判決　判時一六二七号九三頁等参照）。ただし、連座の対象となる買収等の選挙犯罪が「おとり」又は「寝返り」による場合は、当該規定（立候補制限規定）を適用しないとする免責規定を設けている（同法二五一条の二第四項）。

次に、同年一一月の改正（以下、「新連座制」という）の主な内容は、次の通りである。

連座の対象の範囲を拡大して、組織的選挙運動管理者等の犯した買収等の選挙犯罪が付加された（同法二五一条の三第一項）。ただし、その選挙犯罪が「おとり」又は「寝返り」により行われたものであるときのほか、候補者等が組織的選挙運動管理者等による買収等の選挙犯罪が行われることを防止するため「相当の注意を怠らなかった」場合には、当該規定（連座規定）を適用しないとする広い免責規定を設けている（同法二五一条の三第二項）。

三　改正前、改正後の従来型連座制と裁判例

(1)　当選無効

改正前の従来型連座制（昭和二九年の公選法改正後の規定）の合憲性に関しては、昭和三七年三月一四日の二つ（広島事件、東京事件）の最高裁大法廷判決(6)（以下、「三七年判決」という）がある。広島事件では、個人の尊厳を規定する憲法一三条、適正手続の原則を規定する同三一条、国民の代表者たる公務員の地位の根拠が窮極において国民の意思に基づくものであるとの趣意を定めた同一五条を根拠として、東京事件では、国民及び住民の政治参加を保障する憲法四三条、九三条を根拠として、それぞれ、連座規定の合憲性が争われた。

まず、広島事件では、「右連座制の強化は、ひっきょう、公職選挙が選挙人の自由に表明せる意思によって公明且つ適正に行われることを確保し、その当選を公明適正なる選挙の結果となすべき法意に出でたるものと解するを相当とする。ところで、選挙運動の総括主宰者は、特定候補者のために、選挙運動の中心となって、その運動の行われる全地域に亘り、その運動全般を支配する実権をもつものであるから、その者が公職選挙法二五一条二掲記のような犯罪を行う場合においては、その犯罪行為は候補者の当選に相当な影響を与えるものと推測され、またその得票も必ずしも選挙人の自由な意思によるものとはいい難い。従ってその当選は、公正な選挙の結果によるものとはいえないから、当選人が総括主宰者の選任及び監督につき注意を怠ったかどうかにかかわりなく、その当選を無効とすることが、選挙制度の本旨にもかなう所以である」と判示し、次いで、東京事件では、「選挙運動を総括主宰した者又は出納責任者の如き選挙運動において重要な地位を占めた者が買収、利害誘導等の犯罪により刑に処せ

られた場合は、当該当選人の得票中には、かかる犯罪行為によって得られたものも相当数あることが推測され、当該当選人の当選は選挙人の真意の正当な表現の結果と断定できないのみならず、……選挙人の自由な意思に基づく選挙の公明、適正を期する上からも、かかる当選人の当選を無効とすることは所論憲法の各条項に違反するものということはできない。」と判示している。

右の二つの判決において、連座制による当選無効の立法目的が、不公正な選挙結果を除去し、選挙の公明、適正を確保することにある、とされている(7)。

更に、一般犯罪の処刑者と選挙犯罪の処刑者との間に選挙権及び被選挙権の停止に関して差別を設けることは、法の下の平等を規定する憲法一四条、議員及び選挙人の資格の平等を規定する同四四条但書に違反しないか否かについて、昭和三〇年二月九日の最高裁大法廷判決(8)（以下、「三〇年判決」という）は、「国民主権を宣言する憲法の下において、公職の選挙権が国民の最も重要な基本的権利の一であることは所論のとおりであるが、それだけに選挙の公正はあくまでも厳粛に保持されなければならないのであって、一旦この公正を阻害し、選挙に関与せしめることが不適当とみとめられるものは、しばらく、被選挙権、選挙権の行使から遠ざけて選挙の公正を確保すると共に、本人の反省を促すことは相当であるからこれを以て不当に国民の参政権を奪うものというべきではない。」と判示している。この判決は、立候補制限規定の合憲性の一般的根拠として、選挙の公正確保と制裁機能を掲げたものと解されている(9)。

(2)　五年間の立候補制限

改正後の従来型連座制において新設された五年間の立候補制限規定（公選法二五一条の二第一項）の合憲性（憲法一五条、九三条、三一条）について、平成八年七月一八日の最高裁第一小法廷判決(10)は、「公職選挙法二五一条の二第一項は、選挙運動の総括主宰者、出納責任者等が買収罪その他の選挙犯罪を犯し刑に処せられたときは、公職の候補者等であった者が同法二五一条の五に規定する時から五年間当該選挙に係る選挙区（選挙区がないときは、選挙の行われる区域）において行われる当該公職に係る選挙に立候補することを禁止する旨を規定している。立候補の自由は憲法一五条一項の保障する重要な基本的人権というべきことは所論のとおりであるが、民主主義の根幹をなす公職選挙の公明、適正はあくまでも厳粛に保持されなければならないものである。公職選挙法の右規定は、このような極めて重要な法益を実現するために定められたものであって、その目的は合理的であり、選挙運動において重要な地位を占めた者が選挙犯罪を犯し刑に処せられたことを理由として、公職の候補者等であった者の立候補の自由を所定の選挙及び期間に限って制限することは、右の立法目的を達成するために必要かつ合理的なものというべきである。したがって、右規定は、憲法一五条、三一条、九三条に違反しない。」と判示した上で、このような結論を導く根拠について、三七年判決（東京事件）、三〇年判決「の趣旨に徴して明らかである」としている。

右の様に、この判決は、公選法二五一条の二第一項の規定の立法目的を民主主義の根幹をなす公職選挙の公明、適正を保持するという「極めて重要な法益を実現するために定められたもの」で合理的とした上で、規制内容（五年間の立候補制限――「立候補の自由を所定の選挙及び期間に限って制限する」――）も「右の立法目的を達成するために必要かつ合理的なもの」と認定し、合憲としており、基本的には「合理性の基準」によって判断している。(11)

公選法二五一条の二第一項が定める五年間の立候補制限規定の趣旨、五年間という期間の長さについては、次のように説明できよう。

すなわち、同規定は、「総括主宰者、出納責任者、秘書等の犯した買収罪等の選挙犯罪についての刑事裁判、あるいはその後の候補者等（候補者又は立候補予定者）についての連座裁判が遅延した場合には、議会の解散又は公職の任期満了のため、当選無効の効果が空振りに終わる、あるいは適用される期間がほとんど無くなってしまうということが起こりうる。

そのため、平成六年二月改正により、連座制の効果としての当選無効の制度の実効性を確保することを主な目的として、立候補制限……が設けられた[12]もので、「その目的において是認することができるうえ、五年間という立候補制限の時期も、地方議会議員の任期を考慮すると、不相当に長いとはいえず、一般的に候補者の政治生命を断つに等しいというものでもないことは明らかであるから、これをもって憲法違反と解することはできない。[13]」（原審の平成八年二月一五日福岡高裁判決）と。

要するに、同規定は、選挙の公明、適正を確保するという立法目的を達成するために定められたものであり、五年間の立候補制限――これは、前掲のように、連座制の実効性を確保することを目的とし、立候補制限の期間等を限定している。――という規制内容も、この立法目的を達成するために必要かつ合理的なものと言えよう。[14]

四　新連座制と裁判例

(1)　平成九年三月一三日の最高裁第一小法廷判決[15]（以下、「本判決」という）

a　事実の概要

Y（被告、上告人）は、平成七年四月九日施行の青森県議会議員選挙で当選した。株式会社甲の代表取締役であったA、同社幹部社員であったB及びCの三名は、慰労会名目で宴席を設け、下請業者に対しYのため投票及び投票の取りまとめ等の選挙運動を依頼して供応接待をしたとして、公選法違反で起訴され、青森地裁（平成七年六月八日）で懲役一年執行猶予五年等の刑に処せられた。

仙台高等検察庁検察官Xは、A、B及びCは同法二五一条の三第一項の「組織的選挙運動管理者等」に該当するとして、同法二一一条一項に基づき仙台高裁に対して、連座制の適用によるYの当選無効及び五年間の立候補禁止を請求した。

原審の平成八年七月八日の仙台高裁(16)は、Xの請求を全面的に認めたため、Yが上告した。Yの上告理由は、同法二五一条の三の法令違憲又は適用違憲、「組織的選挙運動管理者等」の各要件の解釈、事実誤認、右各要件の不該当等である。

b　本判決の要旨

〔新連座制と憲法判断〕

公選法二五一条の三の規定は、憲法前文、一条、一五条、二一条及び三一条に違反するものではない（詳しくは、判決文を後掲する）。

〔事実認定と新連座制の適用対象〕

原審の事実認定は、原判決挙示の証拠関係に照らし、正当として是認することができ、所論の違法はない。原審の適法に確定した事実関係によれば、(1)会社の代表取締役Aは、上告人Yを当選させる目的の選挙運動を会社を挙げて行おうと企図し、従業員の朝礼及び下請業者の慰労会に名を借りた会食の席に上告人Yを招いて立候補のあいさつをさせ、従業員や下請業者等に対して投票及び投票の取りまとめを依頼するなどの選挙運動をすることを計画、表明した結果、幹部社員B、Cらがこれを了承した、(2)代表取締役Aは、幹部社員B、Cに対し、選挙運動の方法や各人の役割等の概括的な指示をした、(3)これを受けて、幹部社員B、Cは朝礼及び慰労会の手配と設営、総決起大会への出席、後援者名簿用紙、ポスター等の配布と回収などの個々の選挙運動について、他の幹部やその他関係従業員に指示するなどして、これらを実行させた、(4)上告人Yは、右要請に応じて、朝礼及び慰労会に出席した、(5)その席上、代表取締役Aは、上告人Yを会社として応援する趣旨のあいさつをし、上告人Yも、その応援を求める旨のあいさつをした。

右事実によれば、代表取締役Aを総括者とする幹部社員B、C及び同人らの指示に従った関係従業員らは、上告人Yを当選させる目的の下、役割を分担し、協力し合い、会社の指揮命令系統を利用して、選挙運動を行ったもので、公選法二五一条の三第一項に規定する組織による選挙運動に当たるということができる。

そして、代表取締役Aが同項所定の「当該選挙運動の計画の立案若しくは調整」を行う者に、幹部社員B、Cが「選挙運動に従事する者の指揮若しくは監督」を行う者に各該当し、これらの者が「組織的選挙運動管理者等」に当たることも明らかであり、上告人Yが、選挙運動が組織により行われることについて、代表取締役Aとの間で、相互に明示又は黙示に了解し合っていたことも明白であるから、上告人Yが、右選挙運動につき、組織の総括的立場にあった者との間に意思を通じたものというべきである。

所論は、同項所定の「組織」とは、規模がある程度大きく、かつ一定の継続性を有するものに限られ、「組織的選挙運動管理者等」も、総括主宰者及び出納責任者に準ずる一定の重要な立場にあって、選挙運動全体の管理に携わる者に限られるというが、立法の趣旨及び同条の文言に徴し、所論のように、限定的に解すべき理由はなく、また、「意思を通じ」についても、所論のように、組織の具体的な構成、指揮命令系統、その組織により行われる選挙運動の内容等についてまで、認識、了解することを要するものとは解されない。

以上と同旨の原審の判断は、正当として是認することができ、その過程に所論の違法はない。

(2)　五年間の立候補制限

連座対象者の拡大と五年間の立候補制限を定める公選法二五一条の三の規定の合憲性（憲法前文、一条、一五条、二一条及び三一条）について、本判決は、「右規定は、いわゆる連座の対象者を選挙運動の総括主宰者等重要な地位の者に限っていた従来の連座制ではその効果が乏しく選挙犯罪を十分抑制することができなかったという我が国における選挙の実態にかんがみ、公明かつ適正な公職選挙を実現するため、公職の候補者等に組織的選挙運動管理者等が選挙犯罪を犯すことを防止するための選挙浄化の義務を課し、公職の候補者等がこれを防止するための注意を尽くさず選挙浄化の努力を怠ったときは、当該候補者等個人を制裁し、選挙の公明、適正を回復するという趣旨で設けられたものと解するのが相当である。法二五一条の三の規定は、このように、民主主義の根幹をなす公職選挙の公明、適正を厳粛に保持するという極めて重要な法益を実現するために定められたものであって、その立法目的は合理的である。また、右規定は、組織的選挙運動管理者等が買収等の悪質な選挙犯罪を犯し禁錮以上の刑に処せられたときに限って連座の効果を生じさせることとして、連座制の適用範囲に相応の限定を加え、立候補禁止の期間及びその対象となる選挙の範囲も……限定し、さらに、選挙犯罪が……おとり行為又は寝返り行為によってされた場合には免責することとしているほか、当該候補者等が選挙犯罪行為の発生を防止するため相当の注意を尽くすことにより連座を免れることのできるみちも新たに設けているのである。そうすると、このような規制は、これを全体としてみれば、前記立法目的を達成するための手段として必要かつ合理的なものというべきである。したがって、法二五一条の三の規定は、憲法前文、一条、一五条、二一条及び三一条に違反するものではない。」と判示した上で、このような結論を導く根拠について、三七年判決（広島事件、東京事件）、三〇年判決「の趣旨に微《ママ》して明らかである」としている。

　右の様に、本判決は、公選法二五一条の三の規定の立法目的を「民主主義の根幹をなす公職選挙の公明、適正を厳粛に保持するという極めて重要な法益を実現するために定められたもの」で合理的とした上で、規制内容（当選無効及び五年間の立候補制限）も総合的にみれば、「立法目的を達成する手段として必要かつ合理的なもの」と認定し、合憲としており、上告人Yが主張した「ＬＲＡ（より制限的でない他の選択し得る手段）の基準」等のより厳格な基準ではなく、基本的に「合理性の基準」を用いて判断している。(17)

ところで、改正前、改正後の従来型連座制の立法目的については、「客観的に選挙運動全体が悪質であったと推認できる場合には、当該選挙の結果（当選）を覆して選挙の公正を回復しようというところに主たる目的がある」(18)と説明されているように、客観的に「不公正な選挙結果を除去し、選挙の公明、適正を確保する」（前掲）という点にあるが、新連座制（公選法二五一条の三）は、本判決も指摘しているように、候補者等に組織的選挙運動管理者等が買収等の選挙犯罪を犯すことを防止するための選挙浄化の義務を課し、候補者等がこれを防止するための注意を尽くさず、選挙浄化の努力を怠った場合に、当該候補者等個人を制裁するもので、「候補者本人帰責型」(19)の考え方に主眼を置いている。したがって、改正前、改正後の従来型連座制の立法目的と新連座制のそれとは相違がある（大きい）との見解もある。(20)

しかしながら、連座制の立法目的が、「選挙の公明、適正の確保」にあることは、改正前、改正後の従来型連座制、新連座制のいずれについても変わりはなく、(21)新連座制は、本判決も指摘しているように、従来の連座制では、選挙犯罪を十分抑制できなかったという我が国における選挙の実態にかんがみ、選挙腐敗を一掃するために、連座の対象の範囲を組織的選挙運動管理者等の犯した選挙犯罪にまで拡大したものにすぎず、改正前、改正後の従来型連座制と新連座制は、基本的には、制度的連続性を有しているものと解される。また、新連座制の規制内容も組織的選挙運動管理者等が「買収罪等の悪質な選挙犯罪を犯した場合で、しかも禁錮以上という、犯情の重いときに限って候補者等に当選無効等の効果を生じさせる」(22)ものであり――それは、「候補者本人帰責型」という考え方に基づいているものであるため、候補者等に過酷にならないように広い免責規定（前掲）を設けている。(23)――、更に、立候補制限の期間等を限定する（なお、五年間の立候補制限規定の趣旨については、前掲の通りである。）など規制内容

を総合的にみれば、立法目的を達成するために必要かつ合理的な規定と言えよう。(24)

この点について、野中俊彦教授は、「これらの判例〔三七年判決（広島事件）及び三〇年判決――筆者注〕に照らせば、新しい連座制の対象は、当時に比べて相当に広げられているとはいえ、なお同じ枠組みの中にあるものと説明できるだろうし、同じ選挙区の同じ選挙には判決確定後五年間は立候補を禁止するということも、なお従来の選挙違反者の被選挙権停止の正当化理由の延長線上にあると説明できる」が、「このあたりがおそらくはぎりぎりの線であって、これ以上の強化は立候補の自由や選挙運動の自由さらには当選議員の地位を不当におびやかすおそれがある。」とされる。(25)

(3)　連座対象の拡大〔「組織的選挙運動管理者等」〕

上告人Yは、公選法二五一条の三第一項が定める「組織的選挙運動管理者等」の全ての要件について厳格なあるいは限定的な解釈を主張した――例えば、前掲のように、「組織」の解釈について、「その組織内に明確な指揮命令系統が存在する相当大規模なもので、ある程度の継続性をも有する組織」とし、「選挙運動管理者等」の解釈について、「選挙運動において、総括主宰者、出納責任者に準ずる一定の重要な立場にあり、選挙運動の計画立案等、選挙運動全体の管理に携わる程度の選挙運動者」のことを言うとし、そして「意思を通じて」の解釈について、「候補者が、ある組織が自分のために選挙運動をしてくれることを知り、かつその組織の構成、指揮命令系統、組織の行う選挙活動等を具体的に知った上で、その組織が組織をあげて選挙運動を行うことを認識、了承した場合」でなければならないと、それぞれ、主張した。――のに対し、本判決は、「立法の趣旨及び同条の文言に微《ママ》し、所論のように限定的に解すべき理由はな」いなどと判示している。

この様に、公選法二五一条の三第一項が定める各要件を厳格にあるいは限定的に解すべきでないことは、殊に、政治改革に関する（調査）特別委員会での審議の際、提案者の答弁等にみられるように[26]、組織・企業ぐるみ選挙による選挙犯罪を防止するために、広く連座制を適用するという立法趣旨[27]にも合致しており、また、このように広く解することによって、要件が不明確になる恐れもなく[28]、本判決が判示しているように、「法二五一条の三第一項所定の組織的選挙運動管理者等の概念は、同項に定義されたところに照らせば、不明確で漠然としているということはできず、この点に関する所論違憲の主張は、その前提を欠くもの」と言えよう。

五　おわりに

平成六年公選法改正後の連座制施行後、「連座制の適用を求めた裁判は、国政、地方選挙あわせて全国で三六件。係争中の三件を除き、すべて検察側の請求を認めて確定している。内訳は落選者を除き、地方議員三人が当選無効、連座制適用前に国会、地方議員ら一三人が辞職している。また、衆院選の選挙違反が九三年に三、〇二一件だったのが、九六年には八八六件に顕著に減少するなど成果を上げて[29]」おり、平成六年（二月と一一月）の連座制の拡大・強化による選挙犯罪の抑止効果は、確実に表われている。

この連座制の実施（適用）によって、金で票を買う選挙（金権選挙）、組織・企業ぐるみ選挙などが横行する日本的選挙風土も変わらざるをえなくなっているが[30]、更にこの流れを加速させるために、政党、候補者等、及び支援者だけでなく一般有権者も、日本的選挙風土の改革に向け、なお一層の意識改革を進めていく努力をすべきであろう。

本稿で検討してきたように、連座対象の範囲の拡大や五年間の立候補制限を定めた現行の公選法の規定は、「合憲」と解されるが、他方、選挙運動の自由や立候補の自由なども憲法上重要な権利であり、これらの自由と選挙の公明、適正の確保との調和点（バランス）を考えると[31]、野中教授が指摘されている（前掲）ように、「このあたりがおそらくはぎりぎりの線」で、これ以上の強化は、右の諸権利に抵触する恐れも出てくるであろう。[32]

（一九九八・八・二一脱稿）

〔徳山大学論叢五〇号　一九九八・一二〕

（1）　衆議院法制局内選挙法制研究会編著（なお、以下の注で引用・参照する際は、「選挙法制研究会編著」とする。）『選挙腐敗防止法の解説――選挙浄化の徹底のため、組織的選挙運動に全面的に導入された新連座制を中心として――』第一法規・平成七年・一九頁。

（2）　同右二二頁、吉田善明『政治改革の憲法問題』岩波書店・平成六年・一四八、一六二頁、保岡興治監修『Q&A 新連座制ハンドブック〔改訂版〕』出版研・平成八年・一九―二〇頁。

（3）　昭和四三年一二月四日の最高裁大法廷判決　刑集二二巻一三号一四二五頁。なお、この判決については、高野眞澄「労働組合の統制権と政治活動の自由」（芦部信喜・高橋和之編『憲法判例百選Ⅱ〔第二版〕』所収）三〇八―三〇九頁、及びそこに掲げられた参考文献参照。

（4）　行政法制研究会「連座制の強化（その一）」・『判例時報』一五七四号二一頁、宇都宮純一「時の判例（憲法）」・『法学教室』二〇五号一一三頁、山本一「拡大連座制の合憲性」・『判例セレクト'97（法学教室別冊）』六頁。

（5）　菅野博之「時の判例（民事）」・『ジュリスト』一一一九号一三五頁、滝沢正「最新判例批評」・『判例評論』四六七号二〇頁、選挙法制研究会編著・前出注（1）二一頁。

（6）　民集一六巻三号五三七頁（広島事件）、同号五三〇頁（東京事件）。なお、この判決については、野村敬造「連座制」（芦部信喜・高橋和之編『憲法判例百選Ⅱ（第二版）』所収）三三六―三三七頁、及びそこに掲げられた参考文献参照。

（7）　選挙法制研究会編著・前出注（1）二一頁、行政法制研究会・前出注（4）二一頁、滝沢正「最新判例批評」・『判例評論』四五九号二九頁、成川洋司「判例解説」（西村宏一、倉田卓次編『平成八年度　主要民事判例解説』所収）三七一頁。

なお、大竹武七郎弁護士は、この判決について、「選挙人の自由な意思に基づく選挙の公明・適正を期するために、第二五一条の二の規定は必要である。候補者は、他人（総括主宰者・出納責任者）の行為により責任を負うのではなく、候補者自身のなすべき注意義務があるのである。それが背景にあるから、総括主宰者または出納責任者の買収行為により、当選無効の制裁を科せられてもやむをえない合理的理由がある。連座の規定には、こういう理論的根拠がある。」（同・『選挙法判例研究』日本評論社・昭和四六年・一五三頁）とされる。

(8)　刑集九巻二号二一七頁。なお、この判決については、作間忠雄「選挙権・被選挙権の本質」（芦部信喜・高橋和之『憲法判例百選Ⅱ（第二版）』所収）三一〇―三一一頁、及びそこに掲げられた参考文献参照。

(9)　滝沢正・前出注（7）二九頁、成川洋司・前出注（7）三七一頁。

(10)　判時一五八〇号九二頁、判タ九二一号一〇六頁。

(11)　滝沢正・前出注（7）二九頁、成川洋司・前出注（7）三七一頁。

(12)　選挙法制研究会編著・前出注（1）四三―四四頁。更に、滝沢正・同右三〇頁参照。

(13)　前出注（10）の判時一五八〇号九四頁、判タ九二一号一〇九頁より引用、更に、滝沢正・同右三〇頁、成川洋司・前出注（7）三七一頁参照。

(14)　滝沢正・同右二九―三〇頁、成川洋司・同右。

(15)　判時一六〇五号一六頁、判タ九四四号八三頁。

(16)　判時一五八三号四八頁。なお、この判決については、小川新二「青森県議選・連座訴訟第一審判決――仙台高裁平成八年七月八日判決――」・『法律のひろば』五〇巻一号四八頁以下参照。

(17)　宇都宮純一・前出注（4）一一三頁、本秀紀「拡大連座制の合憲性」（『平成九年度重要判例解説』・『ジュリスト』一一三五号所収）二七頁、菅野博之・前出注（5）一三六頁参照。

(18)　選挙法制研究会編著・前出注（1）六二頁。

(19)　同右六二頁。

(20)　本秀紀・前出注（17）二七頁、同右五六、六一―六二頁。更に、山元一・前出注（4）六頁、菅野博之・前出注（5）一三六頁、滝沢正・前出注（5）二〇―二一頁参照。

(21)　菅野博之・同右、滝沢正・同右二〇頁。

(22)　選挙法制研究会編著・前出注（1）六四頁。

(23)　滝沢正・前出注（5）二一二頁。
(24)　同右、選挙法制研究会編著・前出注（1）六四―六五頁、保岡興治監修・前出注（2）一〇一―一〇二頁。更に、小針司「判例評釈」・『民商法雑誌』一一七巻六号九一―九二頁参照。
(25)　野中俊彦「連座制――公選法改正による拡大・強化――」・『法学教室』一九四号三頁。
(26)　同右、行政法制研究会「組織的選挙運動管理者等（連座制の強化その二）」・『判例時報』一五七五号二五頁以下、選挙法制研究会編著・前出注（1）五六頁以下、安田充「公職選挙法の改正について」・『ジュリスト』一〇六三号四八―四九頁、野中俊彦「最新判例批評」・『判例評論』四四九号二二頁、保岡興治監修・前出注（2）一八六頁以下参照。
(27)　同右。
(28)　滝沢正・前出注（5）二一一頁。
(29)　平成一〇年五月二六日付毎日新聞（和泉かよ子記者の記事）。更に、平成九年七月一〇日付中国新聞、滝沢正・前出注（5）二二二頁参照。
なお、立候補制限規定の抜け道（法の盲点）については、同右の記事のほか、平成一〇年五月二六日付毎日・中国、二七日付産経各新聞の社説・主張を参照。
(30)　平成九年三月一四日付日経、一五日付読売各新聞参照。
(31)　小針司・前出注（24）九二―九三頁。更に、宇都宮純一・前出注（4）一一三頁、本秀紀・前出注（17）二七頁参照。
(32)　同右参照。

2　新連座制に関する一考察

笠井真一

一　はじめに

平成六年（一九九四）一一月、公職選挙法の改正[1]により、従来の連座制とはその性格が大きく異なる、新しい連座制が導入された。本稿は、この新たに導入された連座制（新連座制、ないしは拡大連座制と通称されているもの）について、導入に至る経緯と背景、その法的性格、従来の連座制との質的な相違点を中心に、若干の考察を行うことを目的とするものである。

なお、この年の二月には、衆議院議員選挙への小選挙区比例代表並立制の導入を内容とする公職選挙法の大改正[2]が行われ、その際、従来の連座制についても比較的大きな改正[3]がなされているので、その点に関しても、適宜、言及することとする。

政治の時代、議員立法の活性化などと言われ始めてから随分久しく、議員立法の立案を補佐する役所である、衆議院法制局、参議院法制局の各部署においても、最近では、恒常的に、かなりの件数の立案依頼を受けているのが現状である(4)。

二　選挙法という分野の法律

言うまでもなく議員立法とは、衆議院議員又は参議院議員が法律案を作成・提出し、自らの政策実現を目指すものであり、内閣（政府）から提出される法律案と対比されるものである(5)。過去に成立した議員立法を見てみると、いくつかの類型に分けることができるが(6)、中でも、国会関係と並んで、「選挙法」と言われる分野は(7)、議員の身分や、議員の政治活動、選挙活動に直接関わる分野であるので、以前から、議員立法が中心的役割を果たしている。最も典型的な法律である公職選挙法や政治資金規正法も、議員立法によって制定された法律であり(8)、加えて言えば、成立した法律（新規制定法、改正法）だけでなく、提案段階にとどまる法案、更には、正式の提案にまで至らない段階の案も含め、その数が非常に多いというのが、特徴であると言えよう。

また、この分野の法律は、提案に至るまで紆余曲折をたどることが多く、提案された後も、議員の利害と直結するだけに各議員の関心は非常に高く、熱のこもった国会審議が行われることになる。各党各会派の主張が正面からぶつかり合い、純粋の法律論だけではなく、政治の在り方、国家の在り方にまで議論が及ぶことも珍しくなく、そのため、出来上がった法律の内容が政治的な妥協の産物、と指摘されることもしばしばである。

三　連座制という制度

ところで、ここ数年、選挙法の分野で最も新聞紙上を賑わせているのは、選挙区割りや定数是正ということを除けば、連座制、特に、平成六年一一月に新たに導入された、いわゆる新連座制ではないかと思われる。本稿の目的は、この新連座制を中心に考察を加えるものであるが、新連座制の議論をする場合、比較の対象上、従来の連座制（以下、新連座制と対比する場合には、適宜、「従来型連座制」という語を用いることとする。）に触れない訳にはいかないので、まず、従来型連座制について論及し、それを前提にした上で、新連座制について若干の考察を加えることとする。

連座制という制度そのものは、既に、大正一四年（一九二五）の「衆議院議員選挙法」の全部改正の際に、その原型が作られている。(9)

当初の連座制は、「選挙事務長」が買収等の選挙犯罪を行った場合と、「選挙事務長及びその職務代行者」が法定額を超過して選挙運動費用を支出した場合に限って、当選人の当選を無効とするもので、その対象者は、極めて限られていた。その後、連座制の適用対象者は、選挙運動を事実上総括主宰した者に拡大されるなど、徐々にその内容が整備されていき、現行の昭和二五年（一九五〇）に制定された公職選挙法にも、この仕組みは基本的に受け継がれている。連座制は、その後も何回か改正が行われ、いわゆる地域主宰者や、候補者の親族の選挙犯罪にまで拡大されるなど、逐次強化されてきている。

四 連座制の転換点——その背景

この連座制が大きな転換点を迎えたのが、平成六年（一九九四）である。この年は、衆議院議員選挙に、現在の「小選挙区比例代表並立制」が導入された年に当たるが、連座制という視点から見ると、わずか一年のうちに、二度の大きな改正があった年ということもできる。

衆議院の選挙制度の改正は、平成三年（一九九一）八月の海部内閣時代に、第八次選挙制度審議会の答申（平成二年四月）を受けて行われた最初の小選挙区比例代表並立制の提案（政府提出）に始まり、以後、平成五年（一九九三）四月の宮澤内閣時代の小選挙区制（自民党提出）[10]、そして同年九月に自民党政権に代わって政権についた細川連立内閣の下での小選挙区比例代表並立制の提案（政府提出）というように、政府与党からの提案内容自体が、めまぐるしく変わった。そして、平成六年一月の、細川総理大臣と河野自民党総裁による、いわゆる「総総合意」を経て、ようやく、現在の衆議院小選挙区比例代表並立制が成立したのである。

この小選挙区比例代表並立制という選挙制度のうちでも、特に「小選挙区制」の部分については、元々、それまでの中選挙区制が、同じ党内の候補者同士の選挙区向けサービス合戦になって、金のかかる選挙の最大の原因であると批判されたために、これを政策本位、政党本位の選挙に変えていくために出てきた制度のはずであった。ところが、いざ小選挙区制の実現という局面になると、「本当に金のかからない選挙が実現するのか」という根本的な疑問が、少なからぬ数の議員から再び呈されるようになり、むしろ小選挙区制は「勝つか負けるかの一騎打ち」であり、以前にも増して選挙に多くの金がかかるのではないかという見方も、急速に拡がっていくことになった。金のかからない、政策本位であるはずの選挙制度が、かえって金権選挙の温床になるかも知れないというのでは本末紛れもない事実である。

転倒も甚だしいのであるが、新しい選挙制度の実施を間近に控えて、そうしたことが本気で語られるようになってきたのである。もちろん、こうしたことの他にも、新しい選挙区割りの行方とか、小選挙区の候補者として公認されるのだろうかといった、様々な不安定要素が重なっていることも原因にあろうかと思われるが、とにかく、「今のままの選挙運動の延長線上でいったら、大変なことになる」という、議員の現実的な危機感が噴出してきたのは紛れもない事実である。

もっとも、選挙の世界には、公職選挙法という法律があり、我が国においては、俗に「べからず選挙」と言われるほど、かなり厳しい法規制、選挙運動規制が既に行われている。しかしながら、同時に、これが実際には建前に過ぎないと、多くの人に思われているのも事実で、残念ながら、「選挙法など守っていては、選挙に勝てない」と言わんばかりの現実が、一方にはある。実際、候補者は、運動員が買収等の選挙違反で捕まった場合でも、「いや私は、関知していない。私の不徳の致すところであるが、しかしそれは、運動員が勝手にやったことだ」というような「弁明」をすることが多い。

こうした事態に対処するための制度として、先に述べたように、大正一四年という、かなり昔から、「連座制」という独特の制度があるのだが、後に述べるように、従来型連座制は、連座制の適用対象者が、総括主宰者、出納責任者、地域主宰者、親族など、いわゆる選挙運動体における「大物」に限られていたため、現実にはなかなか機能せず、選挙浄化の役割を十分に果たすことができなかったのである。(11)

五　従来型連座制

ここで、連座制という制度について、その仕組みの概要を説明することとする。平成六年一一月に導入された新連座制については後で触れるので、ここでは、従来型連座制を念頭に記述することとする。

この制度は、候補者又は立候補予定者（以下「候補者等」という。）と一定の関係のある者が買収等の重い選挙犯罪を犯した場合には、候補者等本人は何も選挙犯罪は犯していなくても、候補者等本人の当選を無効にし、かつ、候補者等を、五年間、「当該選挙に係る選挙区において行われる当該公職に係る選挙[12]」に立候補することができないようにするものである。

まず最初に、連座制の対象となる選挙の種類について述べておくと、これについては、衆議院及び参議院の比例代表選挙を除く、すべての国政選挙、地方選挙に適用がある。この点に関して、なぜ比例代表選挙には連座制の適用がないのかということであるが、現在の公職選挙法では、比例代表選挙においては、選挙運動の主体は候補者個人ではなく、比例名簿を届け出た政党ということになっており、しかも、各政党の獲得した得票数に応じて議席が配分され、名簿から当選人が決まるという仕組みになっている。仮に、比例代表選挙に連座制を導入するとすれば、その総括主宰者に該当するのは、例えば政党の選挙対策本部長ということになろうが、こういう者が買収等の選挙犯罪を犯した場合に、いざ当選無効の効果を生じさせようとしても、その買収等の犯罪行為が、具体的に誰の当選に寄与したのかという点については、極めて不分明である。つまり、連座制を適用すべき候補者等が、特定できないのである。それならば、その政党の比例名簿登載者全員を連座の対象者、すなわち当選無効にしたらどうか、という議論もあるかも知れないが、そうすると今度は、有権者である国民が投票によって示した意思を、余りに不当にゆがめてしまう結果となってしまい、著しく妥当性を欠くことになる。したがって、比例代表選挙に連座制を導入することは、極めて難しいことであると言わざるを得ないのである。なお、この点については、後に述べる新連座制でも、事情は、全く同じである。

次に、候補者等と一定の関係のある者（の犯した選挙犯罪）という点であるが、具体的には、対象者は、①総括主宰者、②出納責任者、③地域主宰者[13]、④候補者等の父母、配偶者、子又は兄弟姉妹、⑤候補者等の秘書ということである。

総括主宰者とは、ある候補者のための選挙運動の行われる全地域にわたって選挙運動の中心勢力となり、ある期間、継続して、選挙運動に関する諸般の事務を総括して指揮する者をいい、一般には、「選挙参謀」、「選挙事務長」などと称される人が、これに該当することになる。また、地域主宰者とは、「地域支部長」のような存在で、候補者本人か、総括主宰者から定められることが要件となっている。いずれも、実体的な判断に基づく概念であり、選挙管理委員会への届出などは、一切必要はない[14]。これに対し、出納責任者は、選挙管理委員会に必ず届け出ることになっている。出納責任者は、候補者の収支を一元的に管理する者で、原則として、出納責任者だけが選挙運動に関する支出をすることができることになっている。しかし、こうした違いはあるものの、総括主宰者、地域主宰者、出納責任者は、いずれも選挙運動体の実質的な機能面に着目した概念であるといえる。

一方、候補者等の親族と秘書は、ただ単に、親族だから、秘書だから、という一点をもってしては、必ずしも選挙運動とのつながりは出てこない。候補者等の選挙と無関係に暮らしている親族もいるし、選挙期間中、選挙運動の行われる地元ではなく、ひたすら東京事務所の留守を守っているだけの秘書もいるからである。では、なぜ、親族と秘書が連座制の対象者に挙げられているのかというと、それは、これらの者が候補者等と意思を通じて選挙運動を行う場合には、これらの者は、候補者等本人の身代わり、名代的な役割を担うことが、経験則に照らして言えるからである。したがって、候補者等、総括主宰者、地域主宰者と「意思を通じて選挙運動をした」という要件と、「禁錮以上」という比較的重い刑に処せられた場合という要件を付加した上で、連座制の対象者に挙げている。

なお、秘書について付言すると、候補者等の側から、「彼は、勝手に私の秘書と名乗っているだけで、本当は私の秘書ではない」という「言い逃れ」を防止するため、候補者等が「秘書」という肩書きを使用していることを承諾し又は容認している場合には、秘書と推定するという推定規定を置いて、その実効性を担保している。

以上のことを前提にして、従来型連座制の本質を述べると、以下のようなものであると言われている。

候補者等と関係の深い一定の重要な地位にある者、例えば、総括主宰者、出納責任者のような選挙運動体の中心メンバーや、親族、秘書のような候補者等の身代わり的な存在の者が、買収等の重大な選挙犯罪を犯した場合には、その候補者等が選挙で仮に当選したとしても、その選挙というのは、いわば選挙運動全体が、真っ黒な選挙運動によって行われ、その候補者等の得票には、(買収等により)選挙人の自由意思を害した不公正な得票がかなりの数含まれていると推認できる。したがって、そのような不公正な選挙運動によって得られた不公正な結果を一旦帳消しにして、もう一回選挙をやり直すのが、選挙の公平、公正を維持するためには必要不可欠である。簡単に言えば、これが従来型連座制の本質だと考えられている。

そして、「当選無効」という連座制の効果については、候補者等本人に対する「制裁」ではなく、選挙の公正を回復するための特別の措置であると説明される。だからこそ、候補者等としては如何ともしがたい、相手陣営からの「おとり」や「寝返り」により選挙犯罪が引き起こされた場合であっても、客観的に不公正な選挙運動により得られた結果には違いないという理由から、当選無効の成否には、なんらの影響を及ぼさないことになっている。もっとも、この「おとり」や「寝返り」の場合について、実は、かつては、当選無効の適用を除外していた時代もあったのであるが、実際には、「おとり」でも「寝返り」でもないにもかかわらず、候補者等の側が、裁判でこれを長期に争う、という事情があったので、今のような形になったという経緯もある。(15)

それはともかく、なぜ、連座制による当選無効の制度が制裁とはされていないのかというと、やはり近代法の理論においては、自己責任の原則があり、各人は、自己の行為にのみ責任を負い、他人の行為には責任を負わないという原則があるからである。いくら候補者等と関係の深い者と言っても、法律上監督責任でもあれば別であるが、選挙運動というのは、基本的には、「この人を当選させたい」と思う人が自由に集まって運動体を作り、候補者等を当選に導くというのが建前であると考えられており、他人の行為によって本人に責任を負わせることはやはりできない。そういう考え方が、背後にあるのである。

ただ、連座制をこのような仕組みにしても、候補者等が連座裁判(16)を長期に争って、当選無効の判決が出たときには既に任期は終了してしまっているという事態は十分起こり得るのであり、こうした連座制の「抜け道」を塞ぐため、言い換えれば、連座制の実効性を担保するために、当選無効のほかに、新たに、平成六年二月の改正で、同一選挙区からの五年間の立候補制限という効果が加えられた。既に前々年に改正が行われた、公判期日の一括指定をその内容とする、いわゆる「百日裁判」制度の強化(17)とも相まって、連座制の実効性を確保しようとする試みが取り入れられることになったのである。立候補制限については、次の項目で詳述することとする。

六　立候補制限の性格

この立候補制限という制度は、理論的にも興味深い制度である。よく似た制度に公民権停止というものがあるので、それとの対比で見ていくことにする。

まず、公民権停止についてであるが、これは説明するまでもなく、選挙権（投票権）と被選挙権の双方を奪うものである。公職選挙法においては、この公民権停止については、大きく二種類の規定がある。

一つは、一般的な公民権停止の規定であり、①禁治産者、②禁錮以上の刑に処せられその執行を終わるまでの者、

③公職にある間に犯した刑法の収賄罪により刑に処せられ、その執行を終えてから五年を経過しない者又は刑の執行猶予中の者、④公職選挙法以外の選挙犯罪等[18]により禁錮以上の刑に処せられ、刑の執行猶予中の者が挙げられている。これらの中には、一定の刑事罰を要件にするものも含まれているが、公職選挙法違反に対する制裁という観点とは全く関係はなく、公民としての資格、換言すれば、選挙のような公の活動に参加するにふさわしくない無資格者、という性格のものである。

もう一つの類型としては、公職選挙法違反の効果（制裁）としての公民権停止がある。具体的な選挙犯罪の種類にもよるが、原則は、刑の執行を終えてから五年間公民権が停止され、買収罪等の重大な選挙犯罪を重ねて犯した場合には、一〇年間公民権が停止されることもあり得るなど、相当に厳しい内容となっている。この五年ないし一〇年という期間は、情状により、軽減（場合によっては、公民権停止なしにも）することもできる。これらの類型は、選挙秩序そのものに対する犯罪、そして、それに対する制裁ということで、前の類型とは異なり、公職選挙法違反の制裁として、一定期間選挙の世界から放逐する、という性格のものである。

なお、この後者の方の公民権停止は、厳密には、刑法総則でいうところの「刑」そのものではないが、選挙権、被選挙権という、憲法の保障する国民の最も重要な基本的人権の一つを奪うものであり、没収と同様、付加刑的な性格の一種の制裁であるとされており、刑事裁判においても、例えば、公民権停止の期間の長短を、「刑の量定不当」（刑事訴訟法第三八一条）の理由として争うことができることとされている。[19]

いずれにしても、公民権停止というのは、選挙権及び被選挙権が一般的に停止されるので、公民権停止を受けている間は、すべての選挙の、すべての選挙区で投票及び立候補をすることはできないことになる。また、既に就いている公職の地位を直ちに失い、停止期間中は、選挙運動自体が一切できなくなる。

これに対して、平成六年二月の改正で導入された立候補制限は、先に述べたように、同じ選挙の、同一選挙区での立候補が禁止されるだけなので、衆議院議員選挙の山口第一区で立候補制限を受けても、東京第一区では立候補できるし、参議院議員選挙の山口選挙区でも、山口県知事選挙にも、立候補することは可能である。

確かに、立候補制限は、見方によっては、公民権のうち、被選挙権の、それも極く一部の被選挙権の停止という見方も出来ない訳ではないが、当時の実務レベルの議論では、少なくとも、そのような説明はしていない。理由は、やはり、他人の行為により不利益な結果を本人に及ぼすことになるので、前にも述べたように、近代法の原則である自己責任の原則からは、説明が難しいからである。除外事由も、相手陣営と意思を通じた「おとり」、「寝返り」だけで、完全に自己責任原則に立った制度とは、到底言えないものだからである。

では、この制度をどう説明するかというと、連座制の最も重要な効果である当選無効、その当選無効の制度の実効性を担保するための制度であると説明することになる。つまり、連座制による当選無効の制度は、候補者等が、その選挙の任期いっぱい裁判を争えば、仮に何年か後に当選無効の裁判が確定したとしても、そのときには、既に任期は終わっており、かつての候補者等は、社会的なダメージを受けることはあったとしても、法的な身分（公職の地位）には全く変動がない。しかし、この立候補制限の制度があると、いくら長期間裁判を争っても、いつの時点か判決が確定すれば、その後の選挙には、当該選挙区から五年間立候補が出来なくなる。[20]五年間というと、その間には、最低でも選挙が一回は入るので、そうなれば、その候補者は、政治生命を絶たれたも同然になる、そのような実際上の効果を狙って導入された制度であると言える。なお、付言すれば、立候補制限の規定は、当選無効とは異なり、落選者にも適用がある。その意味で、かなり厳しい効果が生ずることになる。

しかし、あくまでも法律的には制裁ではなく、当選無効の制度を補完し、その実効性を確保するための制度であるとするならば、その効果の及ぶ範囲も、本来の当選無効の範囲内に収めるべきであるというのが論理的な帰結になる筈で、やはり、同じ選挙の、同一選挙区からの立候補禁止という限界は、どうしても出てこざるを得ないと考えられる。

この点については、連座制の制度上の不備であると批判されることも多く、そうした批判の多くも、現実にその後別の選挙に立候補し、当選した者がいるという実例を踏まえてのものであろうかと思われる。また、客観的には、立候補制限を被選挙権の一部停止と見ることができないこともないので、公民権停止による効果との比較で批判がされるのであろうとも推測される。現に、当選無効とは異なり、不十分とは言え一定の除外事由（おとり、寝返りの場合）が定められており、やはり制裁としての性格を拭い去れないからこそ、候補者等にとってはやむを得ない「おとり」、「寝返り」の場合を除外（免責）しているのではないかとの反論が、全くあり得ない訳ではない。

しかし、この制度が、沿革的に見れば、先に述べたような理論構成、すなわち当選無効の制度の実効性を担保するために生まれてきた制度であるということは、やはり重視されてよい。また、一定の除外事由が設けてあるのも、立候補の制限という客観的な効果（つまり、結果としての権利の制限という効果）からくる一定の限界線なのであって、そのことが逆に立候補制限の制裁性を裏付けているとまで言い切るのは、言い過ぎであろうと思われる。

制度上の沿革や、色々な思惑とは別に、この問題を考える場合に見落としてはならない二つの視点を挙げておきたい。

一点目は、いくら選挙運動が不公正な方法で行われたとはいえ、連座制とは、多数の有権者、つまり国民の、最も重要な権利であり、議会制民主主義の正統性の根拠でもある投票権の行使の結果を、一片の判決でひっくり返してしまう制度であるということであり、もう一点は、候補者側に立てば、制度の仕組み方いかんによっては、結果として、選挙権、被選挙権という憲法上最も重要な権利を不当に奪いかねない制度であるということである。こうした視点を抜きにして、政治的に、あるいは情緒的にのみこの問題を批判すれば、事の本質を見誤るおそれがあるので、このことは十分強調しておきたい。

このような考え方で、従来型連座制はできているのであるが、これに対して、もう一つ別の新しい類型の連座制を設けようというのが、新連座制なのである。

七　新連座制（拡大連座制）

今まで述べてきた従来型連座制は、いわば古典的な、おみこし型の選挙、すなわち、「あの人を当選させたい」という善意の人々の選挙運動を念頭に置いているということは、既に述べた。これに対し、新連座制は、選挙運動体を徹底的に組織化し、いわゆる会社ぐるみ、団体ぐるみ、労働組合ぐるみ、地域ぐるみで行う選挙のイメージを念頭に作られている。こうした選挙運動は、決して、素朴な、「あの人を当選させたい」という人々の集まりなどではなく、候補者側が、常日頃から徹底的に組織を作り上げ、維持し、その組織が、いざ選挙ともなれば、まさに「集票マシーン」と化すような性格のものである。良い、悪いは別にして、現代型選挙の実態そのものである、こうした組織的な選挙運動という姿を念頭に置いて作られたのが、新連座制なのである。

もし、現実の選挙運動の実態が、今述べたように、候補者等が、自ら主導して組織作りを行い、そうした社会的な機能集団の頂点に立って、選挙運動という社会的行為を組織的に行い、その結果、当選という成果を得ているとするならば、候補者等に対し、ある種の法的義務を課し、それに対する責任を問うということは、論理的には可能になると考えられる。新連座制は、そうした基本的な考え方の上に成り立っているのである。

そのある種の法的な義務というのは、組織を使って選挙運動を行うに当たっては、組織が選挙違反を行うことのないよう、候補者等の側が、徹底的にその運動体を監視する義務がある、ということである。言い換えれば、候補者等自身に、選挙浄化の責任を負わせようとするものである。運動体を監視すると言っても、特殊なことをする必要はなく、要は、選挙違反を行わないよう、つまり公職選挙法を遵守して選挙運動をするように十分監視をするということである。

ただ、候補者等の側にしてみれば、選挙に勝つだけでも必死なのに加えて、自分の組織が選挙違反をしないよう常に監視していないと、せっかくの当選も無に帰することになりかねないので、現実には、相当厳しいものがあると言えるかも知れない。今まで組織の行う選挙運動の実態に無頓着であった候補者等も、今後は、運動体の隅々まで目を光らしていないと、安心して選挙運動が行えなくなるのであり、逆に言えば、ここまでしないと、腐敗選挙、選挙腐敗行為は防止できないのだというぐらい、政治家の危機意識が、新しい未知の選挙制度の施行を目前にして、最高潮に高まっていたのである。

これほどの厳しい法律改正が、さしたる反対もなく、比較的スムーズに成立したことは、当時の立案担当者には、確かに驚きであった。これには、当時の複雑な政界事情が、多分に影響していると思われるので、若干横道にそれるが、それに触れておくこととする。

(1)　新連座制の導入の政治的背景

この新連座制は、現在は自由民主党に所属している、保岡興治衆議院議員（鹿児島第一区選出）の構想によるものである。

新連座制が導入された平成六年一一月がどのような時期かというと、自民党が一旦は野党に転落し、細川連立内閣の誕生（平成五年八月）、羽田内閣（平成六年四月）を経て、いわゆる「自社さ」による村山連立内閣が誕生し（同年六月）、自民党が再び政権の座に復帰した頃に当たる。

実は、保岡議員から、連座制の強化について最初に衆議院法制局に相談があったのは、かつての自民党単独政権下にさかのぼる。議員は、最初から現在のような新連座制を考えていた訳ではなく、当初は、従来型連座制の下で対象犯罪が買収罪等の重い選挙犯罪に限られているのを、なんとかその範囲を拡大できないか、という趣旨の考えを提示されている。その後も、議員は、引き続き熱心に、連座制の強化、選挙運動の浄化について、諸外国の立法例も参考にしながら研究を重ねられ、今の新連座制の原型へとたどり着くことになる。

議員は、主に、自民党内の政治改革本部や選挙制度調査会の主要なメンバーとして活動を続けられていたが、当初は、他の議員からの反応もそれほどはっきりしたものではなかった。ところが、そうした状況が、宮澤内閣不信任案の可決、衆議院の解散、自民党の総選挙敗北、政権交代、自民党の政権再復帰という歴史的な経緯を経て、一変することになる。

保岡議員は、この時期、つまり村山連立内閣の誕生の時期には、永く所属していた自民党を離れ、野党の統一会派である「改革」に所属していたのであるが、折しも、政治改革、選挙制度改革が政治の世界の最重要課題になっていたので、この連座制の強化という保岡議員の構想は、一気に、日の目を見ることになったのである。そして、この新連座制の構想が、野党「改革」の重要政策に採り上げられ、平成六年九月三〇日に法案提出に至る、というように事態が推移していった。これに対し、与党の自民党も、保岡議員の構想が、元々は自民党の正式の機関で議論されていたということもあり、せっかくの国民に対するアピールの機会を失うわけにはいかないということから、野党案の提出後間髪いれずに法案提出（与党三党案）ということになった。野党の法案提出からまだ一週間も経っていない、一〇月四日のことである。

つまり、与党と野党から、瓜二つの法案が衆議院に提出されるという、異例の事態が生じたのである。細かいところで、数点違うところはあったが[21]、ほぼ同じ内容の法案が出揃うことになったのである。その後両案は、与野党で調整の上、「併合修正」(22)という、これまた異例の方法で一本化され、現在の新連座制の導入を内容とする公職選挙法の一部を改正する法律が、同年一一月二一日に成立した訳である。

(2)　新連座制の仕組み

ここで、新連座制の概要を簡単に説明することにする。

この新連座制は、繰り返し述べているように、現在の選挙運動が、組織を動員した運動が主流であるということを踏まえ、これに効果的に対処できるような仕組みになっている。と同時に、これは、この制度の最大の眼目であるのだが、いわば、「候補者本人帰責型」とでもいうべき性格をもっており、候補者等に対して、従来にはない「選挙浄化に関する厳しい責任」を負わせ、候補者等自らの手で、徹底的な選挙浄化を行わせることにより、腐敗選挙の、まさに「一掃」を図ろうとするものとなっている。

新連座制の要件についてであるが、まず、①選挙運動を行う組織があること、次に、②候補者等と、その選挙運動を行う組織（具体的には、その組織の総括者）が、当該組織により選挙運動が行われることについて、意思を通じていること、が要件になる。その上で、当該選挙運動組織の中において、「組織的選挙運動管理者等」という概念を新たに作り出し、この「組織的選挙運動管理者等」の要件に該当する者が買収等の重大な選挙犯罪を犯して禁錮以上の刑に処せられた場合に、候補者等の当選を無効とするとともに、五年間の立候補制限を課そうというものである。

選挙運動組織と候補者等が「意思を通じて」いる、というのが要件になっているのは、このような場合には、候補者等は、当該組織により自分が当選するための選挙運動が行われることを了解しており、その選挙運動を自らの当選のために利用しているという関係があり、また、候補者等と選挙運動組織（具体的には、組織の総括者）が、組織で選挙運動を行っていることを相互に了解している以上、候補者等が選挙浄化を徹底させようとする場合にも、当該組織の協力を得ることが可能である、といった関係があるからである。

この「組織的選挙運動管理者等」という概念については、耳慣れない言葉であると思われるので、簡単に説明を加えると、これには定義があって、大きく三種類のものが挙げられている。すなわち、候補者等と意思を通じて組織により行われる選挙運動において、①選挙運動の計画の立案若しくは調整を行う者、②選挙運動に従事する者の指揮若しくは監督を行う者、③その他選挙運動の管理を行う者の三者である。

最初の「選挙運動の計画の立案若しくは調整を行う者」とは、例えば、ビラ貼り・ポスター貼りの計画、個人演説会の計画、あるいは街頭演説の計画を立てたり、その調整をする者のことで、いわば、その選挙運動組織において、「司令塔」的役割を果たす者のことである。

二番目の「選挙運動に従事する者の指揮若しくは監督を行う者」とは、ビラ貼り、電話作戦等の選挙運動に当たる者の指揮監督を行う者で、運動の前線のリーダー的な存在とでも言うべきものである。

三番目の「その他選挙運動の管理を行う者」には、選挙運動の方法、分野を問わず、選挙運動の様々な局面で運動を仕切ったり、後方支援的な活動の管理を行う者が広く含まれている。

細かい説明をするとこのようなことになるのであるが、要は、「組織的選挙運動管理者等」という名称にも現れているとおり、これらはすべて、「選挙運動の管理を行う」という側面に着目した概念であるということが重要なポイントである。なぜかと言うと、選挙運動体においては、これらの者は、運動体の個々の構成員（運動員）の行う選挙運動の在り方を決定し、あるいは実行させる地位にあるリーダー的存在であるから、このような地位にある者が一旦選挙腐敗行為を行えば、当該組織の他の運動員に与える事実上の影響力は大変大きく、選挙腐敗行為が、更に広範かつ悪質に行われることになるおそれが、非常に大きいからである。逆に言えば、候補者等の側が、このような地位にある者をしっかりと監督していれば、選挙腐敗行為を相当程度防止することができるということにもなる。

これを更に進めて、末端の選挙運動員にも対象を拡げるべきだとの議論もあろうかと思われるが、これについては、選挙人の示した投票結果を不当に覆すことにはならないかという点や、候補者等に選挙浄化責任、つまり、相当の注意義務を尽くすべきことを法が命じているので、これとの関係で、候補者等に余りに過酷な義務は課せられないのではないかということがあるので、このような仕組みになっている。ただし、この「組織的選挙運動管理者等」は、従来型連座制において総括主宰者、地域主宰者、秘書等に対象者が限定されているのとは異なり、組織の上層部から末端の責任者まで幅広くカバーしているので、実際上の適用範囲は、相当広範囲にわたるものである。(23)

候補者等の選挙浄化責任を問う、と言う以上は、候補者等が、法律上求められている責任を十分果たした上でも、なお買収等の選挙犯罪が発生した場合には、候補者等は免責されなければならない。したがって、この新連座制においては、候補者等が、「組織的選挙運動管理者等」が買収等の選挙違反を犯さないよう相当の注意をもって防止措置を講じていた場合には、免責、つまり、五年間の立候補制限だけでなく、当選無効も課されないことになっている。当選無効に例外的な免責条項を置いていない従来型の連座制とは、この点が大きく異なっている。このほか、「おとり」、「寝返り」により買収等の犯罪が行われた場合、つまり相手陣営と意を通じた自陣の運動員が、候補者等を積極的に陥れるために買収等の選挙犯罪を犯した場合も、こうした確信犯は、候補者等がいくら注意義務を尽くしても防止することはほとんど不可能であるので、同様に、当選無効、立候補制限ともに、免責としている。

ここで再度繰り返すが、従来型連座制は、決して候補者等の責任を問うという仕組みではなく、不公正な選挙運動で得られた結果を一旦覆し、選挙の公正を回復するという点に制度の根拠があり、一方、新連座制は、まさに候補者等の選挙浄化に対する責任を問う、という理念で成り立っている。また、想定している状況も、従来型連座制は、選挙運動がどのような形態で行われようがそれとは無関係に、客観的に見て、選挙運動を総括主宰した者、地域主宰した者、あるいは出納責任者、秘書、親族という者達が買収等の選挙犯罪を行った場合に、候補者等の側の事情、つまり注意義務を尽くしたかどうかというような事情とは一切無関係に連座の効果が生ずる（反面、連座制の対象者は、運動体の中心人物に限定されている）のに対し、新連座制は、候補者等と組織が意思を通じて選挙運動を行った場合、候補者等に、その組織の末端の運動責任者までをも含む「組織的選挙運動管理者等」が選挙違反を行わないよう、相当の注意を払うよう義務付け、これに違反した場合の責任を問う（注意義務を尽くせば、免責される）、という構成になっているのである。確かに両者は、連座制による当選無効及び五年間の立候補制限という法律上の効果は全く同じであるが、そのよって立つ理論構成は大きく異なっているということを、再度強調しておきたい。そうした観点から言えば、この新しい連座制を称して「拡大連座制」というのは、若干ミスリーディングな表現であると言えよう。

新連座制は、概ね、以上のような内容のものである。従来の連座制に対する考え方を、ある意味で大きく覆す内容のものであるが、早速、いくつかの裁判例が出て、その制度の合理性、合憲性についても認められているようである(24)。

八　連座制に対する批判

無論、いろいろと制度上の問題点や欠陥を指摘する声が上がっているのも事実である。その代表例としては、例えば、この制度では、くら替え立候補を阻止できないではないか、もっと進んで、全ての選挙の、全ての選挙区からも、立候補できないようにすべきではないか、という指摘である。現に、知事選で新連座制の適用を受けた候補

者が、その後の市長選挙で当選するという事態も生じている。(25)

まず、従来型連座制に当てはめてこの問題を考えてみると、他人の行為によって、候補者等本人に、全ての立候補の禁止、つまり公民権停止のような憲法上の重要な権利の剥奪を課するのは、やはり自己責任の原則から言って、かなり問題があると言わざるを得ないと思われる。立候補制限も、公民権停止とよく似てはいるが、やはり、極めて限定された効果しか認めておらず、当選無効の実効性を確保するという制度趣旨からも、同一選挙区における同一選挙の立候補制限が、せいぜいではないかと思われる。公民権停止が、刑罰そのものではないが、それに準ずる性格を有しているという点は、既に述べたとおりである。

ただ、そうは言っても、新連座制については、候補者等本人の責任を問うという構成になっているので、新連座制の効果を拡大せよという議論は、一応は、あり得るかも知れない。しかし、この問題は、単に、候補者等個人の責任を問えば済むという問題ではない。曲がりなりにも、その候補者等に投票した、何万、何十万という選挙民の意思をいっぺんに覆してしまうという、重大な結果（効果）を伴うものである。また、公民権停止についても、いくら選挙浄化責任を法律で問うたのだから、その責任は負うべきだと言っても、候補者等本人が選挙違反を犯した訳ではないし、相当の注意を払わなかったからといって、直ちに、憲法上基本的な権利である選挙権、被選挙権を剥奪してしまうと言うのは、行為との均衡上、かなり問題があるのではないかと考えられる。やはりこの問題は、情緒的に考えて、場当たり的に対処するのではなく、既に繰り返し述べているような様々な問題を総合的に勘案し、慎重な態度で臨むべきである。少なくとも、もう少し今後の状況を見極めた上で判断しても、決して遅過ぎることはないのではないかと思われる。

九　おわりに

最初の方でも述べたように、公職選挙法という法律は、現実の政治や世論の動向と深く関わっている。この分野の法律が、純粋の法律論だけですまされないのは一面において真実なのであるが、しかしながら、そこには、少し注意をすれば、憲法上の重要な問題点が潜んでいる場合が多いのも、これまた事実である。こうした問題点を見逃すことなく、しかも現実の政治や世論の動向から大きく外れることのない法改正、制度改正を行うことは、実は、相当に神経を遣う作業なのである。

選挙は、議会制民主主義の手続的正統性を支える絶対的な根幹部分である。本稿では、そうした問題意識に立って、新しく導入された連座制をめぐる状況を概観し、若干の問題提起をするものである。

＊　本稿は、平成三年から平成七年にかけての、筆者の衆議院法制局における公職選挙法改正等の立案作業の経験に基づくものであり、改正法の詳細については、衆議院法制局内選挙法制研究会編著『選挙腐敗防止法の解説――選挙浄化の徹底のため、組織的選挙運動に全面的に導入された新連座制を中心として』（第一法規、平成七年）を参照されたい。また、本稿の内容は、平成一一年一月三〇日に徳山大学議会政研究会で報告した内容に加筆したものである。なお、本稿における意見にわたる部分は、筆者の個人的な見解である。

（1）　公職選挙法の一部を改正する法律（平成六年一一月二五日法律第一〇五号）による改正。
（2）　公職選挙法の一部を改正する法律（平成六年二月四日法律第二号）による改正。
（3）　この改正により、連座制の効果として、従前の当選無効に加えて、新たに五年間の立候補制限が採り入れられた。
（4）　ちなみに、第一〇一回国会（昭和五八年一二月～）から第一四五回国会（～平成一一年八月）までの約一五年半の間の衆議院法制局における立案件数をみてみると、法律案は、提出五九〇件、未提出五四六件、計一、一三六件で、これに修正案の提出四〇五件、未提出二〇四件の計六〇九件を加えると、合計で一、七四五件となる。なお、参考までに、同時期の内閣提出の法律案は、一、六六八件である。

(5)　衆議院議員が提出する法律案を「衆法」、参議院議員が提出する法律案を「参法」といい、内閣（政府）から提出される法律案を「閣法」ということがある。

(6)　成立した議員立法の特徴を大まかに類型化すると、①地域開発又は特定地域に対する助成等のための法律、②特定の業務に従事する者の資格を定め、又は営業の制限を行うための法律、③提案議員の道義感や倫理観あるいは文化観等に基づく法律、④政府部内の調整がつかず、あるいは政府からの提案が躊躇される内容の法律、⑤国会、選挙関係の法律などに類型化することができる。

(7)　広い意味での選挙法の分野に属する法律としては、「公職選挙法（昭和二五年法律第一〇〇号）」、「政治資金規正法（昭和二三年法律第一九四号）」、「政党助成法（平成六年法律第五号）」、「政党交付金の交付を受ける政党等に対する法人格の付与に関する法律（平成六年法律第一〇六号）」などがある。その他に、政治倫理に関するものとして、「政治倫理の確立のための国会議員の資産等の公開等に関する法律（平成四年法律第一〇〇号）」がある。

(8)　例外もかなり多いが、選挙法の分野に限らず、議員立法によって制定された法律は、その後の改正も議員立法によって行う、という傾向がある。

(9)　この衆議院議員選挙法の全部改正（大正一四年法律第四七号）は、男子普通選挙の実施と、中選挙区制の採用を内容とするものである。

(10)　同じ時期に、当時の社会党及び公明党からは、小選挙区比例代表併用制の法案提出がなされている。

(11)　昭和五〇年（一九七五）の改正による連座制強化の後、平成六年（一九九四）までの間に（従来型）連座制が適用されたのは、全体で一七件で、しかもその大半は、市町村議会の選挙に関するものであった。

(12)　「当該選挙に係る選挙区において行われる当該公職に係る選挙」に立候補することができないというのは、例えば、衆議院議員選挙ならば衆議院議員選挙の山口第一区からの立候補が、向こう五年間禁止されるという意味である。後に触れるように、同一の選挙であっても、別の選挙区（例えば、衆議院議員選挙の山口第二区）からの立候補は可能であり、また別の種類の選挙（例えば、山口県知事選挙や、参議院の山口県選挙区）であれば、立候補はすべて可能である。

(13) 法律の規定上は、「三以内に分けられた選挙区の地域のうち一又は二の地域における選挙運動を主宰すべき者として候補者又は総括主宰者から定められ、当該地域における選挙運動を主宰した者」とされている。

(14) 総括主宰者、地域主宰者は、立候補予定者の段階、すなわち立候補届出前にも存在するという説も有力であるが、現在の最高裁判決では、総括主宰者は立候補届出後にのみ存在するとされている（最判昭四三・四・三刑集二二巻四号一六七頁）。地域主宰者についても、同様であろう。

(15) 昭和三七年（一九六二）に行われた公職選挙法の改正（昭和三七年法律第一一二号）による。

(16) 当選無効、立候補制限の効果は、連座制の対象者の選挙犯罪が確定しただけでは、法律上生じない。連座裁判といわれる一定の訴訟手続を経て、はじめて、候補者等の当選無効、立候補制限の効果が生ずることになる。これに対し、候補者等本人の選挙犯罪の場合は、刑事裁判の際に、公民権停止の判断が下される。

(17) 平成四年法律第九八号による改正。

(18) 農業委員会等に関する法律（昭和二六年法律第八八号）に基づく農業委員会の委員の選挙、漁業法（昭和二四年法律第二六七号）に基づく海区漁業調整委員会の委員の選挙などにおける選挙犯罪である。

(19) 最判昭二九・六・二、最判昭三六・四・四、最判昭三七・八・二三など。

(20) 公民権停止とは異なり、立候補制限が確定した時点で就いている公職の地位を奪うことはできないし、また選挙運動を行うことも禁止されない。

(21) 与党案（三塚博君外二九名提出）と野党案（保岡興治君外一〇名提出）の違いは、①重複立候補者に対する連座、②買収罪等の法定刑の加重、③選挙運動に関する支出制限規定の明確化、④新連座制の適用の時期の四点に違いがある。

(22) 「併合修正」とは、複数の議案を併合して一案とする修正のことである（衆議院先例集二八〇、衆議院委員会先例集九七参照）。

(23) 従来の総括主宰者や地域主宰者なども、規定上の整理は別として、結果として、この「組織的選挙運動管理者等」

の概念の中に含まれることは多いであろう。

(24)　平成九年三月一三日最高裁第一小法廷判決など。

(25)　平成一一年一月一八日付け朝日新聞朝刊。なお、同紙によれば、新連座制が適用された後に、別の選挙にくら替え立候補して当選した例は、三例目であるという。

3　連座制に関する最高裁判決について

――一九九七・三・一三最高裁第一小法廷判決を素材として――

前田　寛

一　はじめに

周知のように、平成九年三月一三日の最高裁第一小法廷判決(1)（以下、「本判決」という）は、いわゆる企業ぐるみ選挙に新連座制(2)が適用され、確定した最初の最高裁判決である。すなわち、本判決は、公職選挙法（以下、「公選法」という）二五一条の三第一項の規定の合憲性及び「組織的選挙運動管理者等」の各要件の解釈について、初めて最高裁が判断を示した点で重要な意義を有する。

本判決については、既に、検討を行っているが(3)、紙面の都合もあり論じ足りなかった問題等も少なくない。そこで、本稿は、「組織的選挙運動管理者等」の各要件の解釈に重点を置いて検討を試みることとする。

二　本判決

(1) 事実の概要

Y（被告、上告人）は、平成七年四月九日施行の青森県議会議員選挙で当選した。株式会社甲の代表取締役であったA、同社幹部社員であったB及びCの計三名は、慰労会名目で宴席を設け、下請業者等三一人に対しYのため投票及び投票の取りまとめ等の選挙運動を依頼して一人当たり約五、七〇五円相当の供応接待をしたとして、公選法違反で起訴され、青森地裁（平成七年六月八日）で懲役一年執行猶予五年等の刑に処せられた。

仙台高等検察庁検察官Xは、A、B、及びCは公選法二五一条の三第一項の「組織的選挙運動管理者等」に該当するとして、同法二一一条一項に基づき仙台高裁に対して、連座制の適用によるYの当選無効及び五年間の立候補禁止を請求した。

原審の平成八年七月八日の仙台高裁判決[4]は、Xの請求を全面的に認めたため、Yが上告した。Yの上告理由は、同法二五一条の三の法令違憲又は適用違憲、「組織的選挙運動管理者等」の各要件の解釈、事実誤認、右各要件の不該当等である。

(2) 判決要旨

〔新連座制と憲法判断〕

公選法二五一条の三第一項の規定は、いわゆる連座の対象者を選挙運動の総括主宰者等重要な地位の者に限っていた従来の連座制ではその効果が乏しく選挙犯罪を十分抑制することができなかったという我が国における選挙の実態にかんがみ、公明かつ適正な公職選挙を実現するため、公職の候補者等に組織的選挙運動管理者等が選挙犯罪を犯すことを防止するための選挙浄化の義務を課し、公職の候補者等がこれを防止するための注意を尽くさず選挙浄化の努力を怠ったときは、当該候補者個人を制裁し、選挙の公明、適正を回復するという趣旨で設けられたものと解するのが相当である。同規定は、民主主義の根幹をなす公職選挙の公明、適正を厳粛に保持するという極めて重要な法益を実現するために定められたもので、その立法目的は合理的である。

また、同規定は、組織的選挙運動管理者等が買収等の悪質な選挙犯罪を犯し禁錮以上の刑に処せられたときに限って連座の効果を生じさせることとして、連座制の適用範囲に相応の限定を加え、さらに、選挙犯罪がいわゆるおとり行為又は寝返り行為によってされた場合には免責することとしているほか、当該候補者等が選挙犯罪行為の発生を防止するための相当の注意を尽くすことにより連座を免れることのできるみちも新たに設けているから、このような規制は、立法目的を達成するための手段として必要かつ合理的なもので、同規定は、憲法前文、一条、一五条、二一条及び三一条に違反するものではない。

そして、同規定の組織的選挙運動管理者等の概念は、同項に定義されたところに照らせば、不明確で漠然としているということはできず、所論違憲の主張は、その前提を欠くものといわざるを得ない。

〔事実認定と新連座制の適用対象〕

原審の事実認定は、原判決挙示の証拠関係に照らし、正当として是認することができ、所論の違法はない。原審の適法に確定した事実関係によれば、(1)会社の代表取締役Aは、上告人Yを当選させる目的の選挙運動を会社を挙げて行おうと企図し、従業員の朝礼及び下請業者の慰労会に名を借りた会食の席に上告人Yを招いて立候補のあいさつをさせ、従業員や下請業者等に対して、投票及び投票の取りまとめを依頼するなどの選挙運動をすることを計画、表明した結果、幹部社員B、Cらがこれを了承した、⑵代表取締役Aは、幹部社員B、Cに対し、選挙運動の方法や各人の役割等の概括的な指示をした、⑶これを受けて、幹部社員B、Cは朝礼及び慰労会の手配と設営、総決起大会への出席、後援者名簿用紙、ポスター等の配布と回収などの個々の選挙運動について、他の幹部やその他関係従業員に指示するなどして、これらを実行させた、⑷上告人Yは、右要請に応じて、朝礼及び慰労会に出席した、⑸その席上、代表取締役Aは、上告人Yを会社として応援する趣旨のあいさつをし、上告人Yも、その応援を求める旨のあいさつをした。

右事実によれば、代表取締役Aを総括者とする幹部社員B、C及び同人らの指示に従った関係従業員らは、上告人Yを当選させる目的の下、役割を分担し、協力し合い、会社の指揮命令系統を利用して、選挙運動を行ったもので、公選法二五一条の三第一項に規定する組織による選挙運動に当たるということができる。

そして、代表取締役Aが同項所定の「当該選挙運動の計画の立案若しくは調整」を行う者に、幹部社員B、Cが「選挙運動に従事する者の指揮若しくは監督」を行う者に各該当し、これらの者が「組織的選挙運動管理者等」に当たることも明らかであり、上告人Yが、選挙運動が組織により行われることについて、代表取締役Aとの間で、相互に明示又は黙示に了解し合っていたことも明白であるから、上告人Yが、右選挙運動につき、組織の総括的立場にあった者との間に意思を通じたものというべきである。

所論は、同項所定の「組織」とは、規模がある程度大きく、かつ一定の継続性を有するものに限られ、「組織的選挙運動管理者等」も、総括主宰者及び出納責任者に準ずる一定の重要な立場にあって、選挙運動全体の管理に携わる者に限られるというが、立法の趣旨及び同条の文言に徴し、所論のように、限定的に解すべき理由はなく、また、「意思を通じ」についても、所論のように、組織の具体的な構成、指揮命令系統、その組織により行われる選挙運動の内容等についてまで、認識、了解することを要するものとは解されない。

以上と同旨の原審の判断は、正当として是認することができ、その過程に所論の違法はない。

三　本判決の検討

(1)　新連座制と憲法判断

公選法二五一条の三第一項の規定の合憲性については、既に、検討を試みているので[5]、ここでは、そこで論じ足りなかった問題等について検討しておこう。

まず、平成六年二月の公選法改正前、改正後の従来型連座制（以下、「従来型連座制」という）の立法趣旨・目的と同年一一月の公選法改正による新連座制のそれとは異なっており、相違がある（大きい）という見解[6]についてである。

高﨑秀雄氏は、このような「新旧連座制二元論」は、「旧連座制による当選無効の趣旨と新旧連座制を通じての立候補禁止の趣旨との対比に当てはまるように思われる。すなわち、前者（当選無効の制度）は選挙の公正を回復しようとするものであるのに対し、後者（立候補禁止の制度）は制裁として理解すべきものである。」とし、問題は、「新連座制に係る当選無効の制度が、新旧連座制二元論の言うように、立候補禁止の制度と同じ理由で説明できるかという点で」あって、「現行の公職選挙法における連座制による当選無効は基本的にはすべて同一の基盤に立つ」とされ[7]、また、本判決については、「新旧連座制二元論的な制度趣旨の峻別の立場を最高裁が採用したと見るべきものではな」く、むしろ、「新旧連座制に係る当選無効の制度的連続性を最高裁が意識しているものと考えるのが相当であろう。」と理解されている[8]。

これに対し、小倉哲浩検事は、「我が国における選挙違反事犯の蔓延という実態に対する反省から、数度にわたり繰り返されてきた連座制の強化の中で、平成六年法律第一〇五号に追加されたいわゆる新連座制のみが、従来型の連座制と比べて、その趣旨・目的に大きな違いがあると言えるのか疑問があり、そもそも、新連座制の合憲性を認めた平成九年の二つの最高裁判例も、従来型連座制の判例である昭和三七年判例を引用しているのである。また、従来型の連座制の立候補制限規定について、制裁的色彩を有するということも可能であるとの指摘があるが……、この考え方は、立候補制限のみならず、当選無効についても及ぼし得るのではなかろうか。[9]」とされる。

思うに――殊に、髙崎氏の見解に対して――、従来型連座制及び新連座制における立候補禁止だけでなく当選無効についても、「選挙の公明、適正」を実現（確保）する為の「制裁的機能」を帯びている――勿論、その制裁の方法や結果（及至、制約される権利の点については、後掲の滝沢正教授の見解を参照されたい。）等の点は異なっている――ことは否定できない。そうであれば、両連座制が目指す（立法目的の原点とする）「選挙の公明、適正」の実現とその実効性を確保する為の「制裁的機能」（当選無効及び立候補禁止）とは、表裏の関係にあると言える。したがって、従来型連座制に比し、新連座制は、選挙浄化を徹底する為に、連座の対象範囲が拡大されている――それは、「候補者本人帰責型」という考え方に基づいており、広い免責規定を設けている。[10]――とは言え、両連座制の立法目的の原点（前掲）自体は変わっておらず、基本的には、制度的連続性を有しているものと思われる。また、本判決、及び同判決が合憲の結論を導く根拠として援用した（従来型連座制等――当選無効及び立候補禁止規定――に係わる）三つの最高裁判決の趣旨を総合的に考えれば、最高裁も、基本的には、このように（制度的連続性を有していると）理解しているものと解される。右のように理解すれば、後者（小倉氏）の見解が妥当であろう。

次に、立候補禁止の五年という期間の長さについて、滝沢教授は、「再選挙のほか次回選挙への立候補を禁止する趣旨」であり、「将来的実効性担保手段として穏当といえる」とされる。[11]この点については、野中俊彦教授も、

「立候補の制限は、解散等がない限り実質的には次の一回だけの制限であり、厳しすぎるとはいえないが、それを超える制限は制裁として重すぎ、被選挙権の必要かつ合理的な規制の限度を超えるものと思われる。」と述べておられるが[12]、その通りであろう。

なお、滝沢教授は、立候補禁止の合憲性について、「候補者に対する制裁効果が大きいにもかかわらず、当選無効よりもむしろ問題が少ないように思われる。それというのも、当選無効にあっては選挙犯罪とは無関係に投票した多くの選挙民の意思をある意味では無視する結果をもたらす面がある。選挙犯罪が介在した選挙結果は不公正な結果であり、候補者が当選した場合に何らかの制裁は不可欠であるが、当選無効――再選挙とその影響するところは大きい。」が、立候補禁止は、「候補者個人にもっぱら係る有効な制裁手段」である。勿論、憲法が保障する被選挙権に対する制約は特に慎重でなければならないと同時に、国民の信託行為である選挙の公正も厳格に保持される必要があるから、この公正を侵害する者に対し立候補を禁止することは、「選挙の公正を確保する上でも本人の反省を促すためにも相当と考えられる」とされる[13]。

ともかく、本判決後、平成九年七月一五日の最高裁第三小法廷判決[14]が、公選法二五一条の三第一項の規定を本判決と同じような考え方から合憲と判示した――なお、同判決は、愛媛県議会議員選挙で、町内会を基盤とした地区後援会の会長、幹事長、及びその下部地区の会長の計三名が「組織的選挙運動管理者等」に該当する旨判断した。――ことにより、新連座制の合憲性は確定したと言えよう[15]。

(2)　「組織的選挙運動管理者等」の各要件の解釈

「組織的選挙運動管理者等」とは、公職の候補者等（公職の候補者又は公職の候補者となろうとする者）と意思を通じて組織により行われる選挙運動において、当該選挙運動の計画の立案若しくは調整又は当該選挙運動に従事する者の指揮若しくは監督その他当該選挙運動の管理を行う者（総括主宰者、出納責任者、地域主宰者を除く）をいう（公選法二五一条の三第一項）。

上告人Yは、この「組織的選挙運動管理者等」の全ての要件について厳格なあるいは限定的な解釈を主張した。例えば、前掲（判決要旨）のように、「組織」の解釈については、「その組織内に明確な指揮命令系統が存在する相当大規模なもので、ある程度の継続性をも有する組織」とし、「選挙運動管理者等」の解釈については、「選挙運動において、総括主宰者、出納責任者に準ずる一定の重要な立場にあり、選挙運動の計画立案等選挙運動全体の管理に携わる程度の選挙運動者」のことを言うとし、そして「意思を通じて」の解釈については、「候補者が、ある組織が自分のために選挙運動をしてくれることを知り、かつその組織の構成、指揮命令系統、組織の行う選挙活動等を具体的に知った上で、その組織が組織をあげて選挙運動を行うことを認識、了承した場合」でなければならないと、それぞれ、主張した。

これに対し、本判決は、「組織」、「組織的選挙運動管理者等」の解釈については、「立法の趣旨及び同条の文言に微《ママ》し、所論のように限定的に解すべき理由はな」いとし、また、「意思を通じ」の解釈については、「所論のように、組織の具体的な構成、指揮命令系統、その組織により行われる選挙運動の内容等についてまで、認識、了解することを要するものとは解されない。」と判示している。更に、本判決は、「以上と同旨の原審の判断は、正当として是認することができ」るとしている。

そこで、右の各要件について、立法趣旨、すなわち、政治改革に関する（調査）特別委員会での審議の際の提案者の答弁と原審の判示を見ておこう。

a　提案者の答弁

（イ）「組　織」

「それを一般的に法解釈として申し上げますと、組織とは、特定の公職の候補者または公職の候補者となろうとする者の当選を得せしめまたは得せしめない目的のもとに役割を相互に分担して活動する人的結合体またはその連合体というふうに解釈をいたしているところでございます」[16]（衆議院議員・保岡興治）。そして、具体的には、例えば、政党組織、議員の後援会、その他企業、労働組合あるいは各種業界・団体、同好会、同窓会、商店街、町内会、自治会等の他に、「役所なども組織的な選挙運動の連座のかかる要件の対象になる組織足り得る」[17]（同右）。それ以外に、「いわゆる裏選対につきましても、それが一定の組織的な仕組みで選挙運動が行われる以上、それも対象になる」[18]（堀込征雄議員）。

（ロ）「意思を通じて」

「意思を通じてというからには当事者がまず必要であります。だれとだれの間にどのようなことが行われることが必要かということであります。一方の当事者は公職の候補者またはそれになろうとする者、それに限られます。それからもう一方の当事者は組織的選挙運動体の総括的地位にある人平たく言えば、その選挙運動をやってあげよう、いわゆる推薦決定をしようあるいは応援をしようということを組織の代表として決め得る立場にある人、そういう人が両当事者であるというふうに言えると思います。その間に何が行われなければならないかというと、選挙運動をやろうということについて両当事者の間に相互に了解が成立していることであります」[19]（衆議院議員・冬柴鐵三）。

「この連座の適用の要件としては候補者に制裁を最終的には科するということでございますので、候補者等とその組織とが意思を通じていなきゃいかぬ。要するに選挙運動をなさることについて明示であろうと黙示であろうと相互に了解がなければならない」[20]（衆議院議員・保岡興治）。

（ハ）「組織的選挙運動管理者等」

「組織的選挙運動管理者等とは、候補者等と意思を通じた組織的選挙運動体において一定の地位にある者をいいます。

この法案の中で、組織運動管理者等とは、次のような役割を担う者でございます。

すなわち、まず第一に、『当該選挙運動の計画の立案若しくは調整』を行う者でございますが、これは選挙運動全体の計画の立案または調整を行う者を初め《ママ》、ビラ配り計画、ポスター張り計画、個人演説会の計画、街頭演説等の計画を立て、その流れの中で調整を行う者、いわばヘッドクォーターの役割を担う者でございます。

第二に、『当該選挙運動に従事する者の指揮若しくは監督』を行う者でございますが、これはビラ配り、ポスター張り、個人演説会、街頭演説等への動員、電話作戦等に当たる者の指揮監督を行う者、いわば前線のリーダーと言えましょう。

第三点は、『その他当該選挙運動の管理を行う者』でございますが、これは選挙運動の分野を問わず、ただいま申し上げました以外の方法により選挙運動の管理を行う者を申します。例えば、選挙運動従事者への弁当の手配、車の手配、個人演説会場の確保等、選挙運動の中で後方支援活動の管理を行う者を指しております」[21]（山崎拓議員）。

「この組織的運動管理者というのは、形式的に見ると今山崎提案者が説明したようなものが例示として出てくると思います。実質的に言いますと、有権者の説得とか理解とか支持の求め方、またはそのための運動員のあり方、動き方、働きかけ方など、こういうものを選挙運動というのだろうと思いますが、その計画・作戦の立案調整、それから情報の収集分析、判断に基づく計画の修正、また運動員の指揮監督、資金の調達などの管理の行為を行う者をとらえようとしている概念でございます。選挙運動体の選挙運動を一定の地域あるいは分野、その全部または一部において中心となって取りまとめている人、あるいはそれを補佐する立場の人、その選挙運動の重要な部分の役割を分担している者、すなわちその選挙運動を行う組織の構成員の選挙運動のあり方を決定し実行させる行為を行う者がここに言う『組織的選挙運動管理者等』でございます。これは条文の文言からくる、そしてまた立法の趣旨からくる解釈の基準として提案者として述べるものでございます[22]」（保岡興治議員）。

b　原審の判示

原審は、先に掲げた「組織的選挙運動管理者等」の各要件の解釈の全てについて、提案者の答弁とほぼ同様の考え方を示している——殊に、三種類の選挙運動管理者の各定義について——ので、ここでは、「組織」、「意思を通じて」についての判示だけを次に掲げておくこととする。

（イ）「組　織」

「『組織』とは、特定の公職の候補者等の当選を得せしめ又は得せしめない目的の下に役割を分担して活動する人的結合体を指し、既存の組織かどうか、継続的な組織かどうかを問わず、規模の大小も問わないというべきである。複数の人が、役割を分担し、相互の力を利用し合い、相互に協力し合って活動する実態をもった人の集合体であれば『組織』に当たると解すべきであり、公職の候補者等自らがその『組織』もしくは総括者に働きかけ、選挙違反行為を中止し得るだけの人的結びつきがあり、公職の候補者等の指示を受け入れる関係が存在しなければならないものではないというべきであり、会社についてみれば、その構成員のうち当該選挙運動に関与している部分が組織としての実態を有していれば、その部分で『組織』が成立していることになるというべきである」。

（ロ）「意思を通じて」

「『意思を通じて』とは、公職の候補者等と組織（具体的には組織の総括的立場にある者……）との間で、選挙運動が組織により行われることについて、相互に明示あるいは黙示に認識をし、了解し合うことであり、その場合、公職の候補者等において組織の具体的な名称や範囲、組織の構成、構成員、その組織により行われる選挙運動の在り方、指揮命令系統等についての認識までは必要でないというべきである」。

以上見てきたように、公選法二五一条の三第一項が定める「組織的選挙運動管理者等」の各要件を厳格にあるいは限定的に解すべきでないことは、殊に、前掲の提案者の答弁等に見られるように[23]、組織・企業ぐるみ選挙による選挙犯罪を防止するために、広く連座制を適用するという立法趣旨[24]にも合致しており、また、このように広く解することによって、要件が不明確になる恐れもなく[25]、本判決が判示しているように、「法二五一条の三第一項所定の組織的選挙運動管理者等の概念は、同項に定義されたところに照らせば、不明確で漠然としているということはできず、この点に関する所論違憲の主張は、その前提を欠くものといわざるを得ない」と言えよう。

四　おわりに

平成六年の公選法改正による連座制施行後、選挙違反の検挙件数、人員（逮捕者）とも激減し、その「抑止力」は確実に表れている[26]。また、検察官が連座制の適用を求めた行政訴訟（連座訴訟）は、「国政選挙と地方選で計四〇件[27]」提起され、平成一〇年一一月一八日現在、計三七件で検察側の勝訴が確定しており[28]、かなりの効果を発揮していると言えよう。

しかしながら、立候補禁止規定の抜け道（法の盲点）を悪用した事例、例えば、平成八年の衆議院選挙で静岡七区から立候補し落選したが、幹部運動員の選挙違反で連座制が適用され、衆議院静岡七区からの立候補が禁止されている元県議が、平成一〇年一二月二〇日、同県の三島市長選で他の候補者を破り、当選したという記事[29]を目にした。この当選については、政界にも波紋を投げかけている。

例えば、自民党の森喜朗幹事長（当時）は、「国民から見れば釈然としないと思う。世論が盛り上がって、おかしいということになれば、法律の改正も考えなければならない」と述べ、また、民主党の羽田孜幹事長は、「五年間、同じ選挙区から出られないといっても、他の選挙区や他の選挙から出られるというのでは、釈然としないものが残る。正面から議論して国民が納得のいくものを作っていかなければならない」と述べるなど、世論の反応を見極めた上で、公選法改正の検討の可能性や立候補の禁止対象範囲の拡大に積極的な姿勢を示している。(30)

これに対し、自治省は、憲法が定めている被選挙権をそこまで奪うことはできないとの考えから、この立候補の禁止範囲を広げることには否定的である。(31)

思うに、この当選問題の原点には、そのような政治家本人の政治倫理の問題だけでなく、そのような政治家を当選させる有権者の政治意識及び判断の結果の問題が横たわっているのである。この点に関連して、読売新聞の「社説」は、「本紙の世論調査でも、買収事件で有権者の責任を指摘する回答が、政治家の責任にほぼ匹敵する数字だ。心したい」(32)と述べているが、正にその通りであろう。

（一九九九・一・六脱稿）

〔徳山大学総合経済研究所紀要二一号　一九九九・三〕

（1）　判時一六〇五号一六頁、判タ九四四号八三頁。

（2）　拙稿「連座制に関する一考察」・『徳山大学論叢』五〇号九一頁参照。

（3）　連座制については、同右の論文（八七頁以下）で論じており、その中で本判決についても触れている。したがって、本稿も、それと重複する箇所があることを、ここでお断りしておく。

（4）　判時一五八三号四八頁。なお、この判決については小川新二「青森県議選・連座訴訟第一審判決――仙台高裁平成八年七月八日判決――」・『法律のひろば』五〇巻一号四八頁以下参照。

(5)　拙稿・前出注（2）九七頁以下参照。

(6)　この問題について、詳しくは、同右九九—一〇〇頁、及びそこで掲げた引用（参照）文献を見られたい。

(7)　髙崎秀雄「連座制による当選無効に関する法的分析」・『司法研修所論集　創立五〇周年記念特集号三巻刑事編』三八八—三九〇頁、三九八頁。

(8)　同右四〇九—四一〇頁の原注（47）。

(9)　小倉哲浩「衆議院議員総選挙・連座訴訟第一審判決——大阪高裁平成一〇年五月二五日判決——」・『法律のひろば』五一巻一〇号五九頁の原注（3）。更に、成川洋司「判例解説」（西村宏一、倉田卓次編『平成九年度　主要民事判例解説』所収）二七七頁参照。

(10)　この点について、大竹武七郎弁護士は、従来型連座制（平成六年二月の公選法改正前の第二五一条の二の規定）においても、「候補者たる者が、誰が自分の選挙運動の中心となっているか知らなかったなどということは、常識上考えられない。また候補者は自分の選挙だから、その選挙運動が適正に行われるように注意することは当然の義務である。法律の上に、形式的にそれを義務づけた条文はないが、条理上当然の義務である。……候補者は、他人（総括主宰者・出納責任者）の行為により責任を負うのではなく、候補者自身のなすべき注意義務があるのである。」（同『選挙法判例研究』日本評論社・昭和四六年・一五二—一五三頁）とされる（更に、藤木英雄『行政刑法』学陽書房・昭和五一年・二〇三頁参照）。また、平成八年七月一八日の最高裁第一小法廷判決に付された解説（コメント）は、「新連座制は、候補者が組織的選挙運動管理者等による選挙犯罪防止努力を怠ったことに対する制裁であると説明されている。このような説明に合理性があるのであれば、末端の指揮者より一層厳しく選挙違反をしないように監督すべき側近・幹部らが選挙犯罪をしたような場合に、候補者に浄化努力義務違反の責任を問うことは、当然ということもできよう。」（判時一五八〇号九三頁、判タ九二一号一〇七頁）としている。
　なお、従来型連座制においても、このような考え方を是認した判例もある（平成一〇年五月二五日の大阪高裁判決判時一六四五号四四頁参照）。

(11)　滝沢正「最新判例批評」・『判例評論』四五九号三〇頁。

(12)　野中俊彦「最新判例批評」・『判例評論』四四九号二四頁。

(13)　滝沢正・前出注(11)三〇頁。
(14)　判時一六一七号四七頁、判タ九五二号一七六頁。
(15)　大久保史郎他「判例回顧と展望　憲法」・『法律時報』七〇巻五号一六頁。
(16)　第一三一回国会「参議院政治改革に関する特別委員会会議録」第三号二五頁。
(17)　同右二四頁。
(18)　第一三一回国会衆議院「政治改革に関する調査特別委員会会議録」第三号一一頁。
(19)　前出注(16)二五頁。
(20)　同右。
(21)　前出注(18)一〇頁。
(22)　同右。
(23)　野中俊彦「連座制――公選法改正による拡大・強化」・『法学教室』一九四号三二頁、行政法制研究会「組織的選挙運動管理者等（連座制の強化その二）」・『判例時報』一五七五号二五頁以下、衆議院法制局内選挙法制研究会編著『選挙腐敗防止法の解説――選挙浄化の徹底のため、組織的選挙運動に全面的に導入された新連座制を中心として』第一法規・平成七年・五六頁以下、安田充「公職選挙法の改正について」・『ジュリスト』一〇六三号四八―四九頁、野中俊彦・前出注(12)二二頁、保岡興治監修『Q＆A　新連座制ハンドブック〔改訂版〕』出版研・平成八年・一八六頁以下参照。
(24)　同右。
(25)　滝沢正「最新判例批評」・『判例評論』四六七号二一頁。
(26)　平成一〇年一一月一八日付毎日新聞。更に、同九年三月一四日付毎日新聞の社説。
(27)　同右の平成一〇年一一月一八日付毎日新聞、同日付読売新聞。
(28)　前出注(26)の平成一〇年一一月一八日付毎日新聞。
(29)　平成一〇年一二月二二日付朝日新聞。
(30)　同右。

(31) 平成一〇年一二月二六日付朝日新聞（窓　論説委員室から「連座」の記事）。
(32) 前出注（27）の平成一〇年一一月一八日付読売新聞。
更に、平成一一年一月一七日の和歌山市長選（くら替え当選）につき、同年一月一九日付朝日新聞社説等参照。

4　衆院定数訴訟上告審判決について

――一九九五・六・八　最高裁第一小法廷判決を素材として――

前田　寛

一　はじめに

平成五年七月施行の総選挙をめぐり、東京、神奈川、大阪、京都、兵庫、広島など一都二府五県計二一選挙区の選挙人らが、議員一人当たりの選挙人数で最大一対二・八二の較差があった本件定数配分規定は、「憲法一四条一項などが保障する法の下の平等に違反する」として、各都府県の選挙管理委員会を相手取り、選挙の無効（やり直し）を求めた計二六件の定数訴訟（公職選挙法二〇四条の選挙無効訴訟）の上告審判決が、平成七年六月八日、最高裁第一小法廷（高橋久子裁判長）で言い渡された[(1)]（以下、「本判決」という）。

本判決（五裁判官のうち、大堀誠一、小野幹雄、三好達の三裁判官の多数意見）は、本件選挙当時の投票価値の不平等は、平成四年の改正法の成立に至るまでの経緯に照らせば、国会の裁量権の合理的行使の限界を超えているとまでは言うことができないとして、本件定数配分規定を合憲と判断し、選挙人らの上告を棄却した。

これに対し、高橋裁判長と遠藤光男裁判官の反対意見は、投票価値の平等こそが、何より重要視されるべきであり、非人口的要素による補正は、較差が一対二ないしこれに限りなく近い数値にとどまることを限界としてのみ考慮することが許されるに過ぎないとの見解を示し、本件選挙当時の較差はこの限界をはるかに超えており、また、このような状態が少なくとも三〇年近くの長きにわたって継続していたのであるから、国会に認められた是正のための合理的期間をはるかに超えていたことは明らかであるとして、本件定数配分規定を違憲と判断したが、事情判決的処理をし本件選挙を無効としないこととするのが相当である、とした。

本判決は、中選挙区制下での定数訴訟に関する最後の最高裁判決である。

周知のように、衆議院議員の選挙制度については、政治改革関連四法案（この法案は、第一二八臨時国会で、又その一部修正案が第一二九通常国会で可決、成立した。）の柱として、新たに小選挙区比例代表並立制が導入されたが、小選挙区制での違憲判断の基準、殊に較差許容限度について、従来の中選挙区制下での数値（後述のように、最高裁判決は、一対三程度の数値を立法裁量権の限界としているものと推測される。）が維持されるのか、それともより厳しい数値（一対二）が適用されるのかが、問題となる。(2)

そこで、本稿は、従来の中選挙区制下での違憲判断の基準、すなわち「投票価値の不平等の程度」と「是正のための合理的期間の経過」に限定して、これ迄の最高裁判決――昭和五一年四月一四日の大法廷判決(3)（以下、「五一年判決」という）、同五八年一一月七日の大法廷判決(4)（以下、「五八年判決」という）、同六〇年七月一七日の大法廷判決(5)（以下、「六〇年判決」という）、同六三年一〇月二一日の第二小法廷判決(6)（以下、「六三年判決」という）、そして平成五年一月二〇日の大法廷判決(7)（以下、「平成五年判決」という）――との比較を重視し総括的な考察(8)を試みると共に、今回新たに採用された小選挙区制での較差許容限度についても若干の検討を行ってみる。

二　判決要旨

本判決の要旨は、次の通りである。

【三裁判官の多数意見】

一　選挙権の平等と選挙制度

1　憲法一四条一項の規定は、国会の両議院の議員を選挙する国民固有の権利につき、選挙権の内容の平等、換言すれば、投票価値の平等をも要求するものと解すべきである。

しかしながら、憲法は、国会の両議院の議員を選挙する制度の仕組みの具体的決定を原則として国会の裁量に委ねているのであり、投票価値の平等は、選挙制度決定のための唯一、絶対の基準というべきではなく、原則として、国会が正当に考慮することのできる他の政策的目的ないしは理由との関連において調和的に実現されるべきものである。

2　中選挙区単記投票制の下において、選挙区割と議員定数の配分を決定するについては、選挙人数又は人口と配分議員数との比率の平等が最も重要かつ基本的な基準であるというべきであるが、それ以外にも考慮されるべき種々の政策的及び技術的考慮要素があるから、議員定数配分規定の合憲性は、結局、国会が具体的に定めたところがその裁量権の合理的行使として是認されるかどうかによって決めるべきであり、投票価値の不平等が、国会の裁量権の合理的行使の限界を超えている場合には、憲法の選挙権の平等の要求に反していると判断される。

3　以上は、五一年判決、五八年判決、六〇年判決、及び平成五年判決の趣旨とするところである。

二　本件議員定数配分規定の合憲性

1　本件選挙は、平成四年法律第九七号により改正（「九増一〇減」の定数是正）された議員定数配分規定によるものである。

改正前の議員定数配分規定によって最後に行われた平成二年二月一八日の総選挙当時における選挙区間の議員一人当たりの選挙人数の較差は最大一対三・一八であり、また、同年一〇月の国勢調査によれば、選挙区間の議員一人当たりの人口の較差は最大一対三・三八に拡大したが、右の改正の結果、平成二年の国勢調査による人口に基づく較差は最大一対二・七七となっていた。

2　本件選挙当時の右較差が示す投票価値の不平等は、平成四年改正法の成立に至るまでの経緯に照らせば、国会の裁量権の合理的行使の限界を超えていたとまでは言うことができず、本件議員定数配分規定は憲法の選挙権の平等の要求に反するものではない。

以上のように解すべきことは、前記の五八年判決、六〇年判決、及び平成五年判決の趣旨（後掲）に徴して明らかである。

【高橋、遠藤各裁判官の反対意見】

一　多数意見の一の考え方については、これに同調するものであり、意見を異にするものではない。

しかし、具体的な選挙制度の決定に当たっては、投票価値の平等こそが、何より重要視されるべきであり、政策的目的ないし理由との関連において考慮されるべき非人口的要素は、あくまでもこれを補正するためのものにすぎないから、この種の非人口的要素を投票価値の平等以上に重視することは許されない。

選挙区間の議員一人当たりの選挙人数又は人口の較差が一対二を著しく超えることになれば、実質的にみて、投票価値平等の要請よりも非人口的要素を重視したことにほかならないので、これによる補正は、較差が一対二ないしこれに限りなく近い数値にとどまることを限界としてのみ考慮することが許容されるにすぎないと解すべきである。

二　本件選挙当時における最大較差（一対二・八二）は、前記限界をはるかに超えるものであり、憲法の選挙権の平等の要求に反する状態にあったと判断せざるを得ない。また、このような状態が少なくとも三〇年近くの長きにわたって継続していたのであるから、国会に認められた是正のための合理的期間をはるかに超えていたことは明らかであり、本件定数配分規定は憲法に違反するものであったと言うべきである。

しかし、本件においては、いわゆる事情判決制度の基礎に存するものと解すべき一般的な法の基本原則を適用して、主文においてその違法を宣言するにとどめ、本件選挙を無効としないこととするのが相当である。

三　違憲判断の基準

これ迄の最高裁判決により示された違憲判断の基準は、概ね、次の通りである。

憲法一四条一項の規定は、国会議員の選出における各選挙人の投票の有する影響力の平等（投票価値の平等）をも要求するものと解すべきであるが、一方において、憲法は、国会議員の選挙制度の仕組みの具体的決定を原則として国会の裁量に委ねているのであるから、投票価値の平等は、憲法上、選挙制度の決定のための唯一、絶対の基準となるものではなく、原則として、国会が正当に考慮することのできる他の政策的目的ないしは理由との関連において調和的に実現されるべく、国会が定めた具体的な選挙制度の仕組みの下において投票価値の不平等が存する場合に、それが憲法上の右要求に反することとなるかどうかは、右不平等が国会の裁量権の行使として合理性を是認し得るものであるかどうかによって決するほかない。

もっとも、制定又は改正の当時合憲であった議員定数配分規定の下における選挙区間の議員一人当たりの選挙人数又は人口の較差が、その後の漸次的な人口の異動によって拡大し、憲法の選挙権の平等の要求に反する程度に至った場合には、そのことによって直ちに当該議員定数配分規定が憲法に違反するとすべきではなく、憲法上要求される合理的期間内の是正が行われないとき初めて右規定が憲法に違反するものと言うべきである。

このように、最高裁判決は、違憲判断の基準として、「合理性の基準」（国会の裁量権の行使が合理性を有するか否か）、すなわち「投票価値の不平等の程度」と「是正のための合理的期間の経過」の二つを挙げているが、較差許容限度についての具体的数値を明示していないため、一般的に、どの程度の投票価値の不平等（最大較差）が生じた場合に違憲状態と判断されるのか、そして憲法上要求される是正のための合理的期間が具体的にどの程度の期間を指すのかは、必ずしも明らかではない。

(1)　投票価値の不平等の程度

最高裁判決は、違憲判断の基準の一つである「投票価値の不平等の程度」について、次のような見解を示している。

a　五一年判決は、昭和四七年一二月施行の選挙当時の最大較差一対四・九九が示す投票価値の不平等は憲法に反する、とした。

b　五八年判決は、昭和五〇年の法改正により最大較差が一対二・九二となり、投票価値の不平等状態（違憲状態）は一応解消されたものと評価できるが、昭和五五年六月施行の選挙当時の最大較差一対三・九四が示す投票価値の不平等は憲法に反する、とした。

c　六〇年判決は、五八年判決の趣旨（右掲）を再確認した上で、昭和五八年一二月施行の選挙当時の最大較差一対四・四〇が示す投票価値の不平等は憲法に反する、とした。

d　六三年判決は、五八年判決・六〇年判決の趣旨（右掲）に照らせば、昭和六一年の法改正により最大較差が一対二・九九となり、同年七月施行の選挙当時の最大較差一対二・九二が示す投票価値の不平等は憲法に反するものとは言えない、とした。

e　平成五年判決は、昭和六一年の法改正により、投票価値の不平等状態は解消されたものと評価できるが、平成二年二月施行の選挙当時の最大較差一対三・一八が示す投票価値の不平等は憲法に反する、とした。

f　本判決は、平成四年の法改正により最大較差が改正前の一対三・三八から一対二・七七に縮小した経緯に照らせば、本件選挙当時の最大較差一対二・八二が示す投票価値の不平等は憲法に反するものとは言えず、そのように解すべきことは、五八年判決、六〇年判決、及び平成五年判決の趣旨（右掲）に照らし明らかである、とした（なお、六三年判決も、合憲の根拠づけの補強として、これと同様の手法を採っている）。

以上のように、最高裁は、六三年判決で最大「一対二・九二」の較差を「合憲」、本判決で最大「一対二・八二」の較差を「合憲」、そして平成五年判決で最大「一対三・一八」の較差を「違憲状態」と判断し、更に、平成五年判決が、投票価値の不平等状態は、較差の程度、推移からみて、「昭和六一年選挙（最大較差一対二・九二）後で本件選挙（最大較差一対三・一八）のある程度以前の時期において憲法の選挙権の平等の要求に反する程度に達していたものと推認することができる」と判示していることなどを総合して考えると、「一対三」程度を較差許容限度の具体的数値（立法裁量権の限界的数値）としているのではないかと推測される。

当然のことながら、このような理解に対しては、最高裁判決は、「あくまで諸般の要素をしんしゃくして合理性の有無を判断するとの立場を採っていることを考えると、一定の数値的基準を形式的に当てはめて結論を導く考え方は採っていない[9]」ものと解すべきであるとの反論もあろう。

思うに、五八年判決に付された中村治朗裁判官の反対意見が説いているように、「五一年判決が他の考慮要素として挙げている事項は、それ自体として人口比例主義と併立する別個独立の原理というべきものではなく、いわば厳密な人口比例主義の貫徹に対する若干の緩和的ないし修正的要素として国会のしんしゃくしうべき事項とみるべきものであるから、これによる影響として是認されるべき較差拡大の程度にもおのずから限度があ」ると解すれば、立法裁量権の限界的数値を想定することは、必ずしも不可能ではなかろう。

そして、その具体的数値について、同裁判官は、「一対二という比率較差は、人口比例主義を唯一絶対の原理とする限り、投票価値の不平等に対する許容限度を示す基準数値として常識的にわかりやすいし……それなりの合理性を有する」が、「五一年判決のいうように、人口比例主義は衆議院議員の選挙において最も重要かつ基本的な原理とされるべきものであっても、必ずしもそれが唯一絶対の原理というわけではなく、なお他にしんしゃくしうる政策的要素が存在しうることを肯定する限り、右の基準はいささか厳格に過ぎ」るので、「一対二という数値に若干の幅をもたせるとしても、その数値はせいぜい一対三の程度を越えるところまでは認められず、それ以上の較差が生じている場合には、原則として国会に許容しうる裁量権の限界を超えるに至ったものと推定するのが相当である」とされる。

このような観点から、五八年判決以降、最高裁判決の個別意見の中にではあるが、較差許容限度の具体的数値を示し（もっとも、その具体的数値は、次のように様々である）、その論拠をも示す見解が見られるようになった。

中村裁判官以外にも、五八年判決に付された安岡満彦裁判官、及び六〇年判決に付された谷口正孝裁判官は、最大較差が一対三を超える場合には、国会の裁量権の限界を超えるに至ったものと推定されるとの見解を、それぞれ、各反対意見で示している。更に、平成五年判決に付された橋本四郎平裁判官は、「最大較差が一対三に極めて近い場合は、これを違憲状態であると考える」との見解を、中島敏次郎裁判官は、較差に対する合憲性の判断基準は原則として一対三未満の基準を、そして小野幹雄裁判官は、一対三程度の基準を、それぞれ、各反対意見で示している。

　これに対し、学説は、一人に二人分以上の投票の価値を与えてはならないなどとして、「一対二」の数値を採るもの[10]が有力である。そして、五八年判決に付された横井大三裁判官は、最大較差が一対二を超える定数配分は「ある選挙区の選挙人には一票を、他の選挙区の選挙人には二票以上の投票権を与えることにな」り、許されないとの見解を、団藤重光裁判官は、較差が「一対二〔の数値〕を超えるような事態になったときは、合理的な理由の有無を検討することなく簡単にこれを合憲とみとめることは許されない」との見解を、それぞれ、各反対意見で示している。また、六三年判決に付された島谷六郎裁判官は、「較差は、どれほど大きくなったとしても、一対二を超えないようにするのが適切妥当な方策である」との見解を、奥野久之裁判官は、「投票価値の較差は、いかに非人口的要素を加味しても、最大一対二程度を限度とすべきである」との見解を、それぞれ、補足意見、反対意見で示している。更に、平成五年判決に付された佐藤庄市郎裁判官は、「一人が一票の投票権を持つのに対し他の人が二票の投票権を持つのは明らかに不平等である……から、較差が一対二を超える場合……は、憲法上容認し得ない」との見解を、木崎良平裁判官は、佐藤裁判官と同様の理由から、最大較差一対二未満の基準を、それぞれ、各反対意見で示している。

　なお、同判決に付された園部逸夫裁判官は、「議員定数配分規定が、ある選挙区の選挙人について、他の選挙区の選挙人の二倍を超える価値の票を投ずる権利を与えているようなことがあれば、結果的に、地域によって価値の異なった選挙権の行使を認めるいわゆる等級選挙を定めているものとみざるを得ないのであって、憲法一四条の定める法の下の平等の原則違反の問題を生ずる」ことを念頭において、「具体的事件について、個別的に」（傍点筆者）判断すべきであるとの見解を、意見で示している。

　また、本判決に付された高橋裁判官及び遠藤裁判官は、「具体的な選挙制度の決定に当たっては、投票価値の平等こそが、何より重要視されるべきであり、他の要素、つまり政策的目的ないし理由との関連において考慮されるべき非人口的要素は、あくまでもこれを補正するためのものにすぎ」ず、「この種の非人口的要素を投票価値の平等以上に重視することは許されない」ことを根拠として、「較差が一対二を著しく超えることになれば、実質的にみて、投票価値平等の要請よりも、むしろ非人口的要素を重視したことにほかならない」から、「これによる補正は、右較差が一対二ないしこれに限りなく近い数値にとどまることを限界としてのみ考慮することが許容される」との見解を、反対意見で示している。もっとも、同裁判官は、「昭和三九年七月の改正時の一対二・一九という較差は、一対二に極めて近いものであって、必ずしもこれを違憲と断定し得るものとは考えない」としており、必ずしも厳格な一対二の数値的基準を採るものではないが、学説（通説）に近い考え方に立っているものと解される。(11)

確かに、学説（通説）及び前掲の各裁判官の個別意見が提示する一対二の数値的基準は、一対三のそれに比べ、「常識的にわかりやすい」だけでなく「それなりの合理性を有する」（中村裁判官の反対意見）ことは否定できない。

思うに、投票価値の平等が憲法上の要請である以上、人口比例主義が基本原則となることは明らかであるが、一方、憲法は、全国民を代表する議員（同四三条一項）という制約、及び選挙に関する諸原則の枠の中で、「公正かつ効果的な代表」という目標を実現するために、どのような選挙制度の仕組みを採用するかの具体的決定を国会の裁量に委ねており（同四七条）、衆議院議員の選挙制度については、従来、中選挙区制が採用されていたのである。したがって、投票価値の平等も、そのような選挙制度の仕組みとの関連において問われなければならず、投票価値の平等は、国会が定めた具体的な選挙制度の仕組みとの関連で相対化されることを免れない。つまり、どのような代表制（多数代表制、少数代表制、そして比例代表制）を採用するかによって、本来、投票価値の平等の実現の程度も異なるのである。(12)

この点について、敷衍すると、「投票価値の平等が憲法上の要請であるとしても、そのことと選挙区割や議員定数の配分が投票価値の平等――人口比例原則のみを唯一絶対の基準として定められなければならないか否かとは一応別個の問題である。というのは、そもそも選挙区割ないし議員定数の配分を含む国政選挙制度のあり方如何の問題は、代表民主制の下において何が『適正かつ効果的な代表』であるかという大きな問題の一部にすぎず、投票価値の平等それ自体が究極的な価値ではない。そして、民主主義の当然の帰結が人口比例主義に基づく議員定数配分であるかも必ずしも自明のことではないのであって、……地域代表原理あるいは利益代表原理によって人口比例主義を補完し制約することを憲法が当然に禁止していると断定はできないからである。ある特定の議席再配分の主張は当然にその前提として代表制に関する特定の原則を保持しているものであり、如何なる方法で議員定数の配分を行うかという問題は同時に如何なる代表制の原理を選択するかという問題と関連していることが看過されてはならない」(13)のである。

少数代表制の範疇に属する中選挙区制（一選挙区の定数を原則として三〜五名とする）は、「候補者と地域住民との密接性を考慮し、また、原則として選挙人の多数の意思の反映を確保しながら、少数者の意思を代表する議員の選出の可能性をも残そうとする趣旨に出たもの」（五一年判決）であり、それが「公正かつ効果的な代表」と解されているのに対し、多数代表制の範疇に属する小選挙区制は、主として、選挙人の多数の意思を代表する議員を確保する趣旨に出たものであり、それが「公正かつ効果的な代表」と解されている(14)。

このように、中選挙区制と小選挙区制とでは、本来、少数者（過疎地域）の意思の反映の確保の度合いがかなり異なっているのである(15)。

投票価値の平等の理念を以上のように理解すれば、従来の中選挙区制下では、較差許容限度の具体的数値（立法裁量権の限界的数値）として、通説などが採用する一対二の数値をもう少し緩和して、一対三程度の数値を目安とするのが妥当であろう(16)。

なお、今回導入された小選挙区比例代表並立制、殊に小選挙区制下での較差許容限度の具体的数値については、現行の制度下では、一対二・五未満程度の数値を適用すべきであろう（詳しくは、後述）。但し、この数値は、あくまでも立法裁量権の限界的数値であり、実際上、一対二程度の数値に是正する必要があることは、言う迄もない。

(2)　是正のための合理的期間の経過

最高裁判決は、違憲判断のもう一つの基準として、「是正のための合理的期間の経過」を挙げているが、この合理的期間の始期（投票価値の不平等の程度が違憲状態に達したとき）、「期間」の程度、そしていかなる事情が考慮の対象となるかなどについては、必ずしも明らかではない。

「合理的期間」論の趣旨は、制定又は改正当時憲法に適合していた定数配分規定が、その後の漸次的な事情の変化により、合憲性の要件を欠くに至った場合には、法改正（定数是正）のため一定の期間を猶予し、その期間内は違憲としないというものであり、言わば、国会に対する免責期間である。[17] したがって、定数配分規定が、その制定又は改正当初から合憲性の要件を欠く場合には、この期間を考慮することなく、直ちに違憲と判断されるものと解される。[18]

最高裁判決は、合理的期間の判断（考慮）要素について、次のような見解を示している。

a　五一年判決は、合理的期間の始期（起算点）について、本件選挙（昭和四七年一二月）のかなり以前から選挙権の平等の要求に反すると推定される程度（違憲状態）に達していたとした上で、公職選挙法別表第一の末尾においてその施行後五年ごとに直近に行われた国勢調査の結果によって更正するのを例とする旨を規定しているにもかかわらず、昭和三九年の法改正（最大較差一対二・一九）後本件選挙の時まで八年余にわたって改正が何ら施されなかったことをしんしゃくすると、合理的期間内における是正がされなかったものと認めざるを得ない、とした。

b　五八年判決は、合理的期間の始期について、五一年判決によって違憲と判断された投票価値の不平等状態は、昭和五〇年の法改正によって一応解消されたものと評価することができ、また、昭和五〇年改正法の公布日からほぼ五年後、その施行日から約三年半後に行われた本件選挙（昭和五五年六月）までに漸次的に生じた人口異動によるものと推定することができる投票価値の不平等状態がいつ違憲の程度に達したのかは、事柄の性質上、判然と確定することはできないが、本件選挙時のある程度以前において違憲状態に達していたとした上で、⑴較差が違憲の程度に達したかどうかの判定は、国会の裁量権の行使が合理性を有するかどうかという極めて困難な点にかかるものであるため、違憲の程度に達したとされる場合であっても、国会が速やかに適切な対応をすることは必ずしも期待し難い、⑵人口異動に応じて（人口異動の結果、較差が拡大する場合も縮小する場合もあり得るのに対し）、定数配分規定を頻繁に改正することは、政治における安定の要請から考えて、実際的でも相当でもない、⑶本件選挙当時における較差の最大値（一対三・九四）が五一年判決におけるそれ（一対四・九九）を下回っている、ことなどの事情を総合考察すると、合理的期間内における是正がされなかったものと断定することは困難である、とした。

c　六〇年判決は、合理的期間の始期について、五八年判決と同様、昭和五五年六月の選挙時のある程度以前に違憲状態に達していたとした上で、右選挙当時から本件選挙当時（昭和五八年一二月）まで較差が漸次拡大の一途をたどっていたが、投票価値の不平等状態が違憲の程度に達したときから本件選挙までの間に右較差の是正が何ら行われなかったことは、投票価値の不平等状態が違憲の程度に達したかどうかの判定は国会の裁量権の行使が合理性を有するかどうかという困難な点にかかるものであることなどの事情を考慮しても、なお、合理的期間内の是正が行われなかったと評価せざるを得ない、とした。

d　平成五年判決は、合理的期間の始期について、六〇年判決によって違憲と判断された投票価値の不平等状態は、昭和六一年の法改正（最大較差一対二・九九）の結果解消されたものと評価することができ、また、昭和六一年選挙後で本件選挙（平成二年二月）のある程度以前の時期において違憲状態に達していたものと推認することができるが、右の時期については、事柄の性質上これを判然と確定することは不可能であるとした上で、⑴本件選挙の施行日までの期間は、昭和六一年選挙日から約三年七か月、昭和六〇年国勢調査の確定値公表日から約三年三か月である、⑵人口異動に応じて、国会が定数配分規定を頻繁に改正することは、政治における安定の要請から考えて、実際的でも相当でもない、⑶本件選挙当時の較差の最大値（一対三・一八）は昭和六一年選挙当時のそれ（一対二・九二）と比べて著しく掛け離れたものでない、ことなどの事情を総合考察すると、合理的期間内における是正がされなかったものと断定することは困難である、とした。

以上の最高裁判決が挙げた判断要素から合理的期間がどの程度の期間を指すのかは、必ずしも明らかではない――つまり、較差許容限度が明確にならなければ、合理的期間の始期自体も明確にならない。――が、公職選挙法別表第一の末尾の規定にある「五年」間が一応その目安となろう。[19] 結局、合理的期間の経過の有無については、「国勢調査の結果とそれが公表された時期との関係[20]」、人口異動の状態、そして係争選挙当時の較差の程度などの事情[21]を総合考慮して具体的事案ごとに判断されるべきであり、[22] 単に機械的に一定の年数を経過したことだけによって定まるものではないが、少なくとも、違憲状態に達した後およそ五年以上も何らの是正がされなかった場合には、特別の事情（理由）がない限り、合理的期間内における是正がされなかったものと解される。[23]

ちなみに、最高裁は、五一年判決で、昭和三九年の法改正後昭和四七年の選挙時までの八年余を「合理的期間を経過している」とし、五八年判決で、昭和五〇年改正法の公布日及び施行日から昭和五五年の選挙時までのほぼ五年ないし約三年半を「合理的期間内」とし、六〇年判決で、昭和五〇年の法改正後昭和五八年の選挙時までの約八年半を「合理的期間を経過している」とし、そして平成五年判決で、昭和六一年七月の選挙日（同年五月の法改正による本件定数配分規定の施行日）及び昭和六〇年国勢調査の確定値公表日（同六一年一一月）から平成二年二月の選挙日までの約三年七か月ないし約三年三か月を「合理的期間内」と判断しているところから、法改正（なお、後掲のように、これ迄四度の法改正では、全て、最大較差が一対三以内に是正されている）後「五年以上、八年以内」、また、違憲状態に達した後およそ「五年」の期間の経過を合理的期間内の一応の目安としているものと推測される。

四　おわりに

これ迄見てきたように、最高裁判決は、従来の中選挙区制下では、較差許容限度の具体的数値（国会の立法裁量権の限界的数値）として、一対三程度を目安とし、合理的期間については、違憲状態に達した後およそ五年の経過を一応の目安にしているものと推測される。[24]

従来の中選挙区制下での定数是正は、定数の増減だけでなく、合区・分区、境界線変更などの大変難しい作業を必要とする（技術的困難性）ため、実際上、各党間の合意を得ることは極めて困難であり（実際上の困難性）、また、定数是正を行う際のルール（後述）も定められていなかったことから、[25]これ迄四度の定数是正（昭和三九年、同五〇年、同六一年、そして平成四年）は、最大較差を縮小した（順に、一対二・一九、一対二・九二、一対二・九九、一対二・七七）ものの、突出した較差をなくすだけの小手先の是正に終っているのである。[26]

更に言えば、本来、通説などが採用する一対二の数値的基準は、小選挙区制の下では、「歪みの測定基準として申し分ない」が、複数議員が配分される中選挙区制の下においては、「必ずしも妥当ではない」のである。[27]

前に触れたように、衆議院議員の選挙制度は、現在、中選挙区制から小選挙区比例代表並立制に変更されている。

小選挙区の区割りについては、「衆議院議員選挙区画定審議会設置法」によって、総理府に置かれる審議会が必要があると認めるときは、選挙区の改定案を作成して内閣総理大臣に勧告するものとされ、勧告の期限は、一〇年毎に行われる国勢調査の結果による人口が最初に官報で公示された日から一年以内に行われるのが原則であるが、審議会が各選挙区の人口の著しい不均衡その他特別の事情があると認めるときは、勧告を行うことができるものとされている。また、改定案の作成基準は、各選挙区の人口の均衡を図り、各選挙区の人口のうち、その最も多いものを最も少ないもので除して得た数が二以上（人口較差が二倍以上）とならないようにすることを基本とし、行政区画、地勢、交通等の事情を総合的に考慮して合理的に行わなければならないものとされている。

このように、定数是正問題は、これ迄（中選挙区制下）に比べれば、著しく改善されたと言える。(28) つまり、最大較差を是正（縮小）しただけでなく、第三者機関の設置、較差許容限度、定数配分見直しの法定化などをルール化したことである。

ところで、平成七年の国勢調査の速報値が、同年一二月二二日に公表された――小選挙区の人口較差が、平成二年の国勢調査での最大二・一四倍から二・三一倍に拡大し、二倍を超える選挙区も二八から六〇に増加した(29)――のに伴い、小選挙区の区割り見直しの是非を検討していた審議会は、翌年二月、最大較差二・三一倍は「著しい不均衡」に当たらないと判断した。(30) 較差が生じる大きな原因は、各都道府県にまず一議席ずつ配分し、残り二五三議席を人口に比例して追加配分するとした同設置法の配分方法の仕組みにあり、現行の区割りを決めた段階で都道府県間の最大較差は一・八二倍（島根県と東京都）となっていた。(31)

したがって、現行の区割りを見直す際には、この配分方法の見直しが前提となる。(32) しかし、参議院議員の選挙制度を現状のままで、小選挙区の較差の縮小をはかるため<u>だけ</u>に、この配分方法を見直すことには、バランスのとれた国会という視点（「国会議員選挙制度全体の視点」(33)）から見て疑問がある。

つまり、現行の参議院議員の選挙制度は、小選挙区比例代表並立制と極めてよく似た制度となっているので、衆議院議員の選挙制度に対応できるように、まず、参議院議員の選挙制度を抜本的に改革して、参議院の独自性（存在意義）を示さなければ、参議院無用論に歯止めをかけることはできないであろう。(34) これ迄に、様々な改革案が提示されているが、(35) 例えば、現行の比例区を廃止して、選挙区（選出議員）の地域代表的性格を強調し、各都道府県の定数を一律二名とする案(36)であれば、国会が人口比例主義による衆議院——なお、できれば比例区を廃止し、小選挙区のみとすべきである——と地域代表としての参議院——なお、できればそれに対応した権限を付与すべきである——で構成され、参議院にそれなりの存在意義を認めることができよう。(37) したがって、参議院の選挙制度などをこのように改革するのであれば、小選挙区においては、前掲の議席の配分方法の見直しを含め、同設置法を改正し、厳格な人口比例主義、例えば最大較差一対二未満程度の数値を採用しても問題はないものと思われる。

（一九九六・八・二四脱稿）

〔徳山大学論叢四六号　一九九六・一二〕

(1)　判時一五三八号一八五頁、判タ八八五号一四五頁。本判決（評釈）については、日比野勤「平成四年改正公選法の衆議院議員定数配分規定の合憲性」・『法学教室』一八三号八〇—八一頁、大橋寛明「最高裁判所判例解説」・『法曹時報』四八巻四号一五三頁以下、今関源成「衆議院議員定数不均衡訴訟」・『判例セレクト'95』（『法学教室』一八六号別冊付録）九頁、兵谷芳康「衆議院議員定数訴訟に関する最高裁判所判決について（平成七年六月八日最高裁判所第一小法廷）」・『選挙』四八巻九号一頁以下等参照。更に、平成七年六月八日付中日（夕刊）、翌九日付朝日・読売・毎日・日経・産経・中国・山口各新聞参照。

　なお、本判決は、東京七区の選挙人らが提起した事件についてのものである。原審（平成六年六月三日の東京高裁判決　判時一四九六号三四頁、判タ八四六号一二九頁）の評釈については、熊田道彦「衆議院議員定数訴訟東京高裁判決」・『法学教室』一七四号七二—七三頁参照。

(2)　岩間昭道「衆議院議員定数不均衡訴訟」・『平成五年度重要判例解説』二三頁、小林武「衆議院議員定数配分規定の合憲性——選挙制度改革進行下での最高裁大法廷一九九三年一月二〇日判決——」・『南山法学』一八巻三号一七一頁以下、日比野勤・同右八一頁参照。
（3）民集三〇巻三号二二三頁、判時八〇八号二四頁。
（4）民集三七巻九号一二四三頁、判時一〇九六号一九頁。
（5）民集三九巻五号一一〇〇頁、判時一一六三号三頁。
（6）判時一三二一号一一八頁、判タ七〇七号九〇頁。
（7）判時一四四四号二三頁、判タ八〇六号五八頁。
（8）以上掲げた最高裁判決については、拙稿『議員定数是正に関する諸問題』（徳山大学研究叢書一一）徳山大学総合経済研究所・平成五年三頁以下、同「衆院定数訴訟上告審判決について——一九九三・一・二〇最高裁大法廷判決——」・『徳山大学論叢』三九号六五頁以下等参照。
（9）大橋寛明・前出注（1）一五九頁。このような見方に対して、平成五年判決に付された木崎良平裁判官は、「結果的には、判断基準が明示されないために外部からの理解はおのずから推測に頼るほかにみちがなく、人によって理解の異なる場合も生じることとなり、基準が甚だあいまいになることを憂慮せざるを得ない。したがって、裁判所はむしろ右基準を明示すべきではなかろうか。」との見解を反対意見で示している。また、高橋和之教授は、「数値として一応納得のできる一対二という比率を最初から設定するアプローチの方が、裁判官の恣意的判断を可能なかぎり限定し、より多くの客観性を担保するためにも、あるいはまた、国会へ明確な指針を与えるためにも、より実際的《プラクティカル》なもののように思われる。」（同「定数不均衡違憲判決の問題点と今後の課題」・『ジュリスト』八四四号二四頁）とされる。更に、熊田道彦・前出注（1）七三頁参照。
（10）例えば、芦部信喜「平等に関する基本判例——議員定数不均衡事件——法の下の平等(6)」・『法学教室』一四三号八九—九〇頁参照。
（11）兵谷芳康・前出注（1）六—七頁、前出注（1）の毎日新聞参照。更に、大橋寛明・前出注（1）一六〇頁参照。
（12）日比野勤・前出注（1）八〇—八一頁も同旨。
（13）村上敬一『最高裁判所判例解説　民事篇　昭和五八年度』一七三頁。
（14）都築弘「衆議院定数訴訟最高裁判決～最高裁（大）昭和五八年一一月七日判決～」・『法律のひろば』三七巻

二号五九頁参照。
(15) 同右、千田淳「衆議院議員定数訴訟に関する最高裁判決について ―― 平成五年一月二〇日最高裁大法廷判決」・『選挙』四六巻三号（平成五年三月号）八頁参照。なお、過疎化の現状については、平成八年八月一一日付中日新聞（世界と日本　大図解シリーズNo.一三三四）参照。
(16) 日比野勤・前出注（1）八一頁参照。
(17) 野中俊彦「衆議院議員定数大法廷判決の意義と問題点 ―― 最高裁昭和五八年一一月七日大法廷判決 ――」・『ジュリスト』八〇六号二四頁。
(18) 安念潤司「定数不均衡と改正の合理的期間」（芦部信喜・高橋和之編『憲法判例百選Ⅱ（第二版）』所収）三一九頁。
(19) 同右、千葉勝美「最高裁判所判例解説」・『法曹時報』四五巻九号二一〇―二一一頁。更に、「座談会・議員定数違憲判決をめぐって」・『ジュリスト』六一七号三一頁における林修三発言参照。
(20) 千葉勝美・同右。
(21) その他の事情（考慮要素）については、拙稿・前出注（8）七四頁以下参照。
(22) 越山安久『最高裁判所判例解説　民事篇　昭和五一年度』一五三頁。
(23) 同右。
(24) 佐藤幸治『現代国家と司法権』有斐閣・平成六年・二九〇―二九一頁、内藤光博「衆議院定数訴訟と『合理的期間』の基準 ―― 最高裁大法廷一九九三年一月二〇日判決 ――」・『法と民主主義』二七八号四四―四五頁、熊田道彦・前出注（1）七三頁、前出注（1）の中国・山口各新聞参照。この点については、更に、安念潤司「いわゆる定数訴訟について(3)」・『成蹊法学』二六号五六頁参照。
(25) 拙稿「衆院の定数是正論議について ―「九増一〇減」案を素材として ――」・『徳山大学論叢』三八号三二八―三二九頁参照。
(26) 同右三二九頁参照。
(27) 遠藤比呂道「最高裁判所民事判例研究　民集三七巻九号」・『法学協会雑誌』一〇三巻三号二〇三頁の原注(16)。したがって、中選挙区制下の定数是正においては、最大較差だけでなく、全国平均値からの偏差も指標として併用すべきであろう。

(28) 堀江湛「小選挙区比例代表並立制の導入」・『選挙』四八巻三号三―四頁参照。

(29) 平成八年二月一四日付朝日新聞（なお、同国勢調査の速報値について、詳しくは、平成七年一二月二三日付朝日新聞参照)。

(30) 同右。

(31) 同右、平成八年八月一〇日付中日新聞参照。

(32) 同右の朝日新聞。

(33) 久保田きぬ子「参議院地方選出議員定数訴訟に対する第二の最高裁大法廷判決について」・『判例時報』一〇七七号六頁。更に、前田英昭「政治改革関連法成立の意義と今後の課題」・『法律のひろば』四八巻二号五一―五二頁参照。

(34) 例えば、平成八年八月九日付中日新聞参照。

(35) とりあえず、拙稿「参議院の改革に関する一考察 ―― 最近の二つの高裁判決を契機として ――」・『徳山大学論叢』四四号一〇五頁以下参照。

(36) 平成八年七月七日付朝日新聞掲載の参議院議員ＯＢを対象にした「参院改革に関するアンケート」、同右一〇一頁以下参照。

(37) 詳しくは、拙稿・前出注(35)一〇七―一〇八頁参照。

5　参院定数訴訟上告審判決について

――一九九六・九・一一　最高裁大法廷判決を素材として――

前田　寛

一　はじめに

平成四年七月施行の参議院（選挙区選出）議員の選挙に関し、大阪、東京、栃木、神奈川、千葉の五都府県の選挙人らが、議員一人当たりの選挙人数で最大一対六・五九の較差があり、いわゆる逆転現象（選挙人数の多い選挙区の議員定数が、選挙人数の少ない選挙区の議員定数よりも少ないという状況）も二四例生じていた本件定数配分規定は、投票価値の平等を保障した憲法一四条一項等に違反するとして、各都府県の選挙管理委員会を相手取り、選挙の無効（やり直し）を求めた定数訴訟（公職選挙法二〇四条の選挙無効訴訟）の上告審判決が、平成八年九月一一日、最高裁大法廷（裁判長・三好達長官）で言い渡された(1)（以下、「本判決」という）。

本判決（一五裁判官のうち、八裁判官の多数意見）は、「本件選挙当時、違憲の問題が生ずる程度の著しい不平等状態が生じていた」として、本件選挙当時の較差が「違憲状態」にあったと判断したが、国会が是正措置を講じなかったことについては、「立法裁量権の限界を超えるものと断定することは困難である」とし、結論的に、「本件定数配分規定が憲法に違反するに至っていたものと断ずることはできない」（選挙自体は有効）と判示し、選挙人側の訴えを棄却した(2)。

これに対し、大野正男、高橋久子、尾崎行信、河合伸一、遠藤光男、福田博の六裁判官の反対意見は、参議院議員の定数配分は、制定時から本件選挙当時まで実に四五年にわたって全く改正されず、最大較差が五倍を超えた昭和五〇年代半ばころまでには、違憲状態となっており、国会における是正のための合理的期間をはるかに超えていたことは明らかであるとして、「本件定数配分は本件選挙当時において違憲とされるべきものである」と判断したが、事情判決的処理をし本件選挙を無効としないこととするのが相当である、とした。

また、園部逸夫裁判官の意見は、定数四人以上の選挙区の間で最大較差一対四を超えるときは違憲であるとし、本件選挙当時、定数四人以上の選挙区間における最大較差が一対四・五四に達していた本件定数配分規定を違憲と判断したが、裁判所は定数配分規定の全体について合憲性の有無を客観的に判断するにとどめ、違憲と判断される場合でも、その無効を宣言しないこととするのが妥当である、とした。

このように、七人の裁判官が、本件定数配分規定を違憲と判断した。

一審の平成五年一二月一六日の大阪高裁判決は(3)、「議員一人当たりの選挙人数の最大較差が三倍を超えれば憲法の要求にそぐわない状態ではないかとの疑問が生ずることは否定できず、四倍、五倍を超えれば右疑問は相当深刻であり、「六倍を超えれば、憲法の趣旨に照らして到底容認できない憲法違反の状態を生じている」として、これ迄の参議院定数訴訟では初めて違憲判断の基準となる具体的数値（較差許容限度の具体的数値）を示した。その上で、「憲法に違反すると評価せざるを得ない投票価値の著しい不平等状態が本件選挙の約七年前から継続しているのみならず、右状態が生じることはその相当以前から容易に予想できた」と認定し、「国会が右不平等状態を回避、是正する何らの措置を講じなかったことが、その許される限界を超えている」として、本件定数配分規定を違憲（但し、事情判決的処理）とする判断を示した。これに対し、平成六年四月二六日の東京高裁判決(4)は、「いまだ違憲の問題が生ずる程度の著しい不平等状態が生じていたとするに足りない」とし、正反対の合憲の判断を示した。このようなことから、最高裁は、平成七年七月五日、審理を第二小法廷から大法廷に回付することを決めた(5)。

最高裁は、参議院定数訴訟で、これ迄計七回判決を下している。

すなわち、昭和三七年七月施行の選挙（最大較差一対四・〇九）に関する昭和三九年二月五日の大法廷判決(6)で、「所論のような程度ではなお立法政策の当否の問題に止り、違憲問題を生ずるとは認められない」と判示して以来、同日の選挙に関する昭和四一年五月三一日の第三小法廷判決(7)及び昭和四六年六月施行の選挙（最大較差一対五・〇八）に関する昭和四九年四月二五日の第一小法廷判決(8)においても、同大法廷判決を引用踏襲し、いずれも、所論のような程度では「立法政策の当否の問題に止まり」、違憲問題を生ずるものと認められない、として合憲の判断を示した。

しかし、その後、昭和四七年一二月施行の衆議院議員選挙（最大較差一対四・九九）に関する昭和五一年四月一四日の大法廷判決(9)（以下、「五一年判決」という）が、投票価値の平等を憲法上の要請であるとした上で、当該定数配分規定を違憲（但し、事情判決的処理）とする判断を示したため、昭和五二年七月施行の参議院議員選挙当時の最大較差一対五・二六をどのように判断するか注目されていたが、昭和五八年四月二七日の大法廷判決(10)（以下、「五八年判決」という）は、広汎な立法裁量権と参議院の特殊性（地域代表的性格、三年毎の半数改選制等）を根拠に、「右選挙当時において本件参議院議員定数配分規定が憲法に違反するに至っていたものとすることはできない」として、合憲の判断を示した。その後、昭和五五年六月施行の選挙（最大較差一対五・三七）に関する昭和六一年三月二七日の第一小法廷判決(11)（以下、「六一年判決」という）、昭和五八年六月施行の選挙（最大較差一対五・五六）に関する昭和六二年九月二四日の第一小法廷判決(12)（以下、「六二年判決」という）、そして昭和六一年七月施行の選挙（最大較差一対五・八五）に関する昭和六三年一〇月二一日の第二小法廷判決(13)（以下、「六三年判決」という）は、いずれも、五八年判決を踏襲し、「いまだ本件定数配分規定が憲法に違反するに至っていたとすることはできない」として、合憲の判断を示した。

以上見てきたように、これ迄の最高裁判決は、全て合憲判決であり、最大一対六・五九の較差について、本判決が、初めて「違憲状態」との判断を示したのである。

なお、参議院議員の定数配分については、平成六年六月、「四増四減」の定数是正により、逆転現象は解消し、最大較差も一対四・八一に縮小した（詳しくは、後述）。

そこで、本稿は、まず本判決の要旨を紹介した後に、投票価値の平等と立法裁量権、違憲判断の基準、そして逆転現象等について、若干の検討を試みることとする。

二　判決要旨

本判決の要旨は、次の通りである。

〈多数意見〉

一　憲法の定める選挙権の平等の原則は、単に選挙人の資格における差別を禁止するにとどまらず、投票価値の平等をも要求するものと解するのが相当である。しかしながら、憲法は、国会の両議院の議員の選挙について、それぞれどのような選挙制度が国民の利害や意見を公正かつ効果的に国政に反映させることになるかの決定を国会の広い裁量にゆだねているのであって、投票価値の平等を選挙制度の仕組みの決定における唯一、絶対の基準としているものではなく、投票価値の平等は、原則として、国会が正当に考慮することができる他の政策的目的ないし理由との関連において調和的に実現されるべきものと解さなければならない。それゆえ、国会が具体的に定めたところのものが、その裁量権の行使として合理性を是認し得るものである限り、それによって右の投票価値の平等が損なわれることになっても、やむを得ない。

以上は、五一年判決、五八年判決、昭和五八年一一月七日の大法廷判決、昭和六〇年七月一七日の大法廷判決、平成五年一月二〇日の大法廷判決の趣旨とするところである。

二　公職選挙法（平成六年法律第四七号による改正前のもの）は、参議院議員の選出方法を衆議院議員のそれとは異ならせることによってその代表の実質的内容ないし機能に独特の要素を持たせようとする意図の下に、参議院議員を全国選出議員ないし比例代表選出議員と地方選出議員ないし選挙区選出議員とに分け、後者については、都道府県を単位とする選挙区において選出されるものとし、各選挙区ごとの議員定数については、これを偶数としその最小限を二人とする方針の下に、各都道府県の大小に応じ、これに比例する形で二人ないし八人の偶数の議員定数を配分したものである。

右のような参議院議員の選挙制度の仕組みは、地方区選出議員ないし選挙区選出議員については、都道府県が歴史的にも政治的、経済的、社会的にも独自の意義と実体を有し政治的に一つのまとまりを有する単位としてとらえ得ることに照らし、これを構成する住民の意思を集約的に反映させるという意義ないし機能を加味しようとしたものであると解することができる。このような選挙制度の仕組みが国会にゆだねられた裁量権の合理的行使として是認し得るものである以上、その結果として各選挙区の議員定数と選挙人数又は人口との比率に較差が生じ、そのために選挙区間における選挙人の投票価値の平等がそれだけ損なわれることとなったとしても、これをもって直ちに選挙権の平等を侵害したものとすることはできない。

また、議員定数配分規定の制定又は改正の後、人口の異動が生じた結果、当初における議員定数の配分の基準及び方法と現実の配分の状況との間にそごを来したとしても、その一事では直ちに憲法違反の問題が生ずるものではなく、その人口の異動が当該選挙制度の仕組みの下において投票価値の平等の有すべき重要性に照らして到底看過することができないと認められる程度の投票価値の著しい不平等状態を生じさせ、かつ、それが相当期間継続して、これを是正する何らの措置も講じないことが、複雑かつ高度に政策的な考慮と判断の上に立って行使されるべき国会の裁量的権限に係るものであることを考慮してもその許される限界を超えると判断される場合に、初めて議員定数の配分の定めが憲法に違反するに至るものと解するのが相当である。

以上は五八年判決の趣旨とするところでもある。

三　五八年判決は、昭和五二年七月一〇日施行の参議院議員選挙当時の選挙区間の議員一人当たりの選挙人数の最大較差一対五・二六について、六一年判決は、昭和五五年六月二二日施行の同選挙当時の最大較差一対五・三七について、六二年判決は、昭和五八年六月二六日施行の同選挙当時の最大較差一対五・五六について、そして六三年判決は、昭和六一年七月六日施行の同選挙当時の最大較差一対五・八五について、いずれも、いまだ〔許容限度を超えて〕違憲の問題が生ずる程度の著しい不平等状態が生じていたとするには足りない旨判示している。その後も、最大較差は更に拡大の一途をたどり、平成四年七月二六日施行の本件選挙当時においては、較差が最大一対六・五九にまで達していたのであって、右の較差が示す投票価値の不平等は、前記のような選挙制度の仕組み、是正の技術的限界、比例代表選出議員の選挙については各選挙人の投票価値に何らの差異もないこと等を考慮しても、右仕組みの下においてもなお投票価値の平等の有すべき重要性に照らして、もはや到底看過することができないと認められる程度に達していたものというほかはなく、これを正当化すべき特別の理由も見出せない以上、本件選挙当時、違憲の問題が生ずる程度の著しい不平等状態が生じていたものと評価せざるを得ない。

四　投票価値の不平等状態は、昭和六一年七月六日施行の参議院議員選挙後でその六年後の本件選挙より前の時期において到底看過することができないと認められる程度に至っていたものと推認することができる。

参議院（選挙区選出）議員については、議員定数の配分をより長期にわたって固定し、国民の利害や意見を安定的に国会に反映させる機能をそれに持たせることとすることも、立法政策として合理性を有するところであり、公職選挙法が、参議院（選挙区選出）議員の定数配分規定には衆議院議員のそれにみられるような五年ごとに直近に行われた国勢調査の結果によって更正するのを例とする旨の定めを置いてないことも、右のような立法政策の表れとみることができる。そして、較差が到底看過することができないと認められる程度に達したかどうかの判定は、右の立法政策をふまえた複雑かつ高度に政策的な考慮と判断の上に立って行使されるべき国会の裁量的権限の限界にかかわる困難なものであり、かつ、右の程度に達したと解される場合においても、どのような形で改正するかについて、なお種々の政策的又は技術的な考慮要素を背景とした議論を経ることが必要になること、また、昭和六三年一〇月には、一対五・八五の較差について、前掲第二小法廷の判断が示されており、その前後を通じ、本件選挙当時まで当裁判所が参議院議員の定数配分規定につき投票価値の不平等が違憲状態にあるとの判断を示したことはなかった。

以上の事情を総合して考察すると、本件において、選挙区間における議員一人当たりの選挙人数の較差が到底看過することができないと認められる程度に達した時から本件選挙までの間に国会が本件定数配分規定を是正する措置を講じなかったことをもって、その立法裁量権の限界を超えるものと断定することは困難である。

五　したがって、本件選挙当時、選挙区間における議員一人当たりの選挙人数の較差等からして、違憲の問題が生ずる程度の投票価値の著しい不平等状態が生じていたものといわざるを得ないが、本件選挙当時において本件定数配分規定が憲法に違反するに至っていたものと断ずることはできない。

〈個別意見〉

【大野、高橋、尾崎、河合、遠藤、福田各裁判官の反対意見】

一　投票価値の平等は、選挙制度の決定に当たって考慮されるべき極めて重要な基準であるから、単に他の諸要素と並列して論ぜられるべきではなく、参議院議員の選挙制度の仕組みの決定に当たっても十分尊重されるべきものである。選挙制度の制定当初、定数が四人以上の選挙区（付加配分区）に定数二人を超えて付加配分された五八人については、徹底した人口比例の原則に基づいてその配分方法が定められていた。

二　本件選挙当時、①選挙区間における議員一人当たりの選挙人数の較差が最大一対六・五九に達していた、②付加配分区における定数二人を超える議員一人当たりの選挙人数の最大較差は四・五四倍に達し、三倍を超える選挙区が二区存在する、③いわゆる逆転現象が本件選挙当時において二四例にも達していた、ことを考慮すれば、本件選挙当時における投票価値の不平等は、看過し難い程度に著しい。

三　参議院議員の定数配分は、制定時から本件選挙当時まで実に四五年にわたって全く改正されなかったものであって、遅くとも、議員一人当たりの選挙人数の最大較差が五倍を超え、付加配分区間における定数二人を超える議員一人当たりのそれが三倍を超える状況が定着したとみられる昭和五〇年代半ばころまでには、平等原則に反する違憲状態となっていたものであり、本件選挙当時、国会における是正のための合理的期間をはるかに超えていたことは明らかである。

四　本件定数配分規定は本件選挙当時において違憲とされるべきものであるが、本件選挙の効力については事情判決的処理をし、右選挙の違法を宣言するにとどめるのが相当と考える。

【園部裁判官の意見】

一　公職選挙法は、国会の政策として、参議院議員について、地方選出議員ないし現行選挙区選出議員の制度を設け、その各選挙区には、最低二人以上の定数偶数配分をして、半数改選を可能にするとともに地域代表的な要素を加味している。そうすると、二人区と他の選挙区との間に存する定数の不均衡については、人口比例主義を適用することはできないので、その部分では、違憲の問題を生じない。しかし、定数が四人以上の選挙区における議員定数については、人口比例を考慮した配分がされたものであることが明らかであるから、これらの選挙区相互間において定数の不均衡が生じているときに、その不均衡状態を国会の裁量権の行使の結果であるとして当然に許容すべきものであるとすることはできず、これらの選挙区間における最大較差が、衆議院議員選挙の二倍に当たる一対四を超えるときは、憲法一四条の規定に反するとするのが相当である。

二　本件選挙当時、定数四人以上の選挙区の間における議員一人当たりの選挙人数の最大較差は、一対四・五四に達していたから、本件定数配分規定は、憲法一四条一項の規定に明らかに違反するが、私は、定数訴訟の主たる目的からして、裁判所は、当該選挙に適用された議員定数配分規定の全体について合憲性の有無を客観的に判断するにとどめ、違憲と判断される場合でも、その無効を宣言しないこととするのが妥当であると考えるので、右規定を違憲ではあるが無効とせず、請求棄却の判決をすべきであると考える。

【尾崎、遠藤、福田裁判官の各追加反対意見は省略する。】

三　本判決の特色

(1)　投票価値の平等と立法裁量権

本判決は、投票価値の平等と選挙制度の決定に関する国会の立法裁量権との関係について、「憲法は、国会の両議院の議員の選挙について、およそ議員は全国民を代表するものでなければならないという制約の下で、議員の定数、選挙区、投票の方法その他選挙に関する事項は法律で定めるべきものとし（四三条、四七条）、どのような選挙制度が国民の利害や意見を公正かつ効果的に反映させることになるかの決定を国会の広い裁量にゆだねている」から、「国会は、正当に考慮することのできる他の政策的目的ないし理由をしんしゃくして、その裁量により、衆議院議員及び参議院議員それぞれについて公正かつ効果的な代表を選出するという目標を実現するために適切な選挙制度の仕組みを決定することができるのであって、……国会が具体的に定めたところのものがその裁量権の行使として合理性を是認し得るものである限り、それによって右の投票価値の平等が損なわれることになっても、やむを得ない」と判示し、これ迄の最高裁判決（判決要旨に掲げた大法廷判決参照）を踏襲した。

この考え方に立って、本判決は、現行の選挙制度の仕組みが立法裁量権の行使として、合理性を是認し得るか否かについて、「参議院議員の選挙制度の仕組みは、憲法が二院制を採用した……趣旨から、ひとしく全国民を代表する議員であるという枠の中にあっても、参議院議員の選出方法を衆議院議員のそれとは異ならせることによってその代表の実質的内容ないし機能に独特の要素を持たせようとする意図の下に、参議院議員を全国選出議員ないし比例代表選出議員と地方選出議員ないし選挙区選出議員とに分け、後者については、都道府県が歴史的にも政治的、経済的、社会的にも独自の意義と実体を有し政治的に一つのまとまりを有する単位としてとらえ得ることに照らし、これを構成する住民の意思を集約的に反映させるという意義ないし機能を加味しようとしたものであると解することが出来る。したがって、公職選挙法が定めた参議院議員の選挙制度の仕組みは、国民各自、各層の利害や意見を公正かつ効果的に国会に代表させるための方法として合理性を欠くものとはいえず、国会の有する立法裁量権の合理的な行使の範囲を逸脱するものであると断ずることはできない。」と判示し、五八年判決以降の最高裁判決の考え方を踏襲した。

この判例理論は、「投票価値の平等の枠内で選挙制度の採用についての裁量を考えるという発想とは逆の立場」、つまり「現行選挙制度の枠内で投票価値の平等を考えるという発想」に立つものであるが[14]、芦部信喜教授は、次のような批判を加えている[15]。

「たしかに、両院制の意義を生かすためには、選挙制度にある種の違いを設けることが必要であり、全国区（比例代表選出）と地方区（選挙区選出）という二本立て制は、その要請に応える一つの制度として一定の評価に値するものがある。しかし、どのような制度を採るかは国会の広い裁量に属するとしても、憲法が参議院の選挙制度について要求しているのは、半数交代制（四六条）にとどまるから、都道府県を単位とする地方区は、歴史的にも独自の意義と実体をもち一つの政治的なまとまりを有する単位であることは疑いないけれども、それを選挙区とする議員の地域代表的性格を強調して、民主政の根幹をなす選挙権の平等という憲法原則を大きく傷つけるようなことがあってはならない。」と。

しかしながら、このような見解に対しては、次のような反論も成り立ち得るであろう。

村上敬一最高裁判所調査官は、「投票価値の平等が憲法上の要請であるとしても、そのことと選挙区割や議員定数の配分が投票価値の平等――人口比例原則のみを唯一絶対の基準として定められなければならないか否かとは一応別個の問題である。というのは、そもそも選挙区割ないし議員定数の配分を含む国政選挙制度のあり方如何の問題は、代表民主制の下において何が『適正かつ効果的な代表』であるかという大きな問題の一部にすぎず、投票価値の平等それ自体が究極的な価値ではない。そして、民主主義の当然の帰結が人口比例主義に基づく議員定数配分であるかも必ずしも自明のことではないのであって、……地域代表原理あるいは利益代表原理によって人口比例主義を補完し制約することを憲法が当然に禁止していると断定はできないからである。ある特定の議席再配分の主張は当然にその前提として代表制に関する特定の原則を保持しているものであり、如何なる方法で議員定数の配分を行うかという問題は同時に如何なる代表制の原則を選択するかという問題と関連していることが看過されてはならない」とされ、[16]また、尾吹善人教授は、最高裁判決（五八年判決）のいう「公正かつ効果的な代表」について、「憲法が衆議院のほかに、わざわざ任期六年で解散なしの安定性と三年ごとの半数改選による経験者の継続性を制度的に確保した参議院を設けたのは、国民が選挙するという大枠のなかでも、選挙制度の区別によって衆議院と一味ちがった参議院を予定したものと解し、以前の全国選出制度により職能代表的機能を、また地方選出制度により都道府県の地域代表的機能をもたせることはともに憲法上立法府の裁量の範囲内にあると考えるのである」とされた上で、「これも通説的な見方といえよう。そして参議院を含む国会全体が、たんに個人としての有権者の頭数だけではなく、都道府県の住民や異なる社会的階層の『利害や意見』をも反映できることこそ、判決のいうところの『公正かつ効果的な代表』なのである。」とされる。[17]

思うに、投票価値の平等が憲法上の要請である以上、人口比例主義が基本原則となることは明らかであるが、一方、憲法は、全国民を代表する議員（同四三条一項）という制約、及び選挙に関する諸原則の枠の中で、「公正かつ効果的な代表」という目標を実現するために、どのような選挙制度の仕組みを採用するかの具体的決定を国会の裁量に委ねており（同四七条）、参議院議員の選挙制度については、現在、選挙区選出議員選挙と比例代表選出議員選挙とを採用している。そして、後者については、本判決も指摘しているように、「全都道府県を通じて選出されるものであり、各選挙人の投票価値に差異がない」のである。

したがって、投票価値の平等も、そのような選挙制度の仕組みとの関連において問われなければならず、投票価値の平等は、国会が定めた具体的な選挙制度の仕組みとの関連で相対化されることを免れない。つまり、どのような代表制（多数代表制、少数代表制、そして比例代表制）を採用するかによって、本来、投票価値の平等の実現の程度も異なるのである。[18]

(2)　違憲判断の基準

本判決は、まず、人口状況の事後的変動による較差拡大の憲法適合性についての一般論として、「社会的、経済的変化の激しい時代にあって不断に生ずる人口の異動につき、それをどのような形で選挙制度の仕組みに反映させるかなどの問題は、複雑かつ高度に政策的な考慮と判断を要求するものであって、その決定は、種々の社会情勢の変動に対応して適切な選挙制度の内容を決定する責務と権限を有する国会の裁量にゆだねられている」から、「議員定数配分規定の制定又は改正の後、人口の異動が生じた結果、それだけ選挙区間における議員一人当たりの選挙人数又は人口の較差が拡大するなどして、当初における議員定数の配分の基準及び方法と現実の配分の状況との間にそごを来したとしても、その一事では直ちに憲法違反の問題が生ずるものではな」いとした上で、違憲判断の基準として、五八年判決以降の最高裁判決を踏襲し、次の二つの要件を提示する。

すなわち、(1)「その人口の異動が当該選挙制度の仕組みの下において投票価値の平等の有すべき重要性に照らして到底看過することができないと認められる程度の投票価値の著しい不平等状態を生じ」、かつ、(2)「それが相当期間継続して、このような不平等状態を是正する何らの措置も講じないことが、複雑かつ高度に政策的な考慮と判断の上に立って行使されるべき国会の裁量的権限に係るものであることを考慮してもその許される限界を超えると判断される場合に」、初めて議員定数配分規定が憲法に違反するに至る、と。

この判断基準は、(1)と(2)の二つの要件が、立法裁量権の限界を超えると判断される場合に、「違憲」とされるとするものである。(19)

この判断基準にしたがって、本判決は、まず、本件選挙当時の最大一対六・五九の較差が示す投票価値の不平等について、「参議院（選挙区選出）議員の選挙制度の仕組み、是正の技術的限界、参議院議員のうち比例代表選出議員の選挙については各選挙人の投票価値に何らの差異もないこと等を考慮しても、右仕組みの下においてもなお投票価値の平等の有すべき重要性に照らして、もはや到底看過することができないと認められる程度に達していたものというほかはなく、これを正当化すべき特別の理由も見出せない以上、本件選挙当時、違憲の問題が生ずる程度の著しい不平等状態が生じていた」と判断した。

次に、較差が到底看過することができないと認められる程度に達した時から本件選挙までの間に国会が本件定数配分規定を是正する措置を講じなかったこと（立法不作為）が、立法裁量権の限界を超えるか否かについて、(i)「参議院（選挙区選出）議員については、議員定数の配分をより長期にわたって固定し、国民の利害や意見を安定的に国会に反映させる機能をそれに持たせることとすることも、立法政策として合理性を有する」、(ii)「較差が当該選挙制度の仕組みの下において投票価値の平等の有すべき重要性に照らして到底看過することができないと、認められる程度に達したかどうかの判定は、右の立法政策をふまえた複雑かつ高度に政策的な考慮と判断の上に立って行使されるべき国会の裁量的権限の限界にかかわる困難なものであり、かつ、右の程度に達したと解される場合においても、どのような形で改正するかについて、なお種々の政策的又は技術的な考慮要素を背景とした議論を経ることが必要となる」、(iii)「昭和六三年一〇月には、前記一対五・八五の較差について……前掲第二小法廷の判断が示されており、その前後を通じ、本件選挙当時まで当裁判所が参議院議員の定数配分規定につき投票価値の不平等が違憲状態にあるとの判断を示したことはなかった」ことの三点を総合考察し、「立法裁量権の限界を超えるものと断定することは困難である」として、結論的に、本件定数配分規定を合憲と判断したのである。

これに対し、大野ら六裁判官の反対意見は、①「選挙区間における議員一人当たりの選挙人数の較差が最大一対六・五九……に達している。投票価値の平等を極めて重要な基準とする以上、右数値は異常に高い」、②「付加配分区における定数二人を超える議員一人当たりの選挙人数の最大較差は四・五四倍……に達し、三倍を超える選挙区が二区……になっている……。……付加配分された議員数五八人については、……憲法上の要請に照らして、特に人口比例原則が厳格に遵守され続けていかなければならない……ところ、右のような較差は著しく不平等である。」、③「逆転現象が本件選挙当時において二四例にも達し」ている、ことを考慮すれば、本件選挙当時における投票価値の不平等は、「なお看過し難い程度に著しい」と指摘した上で、参議院議員の定数配分は、「制定時から本件選挙当時まで実に四五年にわたって全く改正されなかったもので……遅くとも、議員一人当たりの選挙人数の最大較差が五倍を超え、付加配分区間における定数二人を超える議員一人当たりのそれが三倍を超える状況が定着したとみられる昭和五〇年代半ばころまでには、平等原則に反する違憲状態となっていたものであり、本件選挙当時、国会における是正のための合理的期間をはるかに超えていたことは明らかである。」として、違憲（但し、事情判決的処理）の判断を示した。

また、園部裁判官の意見は、「定数四人以上の選挙区相互間の定数配分の不均衡について、それらによる較差が、衆議院議員の場合の二倍に当たる最大較差一対四を超えるときは、憲法一四条の規定に反する……。本件選挙施行当時、定数四人以上の選挙区の間における議員一人当たりの選挙人数の最大較差は、……一対四・五四に達していた」として、本件定数配分規定を違憲と判断した。しかし、定数訴訟の主たる目的からして、「裁判所は、当該選挙に適用された議員定数配分規定の全体について合憲性の有無を客観的に判断するにとどめ、違憲と判断される場合でも、その無効を宣言しないこととするのが妥当である」との見解を示した。

ここで、較差許容限度の具体的数値（国会の立法裁量権の限界的数値）について、若干検討しておこう。

衆議院（従来の中選挙区制の下では）については、これ迄の最高裁判決は、一対三程度の数値（そして、合理的期間については、違憲状態に達した後およそ五年の経過）を一応の目安にしているものと推測されており、(20)また、学説（通説）も一対二の基準を提示するなど、この具体的数値を示している。

しかし、参議院については、これ迄合憲判決が定着しており――もっとも、六三年判決に付された奥野久之裁判官は、「投票価値の平等が憲法上の要請であることからすれば、選挙区間の投票価値の較差は、いかに非人口的要素を考慮しても、最大一対五程度を限度とすべきである。」との見解を、また、五八年判決に付された団藤重光裁判官は、「一対五・二六という異常な較差を容易に是認するわけには行かない」との見解を、それぞれ、各反対意見で示している。――、学説も多くが衆議院の基準（一対二）の緩和を認めているものの、具体的数値を提示するものは少数である。[21] 例えば、前掲の芦部教授は、「衆議院の場合は一対二の基準の範囲内で検討されるべきであるし、参議院の場合も、真にやむを得ない合理的な理由の存するかぎりにおいて、衆議院の場合よりも若干の緩和が認められるにとどまると解するのが妥当である」とされる。[22]

この点について、最高裁は、六三年判決で最大一対五・八五の較差を合憲とし、本判決で最大一対六・五九の較差を違憲状態としたが、本判決が、「右〔昭和六一年七月六日の参議院議員〕選挙後でその六年後の本件選挙より前の時期において到底看過することができないと認められる程度に至っていたものと推認することができる。」と判示しているところから推測すれば、一対六程度をこの数値の目安にしているものと解される。[23]

思うに、二人区は、大野ら六裁判官の反対意見や殊に園部裁判官の意見等が説いているように、本来、人口比例主義とは無関係に定数が配分されたものである以上、これを基準とした較差のみを問題にするのは不合理であり、人口比例主義が考慮されている四人区以上の選挙区間の較差を問題とすべきであろう[24]（もっとも、四人区以上でも半数改選制の技術的制約により、人口比例主義が希薄になっている面を否定できない）。したがって、四人区以上で、一定程度以上の投票価値の不平等が生じている場合――選挙区選出議員の地域代表的性格、及び選挙区選出議員の定数是正には、半数改選制に伴う偶数配分の制約から、衆議院議員の選挙制度以上に技術的困難性を伴うことが避けられない[25]こと等を考慮すれば、参議院の較差許容限度は、衆議院のそれより相当緩和された数値になろう。――に

は、投票価値の著しい不平等状態が生じていることとなろう。(26)

なお、「相当期間」の是正は、衆議院の「合理的期間」のように憲法上の要求ではなく、国会の広汎な裁量に委ねられている。この点について、本判決は、参議院（選挙区選出）議員については、その議員の任期を六年とし半数改選制を採用し、その解散を認めないとしている趣旨にかんがみると、公職選挙法が衆議院議員については別表の末尾に五年毎の定数是正規定を置いているのに対し、参議院（選挙区選出）議員の定数配分規定にはこうした規定を置いてないことは、立法政策の表れとみることができる旨判示する。したがって、「相当期間」の是正が憲法上要求されている「合理的期間」（衆議院）よりも相当長期間となろう。(27)

このように見てくると、参議院の違憲判断の基準（前掲(1)と(2)の具体的数値）は、衆議院のそれに比し、相当緩やかなものとなろう。

(3)　逆転現象

本判決（及び、これ迄の最高裁判決――判決要旨に掲げた大法廷判決参照――）は、逆転現象を投票価値の不平等と同質の問題として捉えているようである。前掲の村上最高裁判所調査官――五八年判決の評釈――は、逆転現象が生じていた選挙区間における議員一人当たりの選挙人数の較差は、それ程大きいものではないこと、限界上の選挙区間においては、若干の人口異動があっただけでも、容易に逆転現象が生じうることがあることなどを指摘し、「逆転現象という問題のとらえ方が果たして投票価値の平等、不平等をみるための合理的な方法であるかにはなお検討を要する問題が残っている。」とされ、(28)また、江見弘武同調査官――昭和五八年一一月七日の最高裁大法廷判決の評釈――は、「逆転現象の問題も、選挙区の人員と議員数を実数で比較するもので、選挙区間における議員一人当たりの選挙人数の較差を別の観点から捕えたものに過ぎず、特別に検討すべき法的問題があるわけではない。

……結局、比較の尺度は、議員一人当たりの選挙人数に帰着する外ないであろう。」とされる[29]。

これに対し、逆転現象を投票価値の不平等と異質の問題として捉えている見解として、五八年判決に付された谷口正孝裁判官の意見は、北海道選挙区と神奈川県選挙区及び大阪府選挙区との間には、「特に顕著な逆転関係が生じて」おり、「議員定数の配分について著しい不平等の状態を生じ、国会の裁量権の許容限度を超えていたもの、すなわち憲法違反の状態を生じていたものというべきである。」とされ、また、大野ら六人の裁判官の反対意見は、「逆転現象が本件選挙当時において二四例にも達し、そのすべてに付加配分区が関係し、うち一一例は付加配分区間において生じている。右の逆転現象は、当初の配分原則に反するのみならず、多数の者が多数の代表を選び得るという民主主義の基本にも触れる質的不平等である。」とされる。

確かに、現行の参議院の選挙制度を前提とする限り、特に顕著な逆転現象は、何としても不合理であり[30]、「他に考慮すべき合理的事情のないかぎり、国会において、可及的速やかにこれが是正の措置を講ずることが望ましい[31]」ことは言う迄もなかろう。

四　おわりに

参議院の各党会派は、平成六年六月一四日の代表者会議で、参議院選挙制度改革について、当面は「四増四減」の緊急是正を行うことで合意した。

この定数是正は、平成二年の国勢調査の結果に基づき、三年毎の改選定数を宮城、埼玉、神奈川、岐阜各県の四選挙区で一増（定数で二増）し、北海道選挙区で二減（定数で四減）、兵庫、福岡両県の選挙区で各一減（定数で二減）する内容である。

自民、社会、新緑風会、公明、二院クラブの五会派は、六月二〇日、この「四増四減」の定数是正等を盛り込んだ公職選挙法改正法案を議員立法として参議院に共同提出した。同法案は、六月二二日の参議院本会議で可決し、翌二三日の衆議院本会議で可決、成立した。

この定数是正により一審の大阪高裁判決で違憲と判断された逆転現象は解消し、最大較差も一対六・四八から一対四・八一に縮小した(32)。

その後、自治省は、平成八年一一月三〇日に平成七年の国勢調査の確定値に基づく衆参両院議員の選挙区別人口等を発表した。それによると、参議院(選挙区選出)の議員一人当たりの最大較差は、一対四・七九(鳥取県の三〇万七、四六五人と東京都の一四七万一、七〇一人)で、平成二年の一対四・八一よりわずかながら較差は縮小しているが、また逆転現象(定数四の鹿児島県より定数二の三重県の方が人口が多い)が生じている(33)。

ところで、参議院の在り方を抜本的に見直す「参議院制度改革検討会」(斎藤十朗参議院議長の私的諮問機関)は、平成七年一〇月一二日に初会合を開いた。同議長は、あいさつで「活力ある参院にするため抜本的改革に取り組まなければならない時期にきている。選挙制度の見直しも課題だ」と訴えた(34)。

その後、同検討会は、平成八年一二月一六日、本会議での議案表決への「押しボタン式投票」方式の導入や、「省庁対応」型で編成されている各委員会を「基本政策対応」型に再編すること等を柱とする同検討会報告書を同議長に答申した(35)。翌々日、参議院は、「押しボタン式投票」方式を平成九年度中に導入する方針を正式に決定した(36)。

しかしながら、この答申の内容を実現するだけで、参議院の独自性(存在意義)を発揮することができるようになるか否かは、はなはだ疑問である。

つまり、現行の参議院選挙制度は、政治改革関連四法案の柱として衆議院に導入された小選挙区比例代表並立制とよく似た制度になっている。したがって、参議院選挙制度を改革して、参議院の独自性を示さなければ、参議院無用論（なお、平成七年七月の参議院議員選挙の投票率は、史上最低の四四・五二％となった。）に歯止めを掛けることはできないであろう。

平成八年九月一三日付読売新聞は、本判決に関する「社説[37]」で、「参院に期待されている役割が衆院に対する抑制や補完などの機能であることを考えれば、参院は衆院とは異なる選挙制度で民意が代表されることが必要だ。その意味からも参院の選挙制度改革は待ったなしの課題なのである。」と説いている。

ところで、自民党は、平成八年一〇月二九日の役員会で社民、さきがけ両党との政策協議で基本的に合意した衆議院の選挙制度見直しの検討に関連して、参議院の選挙制度も見直しの対象とすることで一致した。村上正邦参議院幹事長らが、参議院の制度についても定数削減を前提に見直し、併せて衆参両院の機能分担を明確にすべきだと主張し、了承された[38]。

これ迄に、様々な改革案が提示されているが、例えば、現行の比例代表区を廃止して選挙区（選出議員）の地域代表的性格を強調し（なお、できれば、憲法を改正してそれに対応した権限も付与すべきである。）、各都道府県の定数を一律二名とする案[39]であれば、参議院にそれなりの存在意義を認めることができよう。

このような考え方については、既に、前掲の団藤裁判官の反対意見が、「わたくしは、参議院については、かりに立法府が、たとえば人口過疎地域、過密地域に対する対策として、都道府県の人口に対する比率を意図的にやぶるような議員定数の配分を考えて、そのような改正をしたとしても、議院が全国民を代表する議員で組織されるという大原則に背馳しないかぎり、それは立法府の合憲的な立法裁量の範囲に属するものと考える」と説かれ、また、前掲の尾吹教授が、「もし、衆議院の方を完全に選挙区の人口比例にするなら、ただ法律制定に関して衆議院をチェックするだけの権能しかない参議院を、総数を削減しつつ思いきって地域代表的にすることも一案であろう。雪国には雪国の人びとの共通の願望があり、山国にはそこに住む人たちの共通の問題がある。その選挙制度が各地域の人口と無関係であるからといって、最高裁がこれを違憲と判断するとは思えない。」と説かれているところでもある。[40]

国会は、参議院の独自性（存在意義）を真剣に問い直し、選挙制度を含む抜本改革を早急に実現すべきである。

（一九九七・一・四脱稿）

〔徳山大学総合経済研究所紀要一九号　一九九七・三〕

(1)　平成八年九月一一日付朝日・毎日・読売・中日各新聞（夕刊）、一二日付日経・産経・中国各新聞参照。本判決の資料については、本学浅野一郎学長より戴いたものを使いました。また、本判決の評釈については、「司法記者の眼　違憲状態八対違憲七――憲法感覚問われる定数訴訟判決」・『ジュリスト』一〇九八号一一〇頁、川神裕「時の判例　最高裁平成八年九月一一日大法廷判決」・『ジュリスト』一一〇一号八八頁以下参照。

なお、本判決は、大阪府選挙区の選挙人らが提起した事件についてのものである。

(2)　なお、一審の大阪高裁判決については、選挙管理委員会側からも上告がされた。

(3)　判時一五〇一号八三頁、判タ八三八号八五頁。この判決については、拙稿「参議院の定数是正問題――一九九三・一二・一六大阪高裁判決を素材として――」・『徳山大学論叢』四二号二五頁以下参照。

(4)　判時一五一一号六三頁、判タ八四六号一四二頁。この判決等については、拙稿「参議院の改革に関する一考察――最近の二つの高裁判決を契機として――」・『徳山大学論叢』四四号九五頁以下参照。

(5)　平成七年七月六日付朝日・毎日・読売・日経・産経・中国各新聞。更に、平成八年八月九日付中日新聞（夕刊）参照。

(6)　民集一八巻二号二七〇頁、判時三六一号八頁。

(7)　裁判集（民）八三号六二三頁。

(8)　判時七三七号三頁。

(9)　民集三〇巻三号二二三頁、判時八〇八号二四頁。

(10)　民集三七巻三号三四五頁、判時一〇七七号三〇頁。
(11)　判時一一九五号六六頁。
(12)　判タ六六七号八九頁。
(13)　判時一三二一号一二三頁、判タ七〇七号八八頁。
(14)　高橋和之「定数不均衡訴訟に関する判例理論の現況と問題点」・『法学教室』四二号九八頁。この点については、更に、長谷部恭男「行政判例研究　三六七」・『自治研究』六九巻一二号一〇二頁以下参照。
(15)　芦部信喜「平等に関する基本判例——議員定数不均衡事件——法の下の平等（6）」・『法学教室』一四三号九一頁。
(16)　村上敬一『最高裁判所判例解説　民事篇　昭和五八年度』一七三頁。
(17)　尾吹善人『解説　憲法基本判例』有斐閣・昭和六一年・一二一—一二三頁。
(18)　日比野勤「平成四年改正公選法の衆議院議員定数配分規定の合憲性」・『法学教室』一八三号八〇—八一頁。更に、佐藤幸治『憲法〔第三版〕』青林書院・平成七年・一一六—一一七頁、安念潤司「いわゆる定数訴訟について（二）」・『成蹊法学』二五号七八頁以下、特に八八—八九頁参照。
(19)　川神裕・前出注（1）九〇頁。
　なお、これ迄筆者は、参議院の違憲判断の基準については、衆議院のそれのように「二段構えで違憲か否かを判断」するのではなく、この要件を「一体的・総合的に捉えている」（拙稿「参議院定数訴訟最高裁判決——一九八八・一〇・二一最高裁第二小法廷判決——」・『徳山大学論叢』三一号七三頁）と理解していた（野中俊彦「参院定数不均衡合憲判決についての若干の考察」・『判例時報』一〇七七号九頁、小林武「参議院議員定数の不均衡と司法審査の方法——最高裁第一小法廷昭和六一年判決——」・『南山法学』一〇巻四号一五七頁以下等も同様に解しているようである。）。
(20)　拙稿「衆院定数訴訟上告審判決について——一九九五・六・八最高裁第一小法廷判決を素材として——」・『徳山大学論叢』四六号八九頁以下参照。
(21)　川神裕・前出注（1）九〇頁に掲げられている学説（較差許容限度）参照。
(22)　芦部信喜・前出注（15）九二頁。

(23)　前出注（1）の毎日・読売・中日各新聞。なお、「相当期間」の始期に関してではあるが、川神裕・前出注（1）九一頁参照。

(24)　佐藤功『憲法問題を考える――視点と論点』日本評論社・昭和六二年・一一三―一一四頁、上野至「最高裁判決の意義と問題点」・『法律のひろば』三六巻七号二二―二三頁、中尾喬一「参議院の役割と選挙制度の諸問題」・『鳥取大学教育学部研究報告（人文・社会科学）』四四巻一号七五頁。
　なお、野中俊彦・江橋崇・浦部法穂・戸波江二共著『〔ゼミナール〕憲法裁判』日本評論社・昭和六一年・一一八頁の戸波発言参照。

(25)　久保田きぬ子「参議院地方選出議員定数訴訟に対する第二の最高裁大法廷判決について」・『判例時報』一〇七七号六頁。

(26)　佐藤功・前出注（24）一一三―一一四頁。更に、小林節「参院議員定数配分の不均衡の合憲性」・『受験新報』昭和五八年一〇月号一八七頁参照。

(27)　それは、殊に、本判決が、「憲法が、二院制を採った上、参議院については、その議員の任期を六年としていわゆる半数改選制を採用し、その解散を認めないものとしている趣旨にかんがみると、参議院（選挙区選出）議員については、議員定数の配分をより長期にわたって固定し、国民の利害や意見を安定的に国会に反映させる機能をそれに持たせることとすることも、立法政策として合理性を有する」（傍点筆者）と判示しているところからも窺われる。

(28)　村上敬一・前出注（16）一九一―一九二頁。

(29)　江見弘武「最高裁判所判例解説」・『法曹時報』四〇巻六号一三九頁の原注（4）。また、五八年判決に付された大橋進裁判官の補足意見、千葉勝美「最高裁判所判例解説」・『法曹時報』四五巻九号二〇九頁も同旨。

(30)　佐藤功・前出注（24）一一四頁、林修三『判例解説　憲法編〈第六巻〉』ぎょうせい・平成二年・四七三頁。更に、野中俊彦・前出注（19）九―一〇頁、辻村みよ子「議員定数不均衡と参議院の『特殊性』」（芦部信喜・高橋和之編『憲法判例百選Ⅱ〔第二版〕』所収）三二二頁等参照。

(31)　大阪高判昭五四・二・二八　判時九二三号三〇頁。

(32)　平成六年六月一五日付朝日・毎日・読売・日経・産経・中国各新聞参照。

(33)　平成八年一二月一日付朝日新聞。

(34)　平成七年一〇月一三日付中国新聞。

(35)　平成八年一二月一七日付朝日新聞。

(36)　平成八年一二月一九日付読売新聞。

(37)　「参院改革を求めた最高裁判決」。

(38)　平成八年一〇月三〇日付朝日新聞。

(39)　平成八年七月七日付朝日新聞掲載の参議院議員ＯＢを対象にした「参院改革に関するアンケート」参照。更に、自民党の森喜朗総務会長（当時）は、同年一二月一一日、「きさらぎ会」で講演し、「衆院は後二、三回の選挙を通じて比例代表二〇〇をなくし、小選挙区三〇〇議席のみにするべきだ。参院も各県二人ずつの合計九四議席でいい」との考えを示した（一二月一二日付中国新聞）。更に、拙稿・前出注（20）一〇六―一〇七頁参照。

(40)　尾吹善人・前出注（17）一二二頁。更に、拙稿・前出注（4）一〇一頁以下参照。

執筆者紹介（執筆順）

浅野《あさの》 一郎《いちろう》（奥付欄参照）

中村《なかむら》 昭雄《あきお》

1949年　埼玉県に生れる
1980年　慶応義塾大学大学院法学研究科博士課程修了
　　　　法学博士
現　職　大東文化大学法学部教授
　　　　政治過程論
著書・論文　『日本政治の政策過程』（1996年、芦書房)、「政治制度」（堀江湛・岡沢憲芙編『現代政治学・新版』1997年、法学書院)、「政策過程における官僚支配」（笠原英彦・玉井清編『日本政治の構造と展開』1998年、慶応義塾大学出版会)、新版『スタンダード政治学』共著（1999年、芦書房）

前　田《まえだ》　寛《ひろし》

1947年　愛知県名古屋市に生れる
1977年　駒沢大学大学院公法学研究科公法学専攻博士課程単位取得
現　職　徳山大学教授
　　　　元山口大学講師
著書・論文　『憲法と政治の現実』（共著、高文堂)、「衆議院議員の定数是正について」(『法と秩序』105号・奥原唯弘教授還暦記念号)、「議員定数の是正と司法審査」（憲法学会創立30周年記念論文集『憲法百年』所収)、『議員定数是正に関する諸問題』（徳山大学総合経済研究所叢書11）他

浅野《あさの》 善治《よしはる》

1954年　東京都に生れる
1976年　慶応義塾大学法学部法律学科卒。同年衆議院法制局入局。第２部第２課長、第５部第２課長を経て、
現　職　衆議院法制局第３部副部長
著書・論文　「税負担の公平」法律のひろば46巻5号(1993年)、「議員立法と政府立法」法律のひろば50巻11号（1997年)、「憲法に関する政府の国会答弁」This is 読売 臨時増刊（1997年)、「議員立法と議院法制局」議会政治研究50号(1999年)、共著で『情報化社会と法』（啓文社、1991年)、『国会事典(第３版)』（1997年、有斐閣)、『国会と財政』（1999年、信山社)、『憲法改革の論点』（2000年、信山社）など

笠井《かさい》 真一《しんいち》

1964年　愛知県名古屋市に生れる
1988年　東京大学法学部卒業。同年衆議院法制局入局。第３部第１課（商工・科技担当)、第１部第１課（議運・内閣等担当)、第１部第２課（地方行政・選挙担当)、第５部第２課（厚生担当）を経て、
現　職　衆議院法制局参事〔第２部第２課（大蔵・予算担当)〕
著書・論文　『選挙腐敗防止法の解説』共著（第一法規)、『知っておきたい臓器移植法』（大蔵省印刷局)、「憲法調査会設置の経緯と国会法改正」(『議会政治研究№52』所収、議会政治研究会)、『条例規則の読み方・つくり方』共著（学陽書房）

現代の議会政　編著紹介

浅野　一郎
あさの　いちろう

1926年　岐阜県に生れる
1948年　京都大学法学部卒業
1979年　参議院法制局第１部第１課長、第１部長、法制次長を経て
1980年　参議院法制局長
1988年　立法政策研究所センター理事長
1990年　関東学園大学教授
現　在　徳山大学学長
編著書　「改訂法制執務事典」（1984年）
「実務問答地方公務員のための民法」（1979年）
「議会の調査権」（1983年）
「国会の憲法論議」（編集代表、1982年）
「法律・条例」（1984年）
「立法の過程」『立法技術入門講座』〈第１巻〉（1988年）
「ガイドブック　国会」（1990年）
「解説　政治改革」（1990年）（以上ぎょうせい）
「必携法令難語辞典」（1989年、三省堂）
「国会事典（第３版）」（1997年、有斐閣）
「情報化社会と法」（1992年、啓文社）
「国会と財政」（1999年、信山社）

現代の議会政

初版第１刷発行　2000年６月30日発行

編　者
浅野　一郎

発行者
袖　山　貴＝村岡侖衛

発行所
信山社出版株式会社

113-0033　東京都文京区本郷6-2-9-102
TEL 03-3818-1019　FAX 03-3818-0344

印刷・製本 エーヴィスシステムズ　発売 大学図書

ISBN4-7972-5147-6　C3031